読み替えられた日本書紀

斎藤英喜

角川選書
642

「新しい神話というものが、精神の最も奥深い深みからのみ、あたかも自分自身のなかからのごとくに作り出されるのであるならば、われわれが求めているものにとってきわめて重要な示唆と注目すべき確証が、この世紀の偉大な現象のなかに見出《みいだ》される」

（Fr. シュレーゲル「神話についての議論」『ロマン派文学論』山本定祐・編訳）

「はじめの数を一と思うな／太初に在ったもの　それは数以前の存在だ／分裂とともに数がはじまる／それはまだ数ではなかった／始原の　形なく捉《とら》えがたい渾沌《こんとん》を／たれが一とかぞえようか」

（多田智満子「数の創世記」『詩集　祝火《はふりび》』）

プロローグ　『日本書紀』一三〇〇年紀にむけて

『日本書紀』成立一三〇〇年

遠い遥《はる》かな天地の始まりから、神々の誕生、彼らが活躍する神話物語、そして初代の神《じん》武《む》天皇から七世紀後半までの持統《じとう》天皇の事蹟《じせき》と歴史を記す書物――『日本書紀』。

古代国家の正史とされた、この書物は、舎人親王《とねりしんのう》をリーダーとする編纂《へんさん》プロジェクトチームによって、奈良時代初期の養老《ようろう》四年（七二〇）五月に完成し、時の帝《みかど》・元正《げんしょう》天皇に献上された。そして本年、令和二年（二〇二〇）は、『日本書紀』が成立して、一三〇〇年を迎えた年である。

ところで、古代日本には『日本書紀』と並び称される、もうひとつの史書がある。そう、『古事記』だ。『日本書紀』よりも八年前、和銅《わどう》五年（七一二）に太安万侶《おおのやすまろ》が撰録《せんろく》し、元明《げんめい》天皇に献上された『古事記』は、平成二四年（二〇一二）に、成立一三〇〇年を迎えた。「古事記一三〇〇年」の年は、『古事記』に関する図書が多数刊行され、博物館などでの企画展示、多数のイベントなどが繰り広げられて、多くの人たちが『古事記』に関心を寄せ、

「古事記ブーム」が起きたほどだ。それに比べて「日本書紀一三〇〇年」の今年は、残念ながら、世間一般の関心は薄いようだ。『古事記』のときのような盛り上がりには欠けるように見える。『古事記』に比べ『日本書紀』は人気がない……。

その理由はいろいろ考えられる。なによりも『古事記』は、中国文化の影響を受けていない、古層の日本を伝えていると認識されたことが大きい。そのことを喧伝《けんでん》したのは、江戸時代の国学者・本居宣長《もとおりのりなが》だ。彼が、三五年の歳月をかけて執筆した『古事記』の注釈書『古事記伝』によって、正史の『日本書紀』よりも『古事記』のほうが「皇国《みくに》の古人《いにしへびと》の真《ま》心《ごころ》」を伝えていることが明らかにされた。たとえば父帝に疎まれながら、果敢に戦った悲劇の皇子・ヤマトタケルの物語は、『古事記』にのみ伝えられたと説くことで、『古事記』の魅力を世間に広めたのである。

ここから『古事記』は、「日本人の心」の原点とされ、成立一三〇〇年紀のときは、失われた日本への自信を取り戻そうとする動きや、さらに平成二三年（二〇一一）三月一一日の東日本大震災によって傷ついた日本の復興、再生と結びつけられたのだ。

このように現代にあっては、『古事記』のほうがポピュラーな書物として人びとに受容され、読まれている。たしかに文学的にも『古事記』のほうが面白い。因幡《いなば》の白兎を助けるオホクニヌシの神話や悲劇の皇子ヤマトタケルなど、物語的にも魅力があるだろう。

けれども、日本の歴史全体を見渡したとき、じつは『古事記』よりも『日本書紀』のほうが圧倒的に長い時代にわたって読まれ、受容されてきたのである。

たとえば『古事記』の一番古い写本は南北朝期(＊1)にまで遡《さかのぼ》れないが、『日本書紀』のほうは、断片的ながら平安時代初期の写本が現存している。また版本（刊本）となって世間に出回るのも、『古事記』は江戸時代中期の寛永《かんえい》二一年（一六四四）だが、『日本書紀』のほうは関ヶ原合戦の前年、慶長《けいちょう》四年（一五九九）には刊行されている。

さらに注釈、研究についても、『日本書紀』は平安時代初期から朝廷主宰で講義が行われ、早くも注釈、研究が始まっていた。ちなみにその場で『古事記』は、『日本書紀』を読むうえでの参考書のひとつ、として扱われていた。したがって、今のように『古事記』がメジャーな本になったのは、一八世紀の本居宣長のおかげ、といってもいいぐらいだ。もちろん、そうはいっても、宣長以前に『古事記』が読まれていなかったわけではない。

このように見ていくと、現代における人気度は圧倒的に『古事記』が高いが、歴史的には、『日本書紀』のほうが、長く読み継がれてきたことは、間違いないのである。それにもかかわらず、『日本書紀』の受容、注釈、研究の歴史は、一般に知られていないことも、たしかであろう。

はたして、奈良時代初頭に成立した『日本書紀』は、一三〇〇年にわたり、誰がどのように読んできたのだろうか。一三〇〇年にわたる『日本書紀』受容と研究の歴史とは――。

本書は、その知られざる一三〇〇年の歴史に迫っていくものである。

「中世日本紀」とはなにか

『日本書紀』の一三〇〇年の受容史のなかで、ひとつのブラックボックスになっていたのが、鎌倉時代から南北朝、室町、戦国時代へと至る「中世」の時代である。天皇・朝廷にたいして幕府というあらたな権力が創出され、朝廷と幕府は対抗しつつも、互いに補い合うような関係のなかで列島社会を支配し、しかしやがて各地にあらたな勢力が跋扈《ばっこ》、割拠していく戦乱の時代。また神々への信仰よりも、仏教が人びとの救済を担い、寺院が大きな権力を有した時代――。そうした中世にあって、『日本書紀』は、誰が、どのように読んできたのだろうか。

たとえば戦後の歴史学を牽引《けんいん》し、教科書裁判を闘ってきた家永三郎《いえながさぶろう》（一九一三～二〇〇二）は、中世には数多くの『日本書紀』の注釈書が作られたが、それらは「書紀の学問的研究のために今日読むに値するものは一つもない」と全面的に否定している（家永・一九六七）。なぜか。中世に作られた夥《おびただ》しい数の『日本書紀』の注釈書は、当時の神道家たちが、自己の神道説を喧伝するために『日本書紀』を曲解し、空理空論を展開したにすぎないと、家永はいう。中世の神道家たちが作った注釈書類を否定するのは、戦後歴史学が、戦前の国家神道や皇国史観の復活に対抗し、歴史の真実を追求しようとしてきたことと通じる発想ともいえようか。その根柢にあるのは、科学的、近代的な文献主義、文献史学の論理である。
けれどもそうした認識は、ひとつの論文の出現によってひっくり返った。一九七二年に発表された、中世文学研究者の伊藤正義《いとうまさよし》の「中世日本紀の輪郭」（『文学』一九七二・一〇）という論文だ。この一篇の論考が発火点になって、阿部泰郎《あべやすろう》、伊藤聡《いとうさとし》、小川豊生《おがわとよお》、原克昭《はらかつあき》、山本《やまもと》ひろ子といった、中世文学、思想史の研究者たちによって、中世の『日本書紀』注釈への評価は一八〇度逆転したのだ。そこからは、次のようなあらたな視点が開かれた。

中世びとたちの『日本書紀』を読む態度は、われわれ近代人とは違う。彼らにとって注釈することは、『日本書紀』の原典を理解するための補助的な作業ではなかった。当時の最新の信仰、学問、知識である仏教や儒学（宋学《そうがく》）、道教、陰陽道《おんみょうどう》などを使って注釈することで、原典の『日本書紀』とは異なる、彼らが生きている中世にふさわしい「日本紀《にほんぎ》」を再創造することにあった。そしてその「日本紀」は、中世の人びとにとっての、あらたな神話として広がっていく。これを「中世日本紀」、または「中世神話」と呼ぶ（なお、現在では『日本書紀』の名称が一般的だが、古代、中世では『日本紀』と呼ばれた）。

変貌する神々の世界

それにしても、「中世神話」という用語には、多くの読者は戸惑うかもしれない。一般に「神話」といえば、古代のものと相場は決まっているからだ。また古代以降に「神話」

が作られた場合は、それは古代神話の亜流、二次創作、偽作といった否定的な扱いを受けてきた。とりわけ近代における国家神道と結びつく神話は、天皇制を妄信させるものとして否定・批判されるものであった。民衆支配のイデオロギーとしての神話という認識である。

　しかし、一九七〇年代以降に展開した「中世神話」「中世日本紀」の研究は、そうした神話そのものの概念をも変えていったのだ。

　では「中世神話」とは、どんな神話なのか。詳しくは本書のなかで見ていくが、ざっと概要を紹介しておこう。たとえば『記』『紀』のなかで、イザナキ・イザナミの最初の子どもでありながら、足が立たなかったために流し捨てられたヒルコという神がいる。古代神話のなかでは、流されたヒルコのその後は、まったく出てこない。しかし中世にあっては、流されたヒルコは、龍宮城《りゅうぐうじょう》の龍神に育てられ、また西宮《にしのみや》に流れついて恵比須《えびす》として再生・復活してくる。

　あるいはスサノヲといえば、荒ぶる神でありながら、出雲《いずも》のヤマタノヲロチを退治する、魅力的な英雄神だ。しかし、中世にあっては、高天原《たかまのはら》から追放されたスサノヲは、出雲の国を固め作っていく神であり、出雲大社の祭神として祀《まつ》られていた（『記』『紀』によれば出雲大社の祭神はオホクニヌシ〔オホナムヂ〕である）。あるいはスサノヲの本当の姿は、地獄の閻魔《えんま》王《おう》であるという言説も生まれる。またスサノヲは、京都の三大祭りとして有名な祇園祭《ぎおんまつり》の祭神として、祇園社（現在の八坂《やさか》神社）にも祀られていくことになる。

一方、天皇家の皇祖神であり、伊勢《いせ》神宮に鎮座する太陽の女神アマテラスは、中世にあっては、仏教の敵、第六天魔王《だいろくてんまおう》と対決し、魔王を欺いて、日本に仏教を広めていく神とされた。また密教の最高尊格の大日如来と合体し、さらに衆生《しゅじょう》の苦を代わりに受ける、蛇体の神として、秘《ひそ》かに伝えられていく……。

さて、いかがだろうか。『古事記』『日本書紀』の古代神話に慣れている読者の目からは、まったくトンデモ本のような、奇妙奇天烈《きてれつ》な神話世界と思われることだろう。荒唐無稽《こうとうむけい》な二次創作とみなされるかもしれない。しかし、奇妙な二次創作のような中世神話の世界の多くは、中世の人びとが、『日本書紀』を研究、注釈するなかから生み出したものなのだ。中世びとたちは、こうした中世神話のことを「日本紀」と認識したのだ。

そして中世にあって『日本書紀』を読み替え、中世独自な神話を創造していったのは、神祇官《じんぎかん》の伝統的な祭祀《さいし》一族の卜部《うらべ》氏であり、また皇祖神アマテラスを祀る伊勢神宮の神官たち、あるいは藤原《ふじわら》摂関家の貴族知識人たちであった。さらには真言や天台の仏教僧侶《そうりょ》たちもまた、担い手になったのである。

時代の転換期のなかで

中世の『日本書紀』注釈が展開し、発展していくのは、蒙古《もうこ》襲来や南北朝の動乱、あるいは応仁《おうにん》・文明《ぶんめい》の乱が起こり、時代が激動し、転換していくときであった。日本があらたな「国際社会」との関係のなかに巻き込まれ、あるいは「天皇」という権威そのものが分裂し、また中世の朝廷・幕府の権力が相対化されて、地方の地域社会の独自性が強められ、列島社会全体が、それまでとは異なる様相を呈していく時代。そうした歴史変動のダイナミズムと『日本書紀』注釈とは、密接なかかわりを持っていたのではないだろうか。

そもそも八世紀に成立した『日本書紀』もまた、七世紀後半の壬申《じんしん》の乱に勝利した天武《てんむ》天皇による、国家秩序の形成と不可分にあった。そこで形成されていく「律令《りつりょう》国家」というあらたな現実と、それを支配していく「天皇」という存在の由来、起源を語ることが目的であった。神話とは、つねに、今目のまえにある現実が、なぜ始まったのか、その起源を解き明かす想像力をもたらすのである。

ここからは、次のように考えられよう。中世日本紀、中世神話とは、古代国家とは異なる、あらたな中世の国家、天皇のあり方の由来、起源を解き明かすことが目的であった。それが神話であるとき、「日本紀」というネーミングが必要とされたのである。そして新しい現実を意味づける神話は、また同時に、時代の現実を超え出て、それを変えていく想像力や知をもたらしてくれるだろう。

こうした視点にたったとき、一三〇〇年にわたる『日本書紀』の受容、注釈、研究の歴史とは、その時代にふさわしい、「神話」を創造していく過程であったという展望が開かれてくるのである。したがって、本書では「中世」を起点にして、古代へ、さらに近世、近現代にあって、『日本書紀』がどのように受容され、読まれていったのか、そしてどのような神話が渇望されたのかを考察しながら、一三〇〇年の歴史を見通すことをめざしたい。

本書の構成と目的

さて、本論に入るに先立って、本書のおおまかな流れを紹介しておこう。まずは焦点となる中世における『日本書紀』注釈の世界から出発し(第一章)、さらに戦乱の時代に読まれた『日本書紀』(第二章)、平安時代に遡って朝廷主宰の『日本書紀』講義である「日本紀講」とその周辺の世界(第三章)、一方、中世からの飛躍、断絶を含む近世社会に繰り広げられた『日本書紀』注釈の世界に転じ(第四章)、そして明治維新によって作り出された「近代日本」にとっての『日本書紀』の解釈、研究のあり方を、「国家神道」や「国体」観念の形成とともに、西洋学問との影響、競合という緊張関係のなかで形成される歴史学、国文学、民俗学、神話学、神道学という諸学のなかから探っていく。さらに敗戦を契機とした戦後学問が、どのように『日本書紀』を読んできたのかを探り(第五章)、その最新の『記』『紀』研究を踏まえたうえで、八世紀において、なぜ『日本書紀』は作り出されたのか、『古事記』とのかかわりとともに、その成立の現場へと分け入っていく

（第六章）。

以上のような本書から何が見えてくるのだろうか。それは『日本書紀』という書名にある「日本」そのものの認識が、古代以来、一貫してはいなかったこと、それが時代のなかでいかに変容していくものであるかが、『日本書紀』の受容、注釈、研究の現場から浮かび上がってくるのである。現在、われわれが「日本国民」として所属している「日本」なるものの自己認識が、じつは一三〇〇年にわたる歴史の激動のなかで、つねに更新し、変貌《へんぼう》してきた、ひとつの結果としてあることが見えてくるはずだ。

さて、それではさっそく第一章へと進むことにしよう。まず立ち会うのは、モンゴル軍が襲来した、未曾有《みぞう》の時代のただ中である。

（＊1）『古事記』の最古の写本は、名古屋市大須《おおす》の真福寺《しんぷくじ》に伝わった。奥書に、応安《おうあん》四年（一三七二）の年号が見える。現在、『真福寺本・古事記』として国宝に指定されている。

（凡例）

・『古事記』『日本書紀』の神名は、原典を引用する場合以外は、アマテラス、スサノヲというようにカタカナで表記した。また原典資料からの引用の場合は、「国常立尊」というように表記した。

・年号は「和暦（西暦）」で表記した。なお「元年」の表記は使用しない。
・本文を補う説明は（＊1）のように番号を付して、章末に解説した。
・原典資料の出典は、巻末に掲げた。本文中にも、たとえば「新編日本古典文学全集、＊頁」というように明記した。
・参考文献は〔著者名・刊行年〕を記し、具体的な書誌情報は、巻末に章ごとに掲載した。ただし複数の章にわたる参考文献は、基本的に最初に引用した章に掲げた。
・著者自身の論文、著作は、とくに本文中に参照を明記したもの以外も、本書の論述とかかわるものは、章ごとに掲げた。

目次

プロローグ　『日本書紀』一三〇〇年紀にむけて　4
『日本書紀』成立一三〇〇年　4
「中世日本紀」とはなにか　7
変貌する神々の世界　8
時代の転換期のなかで　10
本書の構成と目的　12

第一章　中世日本紀の世界へ　23
1.『釈日本紀』と「日本紀の家」　24
『日本書紀』に無知で解任される　25
「日本紀の家」と呼ばれた卜部氏　27
『釈日本紀』とはいかなる書物か　28
「日月」の起源神話をめぐって　32

「本朝」と「異朝」をめぐる議論の背景　35
2. 蒙古襲来と『日本書紀』　37
『太平記』が伝える「中世日本紀」　38
卜部兼員、「日本紀」を講釈する　38
流されたヒルコのその後　40
国引きするスサノヲ　42
宝剣をめぐる中世神話　45
時代のなかで読み替えられる『日本書紀』　49
第二章　戦乱のなかの『日本書紀』　53
1. 伊勢神宮に伝わった「秘書」　54
伊勢神宮創建の由来——清浄なる地を求めて　54
「田蛭は穢きゆえに、我田には住ませじ……」　57
伊勢神宮の「ナイショの秘密」　58
さらなるアマテラスの教え　61
白蛇に守護された秘書たち　64

国常立神の「もうひとつ」の名前とは　68
戦う神学者、度会家行と「山田一揆衆」　70
天地開闢の、その以前へ　74
戦場と化す伊勢神宮　77
「御神体は蛇体にまします」　80
2. 応仁・文明の乱と吉田兼倶　83
京都に飛来するアマテラス　83
奈良における吉田兼倶と一条兼良　87
兼倶、『日本書紀』を進講する　89
なぜ「日神」に三つの名前があるのか　90
大元宮に祀られる神とは　92
「最上の書」としての『日本書紀』　96
第三章　「日本紀講」と平安貴族たち　101
1. 「日本紀講」の現場へ　103
日本紀講の開催時期、博士たち　103

博士たちの講義ノートから　106
アマテラスと陰陽説をめぐる議論　108
『先代旧事本紀』という書物　111
祭祀実修者が読み替えた『日本書紀』　114
2. 『源氏物語』のなかの「日本紀」　118
「日本紀の御局」と呼ばれて　118
「日本紀などはただかたそばぞかし」　121
「わが念じ申す天照御神」――『更級日記』と日本紀講　123
院政期に『日本書紀』はどう読まれていたか　127
第四章　儒学者・国学者たちの『日本書紀』　131
1. 山崎闇斎・出口延佳・新井白石――儒学系の学者たちはどう読んだか　133
京都・藤森神社から――山崎闇斎　133
「心誠に求め去れば豈に因無からんや」　136
闇斎が読み解く「国常立尊」　138
「華夷変態」から「日本型華夷思想」へ　140

「吉田神道」の継承者たち　142
「お伊勢参り」の時代の伊勢神宮――出口延佳　144
あらたな「神道」の構築　148
「神とは人なり」――新井白石　150
国常立尊・高天原・神武天皇　153

2. 本居宣長・平田篤胤・鈴木重胤――国学者たちが読む『日本書紀』　156

本居宣長、登場　156
「古の語言」と「皇国の古人の真心」の発見　159
読み替えられた「産霊日神」　162
近世神話としての『古事記伝』　165
「西洋天文学」とアマテラス神話　167
内憂・外患の時代のなかで――平田篤胤　171
「冥府を掌り治めす大神」の神話　175
幕末維新に読まれた『日本書紀』――鈴木重胤　179
「主宰」と「鎮魂」の神学へ　182

第五章　『日本書紀』の近・現代史　189

1. 維新変革のなかの『日本書紀』　191
大嘗祭の起源は天孫降臨神話？　191
「祭政一致の古儀」と神祇官復興──矢野玄道　195
「開国進取」の国学者──大国隆正　199
尊攘志士から国家官僚へ──福羽美静　202
明治四年、大嘗祭の現場へ　204
明治一三年、出雲派vs.伊勢派──千家尊福　206
帝国憲法・議会開設・教育勅語　210
2. 近代学問は『日本書紀』をどう読んだのか　214
「神道は祭天の古俗」の発禁事件──久米邦武　214
スサノヲ論争と「日本神話学発生」──樗牛、姉崎、高木　217
学問としての「神道学」──田中義能　221
「神代史」と「国民史」の融合──津田左右吉　225
「神話学」と国民ナショナリズム──松村武雄　229
『国体の本義』・八紘一宇・大東亜戦争　233

「日本紀講義」とまれびと神——折口信夫　239
「春の初めに来る神」は、何を語るのか　242
近代の「国民」「天皇」を相対化する視点　244
戦後、『日本書紀』はどのように読まれたのか　248

第六章　天武天皇・舎人親王・太安万侶——『日本書紀』成立の現場へ　255

1.『古事記』『日本書紀』、ふたつの神話世界　256
『記』『紀』成立の経緯と構成　256
『古事記』と『日本書紀』は何が違うのか　259
死ぬイザナミ、死なないイザナミ　261
出雲神話をめぐる『記』『紀』の違い　264
ふたつの史書成立をどう捉えるのか　268
「王の二つの身体」と『記』『紀』　271

2.「日本紀講」に埋め込まれた神話　273
『古事記』序文は「偽作」？　273
「弘仁私記序」に書かれていること　275

多氏の始祖神話が語ること　278
「忌人」と「博士」の二重性を生きる　281
『日本書紀』一三〇〇年、その次の時代へ　283
あとがき　286
参考文献　290

※特にことわりのない写真は著者撮影

第一章　中世日本紀の世界へ

一般に中世といえば、仏教全盛の時代というイメージが強い。南都《なんと》北嶺《ほくれい》（奈良《なら》興福寺《こうふくじ》と比叡山延暦寺《ひえいざんえんりやくじ》）の仏教は国家の支配体制の一角を担うとともに、法然《ほうねん》、親鸞《しんらん》、日蓮《にちれん》の仏教は、民衆救済の教えとして広がった。現代の仏教各宗派は、中世から始まるものが多い。

しかし、仏教全盛の中世は「神話」が再生し、古代以上に神話が広がった時代でもあった。そこに生まれたものを「中世神話」と呼ぶ。そして中世神話の広がりを作る基盤のひとつが、中世びとによる『日本書紀』の受容、注釈、研究であった。「中世日本紀《ちゅうせいにほんぎ》」の世界である。その担い手は、プロローグで述べたように古代以来の伝統的な祭祀《さいし》氏族・卜部《うらべ》氏であり、摂関・藤原家の貴族知識人たち、また皇祖神アマテラスを祀《まつ》る伊勢《いせ》神宮の神官たち、さらに天台や真言の僧侶《そうりょ》たちであった。

では、中世の人びとは、どのように『日本書紀』を読んだのか。どのように受容し、解釈していくのか。そこに浮かび上がるのは、現代のわれわれからは想像もつかないような、独特な『日本書紀』の注釈、解釈世界だ。「中世日本紀」である。

第一章では、知られざる「中世日本紀」の世界へと分け入ることにしよう。

1. 『釈日本紀』と「日本紀の家」

『日本書紀』に無知で解任される

文永《ぶんえい》の役（一二七四）、弘安《こうあん》の役（一二八一）と二度にわたる「蒙古《もうこ》襲来」をへて、鎌倉幕府の権力が動揺しはじめる時代、日本史上最初の体系的な『日本書紀』の注釈書が作られた。『釈日本紀《しゃくにほんぎ》』である（文永一一年〔一二七四〕から正安《しょうあん》三年〔一三〇一〕のあいだに成立と推定）。執筆したのは卜部《うらべ》兼方《かねかた》（生没年不詳）という人物。まずは、その成立背景や事情を探ってみよう。

モンゴル皇帝・クビライが日本に通好を求めて「親書」を寄せてから六年後（幕府は返答せず）、三万数千のモンゴル・高麗《こうらい》連合軍の侵攻があった文永一一年（一二七四）の六月二一日、時の摂政関白《せっしょうかんぱく》・九条忠家《くじょうただいえ》が突然、解任された。その年に挙行される後宇多《ごうだ》天皇の即位大嘗祭《だいじょうさい》について無知であった、というのが解任の理由だ。この時代、摂政関白の地位にあるものは、天皇即位の大嘗祭の故実を熟知することが要求された。とくに七歳以下の幼帝の場合は摂関家が「代行」する例もあったぐらいだ〔岡田莊司・二〇一九〕。ちなみに即位した後宇多天皇は八歳であった。

大嘗祭の中心儀礼は「秘儀」とされている。昨年（二〇一九）一一月に行われた、徳仁《なるひと》天皇の大嘗祭でも、悠紀殿《ゆきでん》・主基殿《すきでん》の内部は一切撮影されなかった。だが、後の資料などによって、おおよそは判明している。悠紀・主基殿内陣の神座にアマテラスを筆頭とした神々を迎え、鮮物・干物・菓子・鮑汁《あわびじる》・御飯などの神饌《しんせん》を天皇自らが供え、また食する。「神饌親供共食の儀《しんせんしんくきょうしょく》」と呼ばれる次第だ。その作法については、卜部氏が深く関与しているので、藤原摂関家の面々は卜部家から大嘗祭の「習礼《しゅうらい》」（予行演習）を受ける慣わしになっていた。そのときに大嘗祭の由来とかかわる『日本書紀』神代巻をめぐる講義、問答が行われたのである〔安江和宣・一九八〇、八一〕。九条忠家は、それを行っていなかったらしい。

解任された忠家に代わって、摂政関白の座に就任したのは、一条家経《いちじょういえつね》（一二四八〜九四）である。彼は、五摂家（藤原氏のなかで摂政・関白を出す家で、近衛《このえ》・鷹司《たかつかさ》・九条・一条・二条《にじょう》の総称）のひとつ「一条家」の家祖・藤原実経《さねつね》（一二二三〜八四）の息子である。『勘仲記《かんちゅうき》』（朝廷における実務を担当していた広橋兼仲《ひろはしかねなか》の日記）によれば、「洪才博覧人」と称《たた》えられる学識が高い人物であったようだ。ちなみに一条家を興した実経は、鎌倉幕府の第四代将軍・九条頼経《よりつね》の末の弟になる。

摂関職に就いた家経は、父の実経とともに、さっそく卜部家の人物から『日本書紀』の講義を受けた。その講義をしたのが、兼方の父・卜部兼文《かねふみ》（生没年不詳）だ。そのときの講義や問答などが、『釈日本紀』のベースになっていく。そこからは、一条家と卜部家とのあいだに深い繋《つな》がりがあったことがわかるだろう。

ちなみに九条忠家が『日本書紀』の知識不足で解任され、一条家経が摂政に就いたという経緯の裏には、卜部兼文の策略があったのでは？　との憶測もある〔岡田荘司・一九八四〕。たしかにこれ以降、「大嘗祭が近づくごとに、摂政らの間で、日本書紀神代巻への関心が昂《たか》まり、卜部がその説明の役にあたった」のである〔岡田、前出〕。

「日本紀の家」と呼ばれた卜部氏

では、摂政関白にたいして『日本書紀』の講義をする卜部氏とは、いかなる一族なのか。「卜部」とは古代以来、朝廷の神祇《じんぎ》祭祀を管轄する神祇官に所属し、亀の甲羅を焼いて占う亀卜《きぼく》や穢《けが》れを祓《はら》う行事を専門とする職能者であった。神祇官の長官職は中臣《なかとみ》氏〔藤原氏と同族〕、次官職は忌部《いんべ》氏が世襲してきた。亀卜専門の卜部氏は、彼らよりは官位は低いが、平安時代中期には「亀卜道宗家《そうけ》」として亀卜を家業としていた。さらに「卜部」のなかの占術の名手は「宮主《みやじ》」という、天皇・皇太子専属の占い師になった。「宮主」は大嘗祭の秘儀にもかかわるとともに、六月、一二月の年二回、天皇のための占いを行う。これを「御体御卜《おおみまのみうら》」という。「御体」に差し障り、災いはないかを占う、今でいえば定期的な健康診断のようなものだ。

御卜を実修した宮主が伝えてきた口伝によれば〔卜部兼豊《かねとよ》編『宮主秘事口伝』南北朝期〕、かならず、伊勢神宮に鎮座する皇祖神アマテラスの「祟《たた》り」が占い判じられ、伊勢神宮に祓えが科せられるという。これもかなり興味深いのだが、詳しくは拙著を参照していただきたい〔斎藤英喜・一九九六、二〇一一〕。

さらに鎌倉時代初中期になると、神祇官の卜部氏は神祇に関する宮廷故実や古典研究のスペシャリストとなっていく。亀卜の「家業」から古典研究を「家学」としたのだ〔岡田莊司・一九九四〕。また、彼らは平野社《ひらの》（現在の京都市北区平野宮本町の平野神社）の神主の職も世襲した。そうしたなかで登場してくるのが、『釈日本紀』を編述した卜部兼方であった。かくして卜部の一族は、南北朝期には「日本紀の家」（『太平記』。原文では「日本記の家」と表記しているが、以下「日本紀」に統一）と称えられていくのである。

そして室町時代になると、吉田社《よしだ》（現在の京都市左京区吉田神楽岡町の吉田神社）の神主を世襲する卜部家が「吉田家（卜部吉田家）」を名乗る。そのなかに、中世の『日本書紀』受容、研究のターニングポイントをなす吉田兼倶《かねとも》という人物が登場するのだが、彼については、後にふたたび語ることにしよう（第二章で詳述）。

では、卜部兼方が執筆した『釈日本紀』とは、どのような書物なのか、次にそれを紹介しよう。

『釈日本紀』とはいかなる書物か

『釈日本紀』は全二八巻。卜部兼方の父・兼文が一条家の面々に行った講義や問答、平安時代に朝廷主宰で行われた「日本紀講」の博士のノート（日本紀私記。第三章で詳述）、ト部家に伝わってきた古典籍、資料、それに兼方自身の注釈を差し挟みこんで構成されている。

全体の構成は、以下のようになっている。現在の活字本（神道大系本）で、七〇〇頁を超える大部な本である。

平野神社

巻第一「開題」（総論。過去の『日本書紀』講義のことなど）

巻第二「注音」（音読の語の注記）

巻第三「乱脱」（師説の伝承部分か）

巻第四「帝皇系図」（国常立神《くにのとこたちのかみ》から持統《じとう》天皇までの系図）

巻第五～第一五「述義一～一一」（文章の意味、意義を説くところ）

巻第一六～第二二「秘訓一～七」（忌《い》み詞《ことば》など）

巻第二三～第二八「和歌一～六」（和歌とその縁起譚《たん》）

このうち、第五〜第一五の「述義」という部分が、『日本書紀』注釈のメインだ。そこに、先ほどいったような資料がふんだんに利用されているのである。

『釈日本紀』は現代の学者からの評価も高い。現在では失われてしまった古典籍（風土記《ふどき》の逸文など）や、平安時代の「日本紀私記」などを多数収録し、「古伝に即した」注釈態度が、近代的な文献学に通ずるものがあると評価されている（久保田収・一九六〇）。

たしかに、多数の古典籍や古伝を集積した役割も大きいのだが、その注釈を見ていくと、たとえば皇祖神アマテラスの「本地《ほんじ》」（日本の神、仏の本質的な姿）を大日如来とする本地垂迹《すいじゃく》説を述べ、「大日本国」の定義として、「真言密教（大日如来）の本国なり」という説も引用する（『釈日本紀』巻第五、神道大系、116頁）。

また荒ぶる神でありながら、ヤマタノヲロチを退治するスサノヲがもつ善悪の両義性については、「善悪不二《ふに》・邪正一如《じゃしょういちにょ》」（巻第七、神道大系、176頁）と説明している。これらは善悪や邪正は、普遍的な仏のまえでは区別はないという「天台本覚説《ほんがくせつ》」にもとづくものだ。近代的な文献学の一面をもちながら、中世の神仏習合思想の影響を受けていることも間違いない。

さらにスサノヲをめぐる注釈のなかで、『備後国風土記《びんごのくにふどき》』逸文の蘇民将来《そみんしょうらい》伝承を引用したあと、これが「祇園社《ぎおんしゃ》の本縁也」（巻第七、神道大系、172頁）と説く「先師の説」、つまり父、兼文の説を引く。それにもとづいて、スサノヲが「祇園社」（現在の京都市東山区祇園町北側の八坂神社）の祭神であること、つまり行疫神《ぎょうやくじん》でありつつ、疫病を防いでくれる防疫の神であると説明していくのである。そこにはこの時代行われた祇園御霊会《ごりょうえ》（現在の祇園祭）の由来が疫神スサノヲにもとづくという解釈も出てくる。「中世神話」としてのスサノヲである〔斎藤英喜・二〇一二a〕。

このように『釈日本紀』の注釈には、現代のように古典を読むときの補助という役割を超えて、「注釈」することを通して、『日本書紀』を読み替えて、中世特有な神話を創造することが見えてくるのだ。これがプロローグで紹介した、エポックメイキングな伊藤正義「中世日本紀の輪郭」の論文によって展開していく「中世日本紀」の研究の視点である〔伊藤・一九七二〕。

さらに『釈日本紀』を読んでいくと、興味深いのは、一条家の面々と卜部兼文との問答だ。それを見ていくと、一方的に兼文が一条実経、家経に講義したのではなく、実経、家経たちの解釈が取り入れられていることがわかってくる。たとえば、先ほど紹介したスサノヲの「善悪不二・邪正一如」説やアマテラスの本地垂迹説は、じつは一条家側の見解であった。『釈日本紀』は卜部家と一条家との共同研究の成果といえる面もあるのだ〔西田長男・一九七九〕。またお互いに『日本書紀』の解釈をめぐって、激しく議論することもあった。

次に、彼らの議論の一部を紹介しよう。

「日月」の起源神話をめぐって

『日本書紀』の神話は、中国神話をベースにしたものが少なくない。とくに冒頭の天地創成の神話は、ほとんど中国神話の丸写しといっていいぐらいだ（読み下し文は、第二章64頁、参照）。では「日本」の固有の神話とはなにか。こうした点をめぐって、卜部兼文と一条家の面々が議論しているところを見てみよう。

摂（一条家経）の問ふて云く、異朝は巨人盤古《ばんこ》有り、覆ふて則ち天と為し、仰て則ち地と為る。観は則ち昼と為り、瞑は則ち夜と為る。寿八万歳。死後、目は日月と為り、骨は金石と為り、脂血は江河と為り、毛髪は草木と為る。云々。本朝の日月は、陰陽二神に生るる也。然らば則ち和漢二朝には、日月、各別の謂あるべきか。如何。先師（兼文）の説て云く、各別と為すべきなり。当紀文にも、伊弉諾尊《いざなきのみこと》の左右の眼を洗ひて日月神を生む由の、一説有り。盤古の昔に相似たるか。都督（源雅言）の云く、南《なん》閻浮州《えんぶしゆう》は、是一世界なり。二朝日月に、各別あるべからず。大（実経）の仰せて云く、源を尋ぬるに、万事に差別、有るべからざるといへども、二朝の起り、日月の初め、尚各別の謂あるべきなり。

（『釈日本紀』巻第五、神道大系、116〜117頁）

まず摂関の一条家経が次のように質問した。「異朝」（中国）では、巨人の盤古の死体から日月・万物が化成する天地・日月創造神話が伝えられているが、『日本書紀』によれば「本朝」（日本）の日月は、陰・陽神＝イザナキ・イザナミの結婚によって誕生している。中国と日本には、日月について、別の由来があると理解していいのだろうか。

ここで家経が言っているのは、中国の盤古神話、『三五歴記』（三国時代の徐整《じょせい》編）や『五運歴年記』（清《しん》代の馬驌《ばしゅく》編『繹史《えきし》』引用）に見られるものだ（袁珂・一九九九）。それは「蓋天説《がいてんせつ》」（円形の「天」が方形の「地」を覆っているという宇宙の構造論）と結びつく（山田慶児・一九七八）。その天地起源論では、天体としての日月は地を覆う「天」に唯一のものである。それを前提にすると、同じ天体としての日月に、なぜ別々の起源神話があるのかという疑問に展開するのである。さすが家経は、「洪才博覧人」と称えられるだけあって、その知識は豊富だ。一方、『日本書紀』ではイザナキ・イザナミの結婚で「日神」（アマテラス）、「月神」（ツクヨミ）が生まれている。その違いにこだわっているのだ。

これにたいして卜部兼文は、次のように答えた。本朝と異朝には、日月は別々の起源がある。ただしイザナキの左右の眼から日月神が生まれる『日本書紀』の異伝「一書（第六）」もある。本朝と異朝にも共通の日月創造神話があることも指摘するわけだ。これは卜部が神祇官であったことから、「本朝」の独自性を主張していたのだが、一方では、中国神話との関係を全面的に否定しないところは興味深い。

さらに議論の続きを見てみると、もうひとりの参加者、清和源氏の源雅言《みなもとのまさとき》（一二二七～一三〇〇）という人物が発言する。「南閻浮州」という仏教の世界観によれば、世界はひとつである。中国と日本にふたつの日月の由来があるのはおかしいのではないか。「南閻浮州」（閻浮提《えんぶだい》）とは、須弥山《しゅみせん》を中心としたわれわれが住む世界のこと。日本は閻浮提の周辺にある小島と認識される。まさにひとつの世界のなかに中国も日本もあるという認識である。

この発言にたいして、兼文はとくに答えていない。源雅言は、後嵯峨《ごさが》院、亀山《かめやま》院の近臣として、当時、かなり有力者なので、あえて反論しないのか。または仏教的な世界観を受け入れているのか、そのへんは不明だが、兼文に代わって、前太政大臣《さきのだいじょうだいじん》の一条実経が答えている。曰《いわ》く。たしかに起源を尋ねれば、万事にわたって「差別」はない。だが日本、中国という「二朝」の始まり、日月の起源は、おのおの異なっていると、源雅言の仏教的な世界観とは異なる見解を呈していく。やはり彼も「本朝」の固有性を主張しているようだ。

こうした問答からわかるのは、卜部家よりも一条家の面々のほうが議論をリードしていることだ。じつは一条家は学者の家であった。一条家経は、宮中の故実とともに、『日本書紀』にたいする関心が強かったようだ。たとえば宇治の平等院経蔵《びょうどういんきょうぞう》に所蔵されていた「日本紀問答」（詳細不明）というテキストをわざわざ書き写しに行っている（『勘仲記』弘安元年〔一二七八〕一〇月）。それに同行したのは前関白の藤原兼平《かねひら》という人物。兼平は当時稀少本《きしょうぼん》だった、『古事記』中巻を所蔵していた。卜部兼文は、兼平から『古事記』中巻を借りて、三日で書写したという（『真福寺本古事記《しんぷくじほんこじき》』の奥書〔鈴木啓之・一九九九〕）。ここからは、当時の貴族知識人たちの『記』『紀』にたいする旺盛な知識欲が垣間見《かいまみ》えよう。なお、この一条家から、室町時代の稀代の大学者と称えられる一条兼良《かねら》が出現し、『日本書紀纂疏《さんそ》』という注釈書を書くのだが、その話題は第二章で詳しく語ることにしよう。

「本朝」と「異朝」をめぐる議論の背景

もうひとつ、この議論で注目したいのは、彼らが「本朝」と「異朝」の違いや共通点にこだわっているところだ。とくに源雅言の「南閻浮州」という仏教的な世界像にたいして、一条実経が、日本と中国の国の始まりは違うのだから、日月の起源も違うと述べているのは、興味深い。「和漢二朝」の違いに注目することで、中国的な史書、陰陽説は「異朝」として相対化される、といってもよい。「異朝」（中国）にたいする「本朝」（日本）という、自国意識が強調されていくのである。

そう、ここで多くの読者は気がつくだろう。こうした議論の背景には、彼らが体験した蒙古の襲来があったということに。日本史上初めて「異朝」から侵攻を受けたのだ。当時、各地の神社、寺院での祈禱《きとう》、奉幣、さらに怨敵降伏《おんてきごうぶく》の託宣、霊験が吹聴《ふいちょう》され、たとえば「神風」を吹かせたということで伊勢神宮の「風日祈宮《かざひのみのみや》」が昇格され、また神功皇后譚《じんぐう》と結びつく八幡大神《はちまんおおかみ》をめぐる、あらたな神話、歴史が生み出されたのである(*1)〔伊藤聡・二〇二〇〕。ここから「神国日本」という言説が生み出されたことも、よく知られているだろう。「神国」思想の背景には仏教の浸透も見逃してはならない〔佐藤弘夫・二〇〇六〕。

では、そうした未曾有《みぞう》の大事件は、『日本書紀』解釈にどんな影響を及ぼしたのか。たとえば『日本書紀』の冒頭には、次のように始元神の誕生が語られている。

時に天地《あめつち》の中に一物《ひとつのもの》生《な》れり。状《かたち》葦牙《あしかび》の如く、便ち神に化為《な》る。国常立尊《くにのとこたちのみこと》と号す。

(『日本書紀』神代上、正文、新編日本古典文学全集、19頁)

天地が創成されたあと、葦の芽のような「一物」が生まれ、それが神に成った。これを「国常立尊」と呼ぶ。最初に顕現した、始元神である。葦の芽が自然に芽生えていくように、「神」の誕生も、自然の成長としてイメージされたのだ。ちなみに『古事記』では、葦の芽から生成した神を「ウマシアシカビヒコヂ」と呼ぶ。

この国常立尊については、現代の解釈では、国土の永遠性の象徴とするのが一般的だが、『釈日本紀』ではどう解釈しているのか。その説明は、なかなか難しいのだが、まとめてみると、国常立尊とは「天下」を治めるものとされ、「万代無窮」なる「神孫」、すなわち天皇の系譜的な始祖へと位置づけられていくのである(『釈日本紀』巻第五、神道大系、103

頁）。実際に巻第四「帝皇系図」でも国常立尊から持続天皇まで血統が続くように記されている。自然性よりも、『釈日本紀』では、「本朝」を統治する天皇との繋がりを強調していくのだ。

蒙古襲来と『日本書紀』

こうした解釈の背景には、「元寇《げんこう》に際会しての神国思想」が展開し、「わが国体に対する自負」が生まれたという説明もある（久保田収・一九五九）。列島社会の人びとが「異朝」（異国）から直接侵略されながら、それを撃退したことで、「本朝」（日本）の優越性を自覚したというわけだ。本朝を統治する「神孫」（天皇）の系譜に結びつける国常立尊の解釈は、それとリンクしよう。『釈日本紀』の背景に、蒙古襲来というこれまでになかった「国際社会」との接触という歴史的な現実が横たわっていたことはたしかだ（海津一朗・一九七四）。『日本書紀』の神話は、そうした歴史のなかで読み替えられていったのである。

一方、近年のモンゴル史の研究によれば、「蒙古襲来」の出来事を、たんなる侵略と国防といった単純な図式で見ることに否定的だ。「アフロ・ユーラシア規模でおこった超広域の歴史現象」として見るべきことが提起されている（杉山正明・二〇〇三）。つまり「文明交流」から見る視点である。

たとえば幕府側は、襲来に備えた防衛措置とともにモンゴル領にむけて盛んに貿易船を送っていたこと、弘安の役以降に、商船の往来が頻繁になったことなど、モンゴルの統治下で形成された「大陸文化」が日本に流入してきた点に、もっと視線をむけるべきという主張である。そして「蒙古襲来」以降、宋学《そうがく》（儒教の一派）や禅宗など、新しい文化、宗教が伝来してきた。南北朝から室町時代にかけて、そうした大陸渡来の新しい知識、信仰によって、『日本書紀』の受容、解釈も変わっていくことが考えられよう。神話は、つねに変化していく現実に合わせて、あらたな「神話」へと変貌《へんぼう》していくのである。

そこで次に、南北朝期における、「日本紀の家」、卜部氏の活躍を見てみよう。

2.『太平記』が伝える「中世日本紀」

卜部兼員、「日本紀」を講釈する

『太平記』といえば、南北朝の動乱を描いた軍記物として有名だ。だが、その軍記のなかに南北朝期の『日本書紀』受容をめぐる事件が描かれていたことは、意外と知られていない。『釈日本紀』を作った卜部兼方の孫・兼員《かねかず》という人物が登場し、朝廷の高官たちにむけて『日本書紀』の講釈をするエピソードがあるのだ（『太平記』第二六巻「伊勢国より宝剣を進《まいら》す事」）。南朝の忠臣・楠木正成《くすのきまさしげ》の息子・正行《まさつら》が足利《あしかが》幕府側の高師直《こうのもろなお》と戦って、敗死した貞和《じょうわ》四年（一三四八）の出来事である。

事件の発端は、源平合戦の時代、寿永《じゅえい》の壇《だん》ノ浦《うら》合戦に遡《さかのぼ》る。平家一統とともに海に沈んだ三種の神器のひとつ「宝剣」（草薙剣《くさなぎのつるぎ》）が、伊勢神宮近くの海岸で発見された。宝剣の由来は、『日本書紀』に出てくるので、朝廷（北朝）では「日本紀の家」として神代のことに詳しい卜部兼員を召し出した。そこで彼は、卜部家に伝わる「日本紀」の講釈を朝廷びとに披露した、というわけだ。

兼員は、天地開闢《かいびやく》の初めから、「日本紀」の神話のあらすじを要約しながら、宝剣（草薙剣）がスサノヲに退治されたヤマタノヲロチの尾から発見されるくだりを語っていく。だが、兼員の語りは、それだけではない。たとえばイザナキ・イザナミに棄てられたヒルコについては、「今の西宮大明神にてまします」、つまり西宮の恵比須《えびす》として祀られていると説明を加える。もちろん、そんなことは『記』『紀』には出てこない。中世における、新しいヒルコ神話だ（詳しくは後述）。

さらに兼員は、スサノヲとアマテラスの争いの場面を、悪逆の神スサノヲがアマテラスの国を奪おうとして、大和国宇多野《やまとのくにうたの》に城郭をかまえ一〇〇〇の悪神を率いて、合戦をしかけてくるといった、まるで軍記物のような語り口で語る。そしてアマテラスが遣わした軍隊によってスサノヲ軍は蹴散《けち》らされ、出雲国《いずものくに》へと逃げていったという。まるで『記』『紀』神話のパロディのようだ。

それだけではない。出雲へ逃げたスサノヲは、その後「出雲の大社にておはします」と出雲大社の神として祀られたと説く。あらためていうまでもないが、出雲大社の祭神は、スサノヲではなくオホクニヌシ（オホナムヂ）である。その由来は『古事記』『日本書紀』に書かれている。しかし、卜部兼員は、スサノヲは出雲大社に鎮座する神、となんの疑いもなく人びとにむけて語っていくのだ。

流されたヒルコのその後

卜部兼員（?〜一三七九）とは、『釈日本紀』を作った卜部兼方の孫で、卜部家に伝えられた『日本書紀』研究の知識を受け継ぐひとりだ。実際のところ、歴史記録にも、暦応《りやくおう》三年（一三四〇）に花園《はなぞの》上皇に『日本書紀』を講義＝進講し、また貞和四年（一三四八）には持明院統《じみよういんとう》（北朝）の「高貴の方」に『日本書紀』の進講をしていることが見える（久保田収・一九五九）。彼もまた、「日本紀の家」の伝統を受け継ぐひとりであったことは間違いない。そうだとすると、なぜ兼員は、『日本書紀』原典とは異なるような神話を語るのか。そう、それこそ、まさしく「中世日本紀」の世界だ。

じつは兼員が語るヒルコやスサノヲの神話は、この当時広く流通し、共有されているものであった。たとえばヒルコが恵比須として祀られたことは、『源平盛衰記《げんぺいじようすいき》』や『神道集』などにも出てくる。さらに流されたヒルコは、龍宮に棲《す》む龍神に育てられた、というトンデモ本のような神話もある。龍神に育てられた者は「下位」の神だと、アマテラスから蔑《さげす》まれるというエピソードもある（『古今和歌集序聞書三流抄』、235頁）。

それにしても、なぜ龍神に育てられると蔑まれるのか。その背景にあるのは、仏教の教えだ。そもそも「龍宮」の用語は、有名な『法華経《ほけきよう》』に出てくる。釈迦《しやか》が弟子に「龍宮」で、龍神たち（龍女《りゆうによ》）に煩悩《ぼんのう》を掻《か》き立てられ、苦しむ衆生がたくさんいるので、それを救えというエピソードである。昔話の「浦島太郎」の絵にも描けない美しい龍宮とは、仏教からいえば、欲望にまみれた煩悩の世界となる（「浦島太郎」の原形は、欲望を肯定する道教の影響下に作られた）。このような仏教における「龍宮」の思想を前提にして、龍神に育てられたヒルコは「下位」の神とされてしまうのである。

ただし『法華経』では、煩悩に苦しむことが「成仏《じようぶつ》」＝悟りに繋がるというように反転させていく。煩悩の権化である龍女が成仏する＝「龍女成仏」という教えだ。したがって、下位の神・龍神に育てられたヒルコは、恵比須となることで「福神」へ反転するのである。恵比須は商売繁盛の福の神として信仰されていく。ちなみにカレーライスに添える「福神漬け」は七種の材料から「七福神」にちなむという説と共に、流れついた野菜を売り出して繁盛したことに由来するという説もあった。これは江戸時代の神話だ（このエピソードは、白土《しらと》三平《さんぺい》の名作『カムイ伝』にも出てくる）。

国引きするスサノヲ

また出雲に逃げたスサノヲが出雲大社に祀られるというのも、現代の常識とは違っているが、これも中世には広く見られるスサノヲ神話であった。

『日本書紀』によれば、「国譲り」の交渉に当たりながら、オオナムヂに寝返ったアメノホヒが、出雲大社でオホナムヂを祀る一族＝出雲国造《こくぞうけ》家の先祖となっている。出雲大社の祭神はオホクニヌシ（オホナムヂ）であることが、『記』『紀』の神話が記す来歴であった。

しかし、『太平記』と同時代の出雲国造家が伝える資料のなかには、出雲大社の祭神は「伊弉諾伊弉冉《いざなみ》の御子、天照大御神の御弟、天下社稷《しやしよく》の神、素戔烏尊《すさのおのみこと》これなり」（建武三年〔一三三六〕「国造出雲孝時解状土代写」）と記されている。中世の出雲大社では、祭神はスサノヲとされていたのである（井上寛司・二〇〇〇）。

それにしても、なぜ中世では、出雲大社の祭神はスサノヲとされたのか。その謎を解き明かすカギが、じつは『太平記』の卜部兼員の語りのなかにあった。高天原《たかまのはら》を追放されたスサノヲが、出雲に行くくだり。『太平記』の原文を引用しよう。

素盞烏尊《そさのおのみこと》、一人になつて、かなたこなた迷ひ歩き給ふ程に、出雲国に行き至り給ひぬ。海上《かいしよう》に浮かんで流るる島あり。この島は、天照太神も知らせ給ふべき所ならずとて、尊、御手にて撫《な》で留めて栖《す》み給ふゆゑに、この島をば、手摩島《てなでしま》とは申すなり。

（第二六巻、岩波文庫、186頁）

『記』『紀』神話では、高天原を追放されたスサノヲは、出雲国に降り立ち、有名なヲロチ退治の神話に展開していくのだが（ただし、一書〔第四〕には、「新羅国《しらぎのくに》」に渡る異伝がある）、兼員によれば、「スサノヲはあちこちと漂泊した果てに出雲国に行き着く。そのとき海上を浮かび、流れていく島を見つけた。ここはアマテラスも知らないものだろうと、スサノヲは自分の手で島を繋ぎ留めて、そこに棲むことになった」という、エピソードが語られていくのである。

注目したいのは、スサノヲが海を流れてくる島を繋ぎ留めた、というシーンだ。この奇怪な神話には、『出雲国風土記《いずものくにふどき》』の国引き神話が影響しているという〔伊藤正義・一九七二〕。ヤツカミヅオミツノ（八束水臣津野）という神が、出雲国は小さな国なので、海の向こう側の土地を少女の平べったい胸のような鋤《すき》を使って削り取り、そこに縄をかけて川舟のように「もそろ、もそろ」（ゆっくり、ゆっくり）に「国来《くにこ》、国来」（土地よ、来い、土地よ、来い）と引き寄せて、縫い付けて土地を拡大したという神話だ。古代神話中でも雄大なスケールの神話として知られている。これを国引き神話という。どうやら兼員の語るスサノヲ神話は、『出雲国風土記』の国引き神話にインスパイアされたようである。

出雲大社から山をひとつ越えたあたりに、「浮浪山鰐淵寺《ふろうざんがくえんじ》」（島根県出雲市別所町）という古刹《こさつ》がある。蔵王権現《ざおうごんげん》信仰、修験道《しゅげんどう》の聖地で、あの弁慶《べんけい》も修行したという伝説も伝わっている〔井上寛司・一九九一〕。

この寺の縁起として、むかし、天竺《てんじく》の霊鷲山《りょうじゅせん》の巽《たつみ》の角が削られて、長いあいだ海上を漂ってきた。それが山になったので浮浪山と呼ぶという伝承がある（「鰐淵寺衆徒勧進帳案」建長《けんちょう》六年〔一二五四〕）。「霊鷲山」は古代インドの首都にあった山で、釈迦が説法をしたとされる聖なる山だ。その一部が欠けて日本に漂着するという話は、釈迦が説いた仏教が「東漸《とうぜん》」＝日本に広がることの暗喩《あんゆ》であった。ちなみに似たような話は、蔵王信仰の拠点・金峰山《きんぷさん》や伯耆国《ほうきのくに》の大山寺《だいせんじ》の縁起にもある。また比叡山は、天竺の霊鷲山の一角が欠けて、飛来して出来たという話も伝わっている〔井上寛司・二〇〇〇〕。

さらに鰐淵寺には、霊鷲山の一部が流れてきた島をスサノヲが繋ぎ留めた、という話も伝わっていた（「寺僧某書状断簡」元亀年間〔一五七〇〜七三〕）。その時代は、出雲大社と鰐淵寺がお互いに補完しあう関係で、出雲の地を支配していたのである〔井上、前出〕。スサノヲの国引き神話は、江戸時代前期の出雲で作られた随筆集『懐橘談《かいきつだん》』にも出てくるので、出雲では広く知られた話であった。

このように、中世の出雲では、仏教と結びついたスサノヲ神話が語られることで、出雲大社の祭神はオホクニヌシ（オホナムヂ）ではなくスサノヲとされていたのである〔斎藤英喜・二〇一二a〕。『太平記』の兼員が語る「日本紀」には、中世出雲神話への広がりも見えてくるのである。

なお、出雲大社の祭神がオホクニヌシ（オホナムヂ）に「復活」するのは、神仏習合思想から脱却し、鰐淵寺の支配が衰退していく一七世紀後半以降とされている。それまでは出雲大社に祀られている神は、スサノヲであったわけだ。ちなみに寛文《かんぶん》六年（一六六六）に毛利綱広《もうりつなひろ》が寄進した大社の銅鳥居には「素戔烏尊は雲陽《うんよう》大社の神なり」と記されていて、この「雲陽大社」とは、出雲大社のこととされている〔井上寛司・一九九二〕。祭神をめぐる時代の転換点に建立された鳥居は、大社内部で微妙な扱いを受けたようだ。ちなみにこの鳥居は現存している（なお、近年、三浦佑之《みうらすけゆき》氏は、銅鳥居の「雲陽大社」を出雲の「熊野大社」と解している〔三浦・二〇一九〕）。

こうして『太平記』の兼員が語る「日本紀」からは、現代のわれわれの常識が通用しない、中世独自な『日本書紀』の受容、解釈の世界、すなわち「中世日本紀」の広がりが浮かび上がってくるのである。

宝剣をめぐる中世神話

ところで、そもそも卜部兼員が「日本紀」の講釈をしたのは、海中に沈んだ三種の神器のひとつである宝剣（草薙剣）が発見された、という奇怪な出来事があったからだ。その事件の背景を追ってみると、そこにも中世びとの『日本書紀』受容、解釈の世界が見えてくる。

そもそも草薙剣が失われたのは、源平合戦の時代に遡る。治承《じしょう》四年（一一八〇）八月、源頼朝《よりとも》の挙兵に始まった平家打倒の戦いは、寿永四年（一一八五）三月、源義経《よしつね》たち源氏軍に追い詰められた平家軍の壊滅的な敗北によって終結する。世に言う「壇ノ浦合戦」である。この戦いの最中、三種の神器も平家方の女官とともに海中に没してしまうのだが、「八咫鏡《やたのかがみ》」「勾玉《まがたま》」は無事に回収することができた。しかし「草薙剣」は、二位尼《にいのあま》（清盛《きよもり》の妻・時子《ときこ》）が腰に差し、八歳の安徳《あんとく》天皇を抱きかかえて、海に飛び込んだために、そのまま海中深く沈んでしまう。「波の下にも都がございましょう」と言って飛び込む、有名なシーンだ。

朝廷では陰陽師《おんみょうじ》に沈んだ宝剣（草薙剣）の在り処《か》を占わせるのだが、結局、海底に沈んだ剣は、そのまま出てこなかった。ちなみにそのとき占った陰陽師は、安倍晴明《あべのせいめい》の子孫、安倍泰茂《やすしげ》である〔斎藤英喜・二〇一四a〕。かくして皇位をあらわすレガリア（聖器物）、三種の神器のひとつが失われてしまうという、前代未聞の事件が起きたのだ。なお安徳天皇の次に皇位についた後鳥羽《ごとば》天皇は、神器が平家方に持ち去られた状態で即位している。彼は終生、そのことに悩んでいたという〔坂井孝一・二〇一八〕。また宝剣を失ったその後の天皇たちは、「昼御座御剣《ひのおましのごけん》」や「伊勢神宮神剣」などの剣を代替品として、即位儀礼などを行ったという〔大石良材・一九七五〕。

それにしても、なぜ宝剣は発見できないのか。どこに行ってしまったのか。多くの人びとが不安に思う、その理由について『平家物語』は、こんなふうに語っている。

ある博士（陰陽師のこと）のかんがへ申しけるは、「むかし出雲国簸河上《ひのかわかみ》にて、素戔烏《そさのを》の尊にきりころされたてまつし大蛇、霊剣を惜しむ心ざしふかくして、八つの頭《かしら》、八つの尾を表事《へうじ》として、人王《にんわう》八十代の後、八歳の帝となッて霊剣をとりかへして、海底に沈み給ふにこそ」と申す。千尋《ちいろ》の海の底、神龍の宝となりしかば、ふたたび人間にかへらざるも理《ことわり》とこそおぼえけれ。

（『平家物語』巻第一一「剣」、日本古典文学全集、409〜410頁）

いうまでもなく、草薙剣とは、スサノヲがヤマタノヲロチを倒したとき、その尾から発見されたもの。それをアマテラスに献上し、そのあと降臨する天孫《てんそん》ホノニニギに授けられ、代々の天皇が皇位の徴《しるし》として受け継いだ……。これは『記』『紀』に書かれている。

そうした古代神話を前提にして、ヲロチがスサノヲに奪われた剣を取り返そうとして、八歳の安徳天皇に化けていたというのだ。そしてヲロチは、「神龍」へとメタモルフォーゼ（姿態変容）して、剣はその棲家《すみか》である龍宮に納められた。「神龍の宝」となったので、もう人間のもとには戻らない、というわけだ。

現代のわれわれから見れば、なんとも奇妙奇天烈、荒唐無稽《こうとうむけい》の話と思えるだろう。安徳天皇は、高倉《たかくら》天皇の第一皇子だが、ヤマタノヲロチの化身であったとは、それこそ万世一系《ばんせいいっけい》の天皇制イデオロギーを揺るがすような話だ。けれども、中世の人びとは、こうした語りによって、草薙剣の喪失を納得しようとしたのではないか。

そのひとつは古代神話にもとづくこと。そしてもうひとつは仏教の知識だ。ヲロチが安徳天皇に化けて、草薙剣を奪い取り、龍宮に納めたという語りの背景には、仏教の教説があった。すなわち、人間たちの堕落によって仏法が亡《ほろ》びるとき、経典や教法は人間界を去り、「龍宮」に納まるという教えである（『渓嵐《けいらん》拾葉集』）（山本ひろ子・一九九三）。王権のレガリアたる草薙剣が「龍宮」に納まるのは、「末世」の時代、天皇の権威が衰弱していく時代を暗示するのである。

そして平家滅亡から一六〇年後、天皇家はふたつにわかれて戦いを繰り返した、南北朝の動乱の時代、失われた宝剣が発見された、というのである。『太平記』（第二六巻）は、こんな経緯を語る。

貞和四年（一三四八）の冬、円成阿闍梨《えんじょうあじゃり》という山法師が、伊勢の海岸で光る物を見つけた。足元に流れついたのを手にすると、密教法具の三鈷《さんこ》柄《づか》か、珊瑚樹《さんごじゅ》の枝のようだった。これを伊勢神宮に持っていくと、突然、童《わらわ》が神がかりした。神の託宣によれば、海底に沈んだ宝剣を、宗廟《そうびょう》の神であるアマテラスが龍宮に神勅をくだし、召し出させた、という。円成阿闍梨が発見したのは、失われた宝剣だった、というわけだ。この報告を受けた朝廷では、「日本紀の家」の兼員を召し、宝剣をめぐる、くだんの「日本紀」の講釈をさせた……、というのが事の顛末《てんまつ》である。

時代のなかで読み替えられる『日本書紀』

結局、伊勢で発見された「剣」が、本当に三種の神器の草薙剣であったかどうかは、『太平記』の記述では、有耶無耶《うやむや》になってしまう。恩賞を目当てにした山法師の円成の野心に、日野《ひの》資明《すけあき》、卜部兼員が荷担した謀略という説もある〔西田長男・一九七九〕。

さらに『太平記』という本がもつ「成立過程の重層性」という視点からは、室町幕府の正統性を語る主体とともに、それとは異質な談義僧・物語僧のイメージをもつ「小嶋法師」[*2]に象徴されるような、「卑賤《ひせん》の器」「法師」形の人びとが「太平記作者」と呼ばれたことも見逃せない〔兵藤裕己・二〇一四〕。そこから見ると宝剣出現にかかわる「山（山寺）法師」の円成も、そうした「法師」たちのひとりということになろうか。

一方、「日本紀の家」の卜部氏をめぐっては、最近、中世文学研究者の小川剛生氏によってあらたな資料が発見された（『宇治入条々』紙背文書）。そこには、卜部兼員の名前で、近日取り沙汰《ざた》されている宝剣について先例を調べた結果、たしかな所見は得られなかった云々《うんぬん》と記されていた。これは九条家当主・右大臣経教《つねのり》に奏達されたものという〔小川・二〇〇八〕。この書状からは、「貞和四年に宝剣が朝廷に進上されたこと自体は、事実であった」と読み取れるというのだ。その中身は「中世日本紀」として脚色されたが、その「宝剣発見」の枠組みは、史実であったと推定されるわけだ〔小川、前出〕。

史実の穿鑿《せんさく》は、ここでは置こう。われわれが重視したいのは、天皇王権のレガリアの素性をめぐって、その背景に『日本書紀』がつねにあったことだ。そしてその『日本書紀』は、原典のままに受容されたのではなく、時代の現実のなかで解釈され、脚色されたかたちで、人びとのあいだに伝えられていったということだ。

これは「神話」の役割としても考えられる。神話は、つねに目のまえの現実の起源、その意味づけを果たしていく。そして現実の社会が歴史のなかで変動していけば、そのあらたな現実の由来、意味を語る「神話」も変貌する。変貌した神話によって、これまでとは変わってしまった現実の意味を了解していくのである。『日本書紀』の神話が、新しい現実にふさわしいように、読み替えられていくのだ。これが「中世日本紀」の生成である。

ところで『太平記』の記述によれば、海底に沈み、神龍の宝となった宝剣を取り戻させたのは、伊勢神宮のアマテラスの神勅によるものであった。アマテラスの魂も鏡に移され、三種の神器のひとつ「八咫鏡」と呼ばれていた。この事件の背景に伊勢神宮がなんらかのかたちで関与していることが想像されるだろう。

伊勢神宮といえば、皇祖神アマテラスを祀る国家の宗廟《そうびょう》だ。ではその聖地で『日本書紀』はどのように受容されていたのか。第二章は、伊勢神宮の「中世神話」を探ることから始めよう。

（＊1）「蒙古襲来」のときに、神々が活躍したこと、とりわけ軍神とされた八幡神のことは有名である。一方、八幡神を祀る祭祀者、宗教者の側も「東アジア世界の危機」のなかで、レベルアップした「神秘体験」を叙述する『八幡宇佐宮《うさぐう》御託宣集』というテキストもうまれた〔村田真一・二〇一六〕。

（＊2）「小嶋法師」とは、「太平記作者」とされた「法師」形の「卑賤の器」のイメージを負う人物。兵藤裕己《ひょうどうひろみ》氏は、『太平記』の生成に関与した人物のひとりに推定される児島高徳《たかのり》入道の落《らく》魄《はく》・老残した姿が「小嶋法師」ではないか、としている〔兵藤裕己・二〇一四〕。

第二章　戦乱のなかの『日本書紀』

鎌倉幕府の瓦解《がかい》から天皇家の分裂、南北朝の動乱。そして京都に作られた室町幕府内部の権力闘争から、列島社会全体を巻き込んでいく応仁《おうにん》・文明《ぶんめい》の乱、やがて群雄割拠する戦国時代へ——。日本史上もっとも長く続いた戦乱の時代にあって、古代国家の正史『日本書紀』は、どのように受容され、読まれていったのだろうか。

第二章では、動乱の時代の伊勢神宮と、「日本紀の家《にほんぎのいえ》」=卜部《うらべ》氏のその後にスポットを当てて、中世後期の『日本書紀』受容、解釈の世界を見ていこう。

1. 伊勢神宮に伝わった「秘書」

伊勢神宮創建の由来——清浄なる地を求めて

三重県伊勢市、五十鈴《いすず》川の上流に鎮座する伊勢神宮(内宮《ないくう》)。皇祖神アマテラスを祀《まつ》る神社だ。その創建の由来を伝えているのは『日本書紀』であった。

四世紀後半と推定される垂仁《すいにん》天皇の時代、アマテラスを祀る聖地を求めて、皇女のヤマトヒメはアマテラスの御魂《みたま》の鏡を持って、大和《やまと》の国内から、近江《おうみ》に入り、東の方角の美濃《みの》へ向かう。そして南下して、ようやく辿《たど》り着いたのが伊勢であった。このときアマテラスがヤマトヒメにたいして、

檜原神社（元伊勢の伝承地。奈良県桜井市三輪）

「是の神風の伊勢国は、則ち常世《とこよ》の浪の重浪帰《しきなみよ》する国なり。傍国《かたくに》の可怜国《うましくに》なり。是の国に居らむと欲《おも》ふ（神風が吹く伊勢国は、常世からの浪が打ち寄せる国。大和から隔たった遠い、美しい国。この国にいたいと思う）」

（『日本書紀』垂仁天皇二五年条、新編日本古典文学全集、319頁）

とお告げを発した。その言葉に従って社を建てたのが伊勢神宮の始まりである。

ではなぜヤマトヒメは、アマテラスの鎮座地を求めて旅をしたのか。その理由は、一代まえの崇《す》神《じん》天皇の時代に記されていた。三世紀後半と推定される崇神朝のとき、諸国に疫病が大流行し、人民の半数近くが死に絶え、また反乱も頻発するという、古代国家の危機が訪れた。そのとき崇神天皇は、自らの徳ではどうすることもできないと、日夜、神々に「罪」の許しを乞《こ》うた。

すると、天皇が住まう宮殿のなかにアマテラス（その魂が籠《こ》められた鏡）が安置されていることが、神の祟《たた》りを招き、疫病流行の原因であることがわかった。そこで天皇はアマテラスの鏡を宮殿の外に遷《うつ》し、三輪山の麓《ふもと》に「磯《し》堅城《かたき》の神籬《ひもろぎ》（神の宿る聖域）」を作り、皇女のトヨスキイリビメに祀らせた（*1）（現檜《ひ》原《ばら》神社）。猛威を振るった疫病の流行は、さらに三輪山《みわやま》でオホモノヌシを祀ることで終息した。

そして次の垂仁天皇のときに、アマテラスを祀るにふさわしい清浄な地を求めて……という経緯へと続くわけだ。創建された伊勢神宮とは、アマテラスの祟りを鎮めるために、より清浄な地を探し求めた、その果てに見出《みいだ》された聖域であったわけだ〔斎藤英喜・一九九六〕。なお、この創建由来譚《たん》は、『古事記』には記載されていない（*2）。

では、なぜ崇神天皇の時代まで、アマテラスの鏡は宮殿に祀られていたのか。その由来は神代へと遡《さかのぼ》る。そもそもアマテラスの魂が籠められた鏡を宮殿に祀っていたのは、ホノニニギが高千穂に天降《あまくだ》ったときに、アマテラスが鏡を手渡し、それを自分と思って宮殿のなかで祀るように命じたことに由来する。「同殿共床《どうでんきようしよう》」の神勅と呼ばれるものだ。そしてその「鏡」は、岩屋に籠《こも》ったアマテラスを導きだした「をきし鏡」（招いた鏡）でもあった。つまりこの鏡を祀っていることが、アマテラス直系の天皇の証明となるのである。

このように見てくると、崇神、垂仁天皇の時代に記された伊勢神宮の起源とは、アマテラスの神勅からの逸脱であったともいえる。それゆえ九世紀に成立した『古語拾遺《こごしゆうい》』には、アマテラスの鏡を遷座させるときに、別に「模造」の鏡を作ったこと、それが天皇即位で奉られる「神璽《みしるし》の鏡・剣」となることが書かれている（＊3）〔斎藤英喜・一九九九a〕。
では、『日本書紀』に記された伊勢神宮創建の由来譚は、その後、どのように受容されたのだろうか。

「田蛭は穢きゆえに、我田には住ませじ……」

『日本書紀』成立から八四年後の延暦《えんりやく》二三年（八〇四）、伊勢神宮（内宮《ないくう》）は朝廷にたいして一通の解文《げぶみ》（報告書）を提出した。後に『皇太神宮《こうたいじんぐう》儀式帳』と呼ばれる資料だ。そこには神殿の種類、神に仕える神官、巫女《みこ》たちの素性と職務内容、また年中の祭祀《さいし》・儀礼の次第とともに、創建の来歴が記されている（同年、外宮《げくう》も提出。『止由気宮《とゆけぐう》儀式帳』と呼ぶ）。

それによれば、伊勢神宮創建の由来は、ほぼ『日本書紀』にそったかたちで記されていた。ただ土着の豪族、宇治土公《うじとこ》氏の遠祖・大田命《おおたのみこと》がヤマトヒメを迎えたという、現地側の伝承が追加され、さらに伊勢に辿り着いたとき「是の国に居らむと欲ふ」と発したアマテラスの託宣の内容も、追加されている。以下のようだ。

アマテラスは告げる——、朝夕の御饌《みけ》（神の食事）のための稲を作る田んぼに血を吸う蛭《ひる》は住まわせないこと、また祭祀に携わる神官、巫女たちには穢《けが》れや仏教にかかわる言葉を直接、口にしないように、死は「ナホリモリ」、血は「アセ」、仏は「ナカゴ」、経典は

「シメガミ」、法師は「カミナガ」、寺を「カハラブキ」とする「忌み詞《いことば》」を教え、さらに穢れに触れた場合は、定められた祓《はら》えの作法で行うこと。アマテラスに仕える者たちの禁忌や祓えの法が、すべて神自らの託宣によって定められたのだ。

これらは国家の正史である『日本書紀』とは違う、まさしく伊勢神宮内部で語られた創建の由来譚、ということになる。伊勢神宮のなかで神に奉仕する人びとの行いは、すべて創建のときのアマテラスの託宣にもとづく、というわけだ。ここに『日本書紀』に記された由来が、アマテラスを祀る伊勢神宮サイドから読み替えられ、あらたな「神話」が創造されていく姿を見出すことができるだろう。

では、伊勢神宮側からの『日本書紀』の読み替えは、さらに中世にあっては、どう展開していくのか。次にそれを見てみよう。

伊勢神宮の「ナイショの秘密」

モンゴル軍が襲来してくる、少しまえの時代、弘長《こうちょう》年間（一二六一～六四）のこと。無住《むじゅう》という僧侶《そうりょ》が伊勢神宮を参拝しようとした。しかし僧侶の姿ゆえに詣《もう》でることは許されなかった。あの有名な歌人の西行《さいぎょう》法師でさえも参拝できず、「なにごとのおはしますかは知らねどもかたじけなさに涙こぼるる」という歌を詠んでいるのは有名だ。ちなみに僧侶は、二の鳥居までは入ることができた。

このように伊勢神宮は、平安時代以来、仏教を完全にシャットアウトしていたのだが、僧侶の側からすれば、なぜ自分たちは排除されるのか、その理由を知りたくなるだろう。そこで無住が、ひとりの神官に問いただしたところ、こんな神話を語ってくれた。無住編『沙石集《しやせきしゆう》』（第一「太神宮御事《の》」）の内容を要約してみると――。

昔、この国がまだなかった頃、大海の底に、「大日の印文《いんもん》（大日如来を意味する「ア」字）」が出現したので、アマテラスが海中に鉾《ほこ》を入れてそれを探した。その鉾の滴りが露のようになったとき、第六天《だいろくてん》に住む魔王がそれを見て「この滴りが国となると、仏法が広まってしまい、人間が生死の迷いから離れて、仏の悟りの境位に達してしまう兆しがある」と、妨害しようとして第六天から下ってきた。察知したアマテラスは「私は三宝《さんぽう》（仏・法・僧）の名前も言いません。私の身にも近づけません。早々にお帰りください」と、魔王を宥《なだ》めすかしたので、魔王は第六天に戻っていった。このときの約束を破らないために、僧侶などは神殿に近づけず、また社殿には経典も持ち込ませない。三宝の用語は忌み詞として、仏は立ちすくみ、経典は染紙《そめがみ》、僧侶は髪長《かみなが》、堂はコリタキなどと言って、外には仏法を忌むことにして、内には深く三宝を信仰した。それゆえ我が国の仏法は、ひとえにアマテラスの守護によって栄えたのである。

（日本古典文学大系、59頁による）

古代神話に精通する読者は、すぐに気がつくだろう。そう、この話は、イザナキとイザナミの二神が、海中に鉾を差し入れて、その滴りから最初の島、オノゴロジマが生まれたという神話の変形であった。無住が伊勢神宮の神官から聞いた話は、『日本書紀』のイザナキ・イザナミ神話をベースに、その主人公をアマテラスに変えたものであったのだ。

いや、主役の変更だけではなかった。この神話のテーマは、アマテラスが第六天魔王にたいして、仏教を近づけないと約束し、追い返したこと、それが伊勢神宮の仏教忌避の起源となったと語ることにある。第六天魔王とは、仏教の世界観で人間の欲望を象徴する第六天＝欲界を支配する「他化自在天《たけじざいてん》」をさす。煩悩の根源となるような、仏教の敵対者であった。ちなみに比叡山《ひえいざん》を焼き討ちした織田信長《おだのぶなが》が第六天魔王と呼ばれたことは有名だ。

さらにもうひとつ問題が見えてくる。アマテラスが大海の底に発見した「大日の印文」とは、中世にあっては、アマテラスが密教の最高尊格である大日如来と一体であることを暗示していた。つまり中世の伊勢神宮は、表向きは仏教を排除し、忌み詞としているが、その内部では、じつはアマテラスは大日如来と同体とする信仰があったのだ。これが最後の「外には……、内には……」という表現にあらわれている。その発想も仏教の「外用《げゆう》」（外にむけられた信仰の働き）と「内証《ないしょう》」（外からわからない心の秘密の信仰）のロジックにもとづいている。「内証」はナイショの秘密の語原。アマテラスがじつは大日如来と同体であるとは、伊勢神宮の「ナイショの秘密」ということになろう。

また、アマテラスは第六天魔王に嘘をついたと解釈され、アマテラスを「虚言《きよげん》ヲ仰セラル、神」と呼ぶ例もある。それで鎌倉幕府の御家人たちは、所領関係の起請文《きしょうもん》（誓約書）で全国の神々に誓いを立てるときには、アマテラスの名前は書かないという形式があった〔新田一郎・一九八九〕。「虚言」の神に誓っても、信用されないというわけだ。

なお、第六天魔王神話は、中世では、多様なバリエーションを生み出して、たとえば国譲り神話の出雲《いずも》のオホクニヌシは、第六天魔王のこととするものもある。第六天魔王をキーワードに『日本書紀』が読み替えられていくのだ〔伊藤聡・二〇一一、阿部泰郎・二〇二〇〕。

次に、こうした中世神話を生み出した、伊勢神宮の神官たちの内側の世界を見てみよう。

さらなるアマテラスの教え

垂仁天皇の時代、ヤマトヒメに導かれて伊勢に辿り着いたアマテラスは、自らの祭祀にかかわる者たちの禁忌、忌み詞、祓えの作法を託宣によって定めた（『皇太神宮儀式帳』）。それは『日本書紀』に記された創建由来譚を、祭祀する者たちの側から読み替えたものだ。中世にあっては、このアマテラスの託宣の内容は、さらに深められていく。

アマテラスが伊勢に鎮座した翌年、垂仁天皇二六年の冬一一月、新嘗祭《にいなめさい》の夜のこと、ヤマトヒメは、アマテラスから受けた託宣を神主、巫女たちに告げた――。『宝基本記《ほうきほんぎ》』（造《ぞう》伊勢二所太神宮宝基本記《いせにしょだいじんぐう》）から要約しよう。

わたし（ヤマトヒメ）は今夜、アマテラスからのお告げを受けた。神主、物忌《ものいみ》（巫女）たちよ、しっかりとお聞きなさい。人は「天下の神物《しんもつ》」である。すべからく「清浄」でなければならない。そうすることで、人の心は神が宿る場所になる。「心神《こころ》」を損なってはいけない。神の恵みを受けるには、祈禱《きとう》することを先にし、「正直」が根本となる、とアマテラスはおっしゃった……。したがって、神を心に宿した人は、天地がまだ分かれていない始元の状態を守り、仏法の気配を隔て遮り、ふたごころなく、朝廷の繁栄を神々にお祈りしなさい……。

（神道思想集、110頁による）

ヤマトヒメが受けた、アマテラスのさらなるお告げ。そこに語られたのは、神は外側にいるのではなく「心」のうちに宿ること、それを可能とするには、「正直」や「清浄」であるという教えだ。

一見すると、「人の心にこそ神が宿ります、だから清浄で正直でありなさい」といった、通俗的な神道道徳のように聞こえるかもしれない。しかし、その意味するところは、もっと奥深い。「己れの心は、神が宿る場所」とは、神との神秘的な合一をめざす、シャーマニックな体験にもとづくものであったのだ。

伊勢神宮でもっとも重要とされた祭祀は、六月、一二月の月次祭《つきなみさい》、九月の神嘗祭《かんなめさい》である（現在は一〇月）。三節祭《みおりのまつり》とも呼ぶ。この祭りを執行するときに、神官、巫女たちが清浄であるかどうかをアマテラスから判定される儀礼があった。そしてその判定は、祭りの前日の深夜、「御巫《みかんなぎ》の内人《うちびと》」という特別の職掌者が、アマテラスの正殿のまえで御琴を掻《か》き鳴らし、神を降ろして、「天照らし坐《ま》す大神の神教《みおし》へ」（『皇太神宮儀式帳』）を聴くことにあった。

さらにアマテラスのお告げを受け取ったヤマトヒメ自身も、伊勢神宮の最高巫女である「斎王《さいおう》」（斎宮《さいぐう》とも）の神話的な始祖とされる。斎王もまたアマテラスの神託を直接、その身に受けるシャーマン女王であったことが、平安時代の資料に伝えられている（斎藤英喜・一九九六、二〇一二）。アマテラスのお告げは、そうしたアマテラスに奉仕する「神人《じん》」たちにむけられているのだ。けっして一般人向けの神道道徳などではない。

それればかりではない。お告げによれば、神を祀る者＝神人には、「天地がまだ分かれていない始元の状態を守り、仏法の気配を隔て遮り……」ということが要求される。これは何を意味しているのだろうか。原文（読み下し文）では、「神人は混沌《こんとん》の始《はじめ》を守りて仏法の息を屏《さへぎ》り……」（『宝基本記』神道思想集、110頁）とある。後半の「仏法の息を屏り」とは、まさに伊勢神宮が仏教を忌避することの由来である。

問題は「混沌の始を守り」という一文だ。「混沌」とは、現代語の無秩序、混乱、という意味ではない。『日本書紀』冒頭の天地創成神話のキーワードなのだ。そこにはこう記されている。

古《いにしへ》に天地《あめつち》未だ剖《わか》れず、陰陽《めお》分れず、渾沌《こんとん》にして鶏子の如く、溟涬《めいけい》にして牙《きざし》を含めり。

（神代上・正文、新編日本古典文学全集、19頁）

遠い遥《はる》かな昔、天と地はまだ分かれておらず、陰陽の気も分離せず、混沌とした未分化な様子は、まるで鶏の卵のようである。そこにはほの暗く見分けにくいが、物事が生ずる兆しが生じていた……。

ようするに中世のアマテラスのお告げにある「混沌の始を守り……」とは、『日本書紀』が記した天地が分割されるまえの状態を指しているのだ。では、神人たちが、それを「守る」とはどういうことなのか。ここには中世伊勢の神官たちが受容し、解釈した『日本書紀』の神話が横たわっていたのである。

白蛇に守護された秘書たち

アマテラスのお告げを記した『宝基本記』は、伊勢神宮において「神記秘書之要語」として重んじられた書物であった。奈良時代の神亀《じんき》二年（七二五）に編述されたものという。また「神蔵一二巻秘書内最極秘書」と称《たた》えられた『御鎮座本紀《ごちんざほんぎ》』（豊受皇太神《とようけこうたいじん》御鎮座本紀）という書物もある。そのほかにも、

・『倭姫命世記《やまとひめのみことせいき》』（太神宮本紀　下）
・『御鎮座次第記』（天照坐伊勢《あまてらしますいせ》二《に》所皇太神宮《しょこうたいじんぐう》御鎮座次第記）
・『御鎮座伝記』（伊勢二所皇太神御鎮座伝記）

など、後に「神道五部書」と呼称される秘書もある。

さらに「神蔵一二巻」には、『神宮儀式』『年中行事』『氏本系』『神郡神田帳』『神戸《かんべ》本記』『祓本記』など、あるいは「神宮秘記数百巻最極書」として、『飛鳥記《あすかき》』『大宗秘府《だいそうひふ》』『大和葛城宝山記《やまとかつらぎほうざんき》』『心御柱秘記《しんのみはしらひき》』『神皇実録《じんのうじつろく》』などの秘書が伝わっている。

これらの書物は、神官といえども、六〇歳未満は読むことが禁じられ、また「宮川」の外に持ち出してはならない「禁河《きんが》の書」と呼ばれた。このようにタブーをまとう秘書たちは、「調御倉《つきのみくら》」（神領からの庸調《ようちょう》を納めた倉。また神宮の御政印《みしょういん》も保管した）のご神体を仮に納めた櫃《ひつ》に保管され、鰭《ひれ》のある白蛇が、守護していたという（『御鎮座伝記』奥書、神道大系、28頁）。文字どおり、伊勢神宮のシークレットブックであったのだ（山本ひろ子・一九九五）。

これら秘書の多くは奈良時代の伊勢神宮神主の署名が付いているが、ほぼすべて鎌倉時代中後期に作られたもの。ようするに偽書である。偽作の中心的人物は、外宮のトップの

禰宜《ねぎ》（神主）・度会行忠《わたらいゆきただ》（一二三六〜一三〇五）とされている。行忠には『神名秘書《しんめいひしょ》』（伊勢二所太神宮《だいじんぐう》神名秘書）という著書もある。中世の伊勢神宮に形成された「伊勢神道」の中心的神学者であった。

こうした「秘書」類が作られた背景には、伊勢神宮における内宮と外宮との対立があった。古代において伊勢神宮は、天皇家の宗廟《そうびょう》として国家に支えられていた。だが、国家からの経済的な保証が揺らぐ中世になると、全国の荘園化（領主化）の進行に見合って、伊勢神宮自身も、自らの荘園（御厨《みくりや》、御薗《みその》など）を確保しなければならない。そして荘園確保のためには、多くの信者を獲得する必要があった。とりわけ外宮は、その傾向を強めた。外宮の権《ごん》禰宜（中下級の神官）は、「口入《くにゅう》神主」と呼ばれて、私的な祈禱などを行い、新しい領主を求めて、東国に新開地を広げていった。彼らが後に「御師《おんし》」と呼ばれる集団である。ちなみに東国では鎌倉幕府の創設者・源頼朝も伊勢神宮への信仰が篤《あつ》かった〔萩原龍夫・一九七五〕。

こうした時代のなかで、外宮の神官たちにとって、自分たちの祭神＝「豊受大神《とようけのおおかみ》」（以下、トヨウケ）が内宮のアマテラスの御饌津神《みけつのかみ》（食事担当の神）でしかないことは、信仰流布の宣伝手段としては弱い。そこで外宮神官たちは、祭神のトヨウケをアマテラスと同等の神へとレベルアップするための、あらたな神話を作っていく必要があった。先ほどの秘書の多くは、そうしたなかで偽作されたものだ。

とりわけ外宮ではトヨウケを格上げするために豊受太神宮の名称も、内宮の天照皇太神宮と並ぶように「豊受皇太神宮《とようけこうたいじんぐう》」と称し始めた。そのために内宮から訴えられ、永仁《えいにん》四年(一二九六)から翌年にかけて、内宮と外宮とのあいだで「皇字《こうのじ》」をめぐる争論も起きている。そのときに、外宮側から、古代以来トヨウケが「豊受皇太神」と呼ばれていたことの証拠として、さまざまな文書が提出されたが、その代表的なものが、先ほど紹介した「神道五部書」であった(ただし「神道五部書」の名称は、近世からのもの)。この「皇字」争論で、外宮側の中心となったのが、偽作の作者とされる度会行忠にほかならない。

伊勢神宮の外宮正宮

それにしても、アマテラスの託宣で「清浄」や「正直」を求められた伊勢神宮の神官たちが、なんと生々しい政治的駆け引きをしていることか、と思う読者も少なくないだろう。自己正当化のために、文書を「偽造」するとは、なんたることか! と。

そうした生々しい政治的な背景を持ちながら、しかし先に紹介した『宝基本記』以下の神道書の多くは、伊勢神宮のなかで、『日本書紀』がどのように受容され、解釈され、そこからあらたな「神話」が作られていくかを知る、重要な資料であったことは間違いないだろう。またそれらが「伊勢神道」という独特な神学を生み出すことになるのだ。

調御倉に納められ、鰭を持つ白蛇に守られた秘書たち。白蛇を恐れることなく、その禁断の書物を開いてみよう。

国常立神の「もうひとつ」の名前とは

『日本書紀』の天地創成神話で最初に顕現する「国常立尊《くにのとこたちのみこと》」は、卜部《うらべ》たちの『釈日本紀《しゃくにほんぎ》』では「神孫《しんそん》」、すなわち天皇の系譜に直結する始祖神として解釈され、「本朝」を統治する天皇の現世的力と一体化された。

では伊勢神宮の神官たちにとって「国常立神」とはいかなる神なのか。度会行忠が記したと思われる『御鎮座本紀』に、こう語られていく。

蓋《けだ》し聞けらく、天地《あめつち》未だ剖《わか》れず、陰陽、分かれざる以前、是を混沌と名づく。万物の霊、是を虚空神《こくうしん》と名づく。亦大元神《だいげんしん》と曰ひ、亦国常立神と曰ふ。亦倶生神《ぐしょうしん》と名づく。

（神道大系、44頁）

『日本書紀』では、天地が分かれた後、最初に姿をあらわすのが「国常立尊」であった。だが、伊勢の神官たちは、「国常立神」を天地が分割される以前の「混沌」のなかに顕現《けんげん》させる。さらに国常立神には、複数の名前があった。すなわち「虚空神」（無為法、つまり作られたものではない神）、「大元神」（万物の究極。始元の神）、「倶生神」（人の両肩にいて、死後、善悪を閻魔王《えんまおう》に報告する神）という「亦《また》の名」である。そして国常立神は、この世の人間では知覚できない、超越的存在＝「根源的一者」へと屹立《きつりつ》していく。この根源的一者としての国常立神が、万物に利益を与えるために姿をあらわしたのが、「天照大神」と「止由気大神《とゆけのおおかみ》」なのだと位置づけていくのである（高橋美由紀・一九九四）。『日本書紀』にあるような物語や神統譜は一切無視され、「混沌」のなかの超越神から、現世的な力をもつ神々が姿をあらわすのだ。

ここでわかってくるだろう。神官たちに求めた「混沌の始を守り……」とは、虚空神、大元神、倶生神の「亦の名」をもつ「国常立神」が顕現してくる、その始元の時空を意味したのだ。それはたんなる書物のうえに書かれている神話ではない。神人たちは、その始元である「混沌」へとワープするのだ。そのとき「蓋し聞けらく……」と、根源的一者の姿を知ることができるのである。

では、神人たちは、どのようにして「混沌の始」へとワープするのか。そこに用いられたのは、なんと密教の観想法であった。「皇天《こうてん》倭姫内親王託宣《のたまは》く、各念《おのおのおも》へ、天地大溟《たいめい》の時……」(『御鎮座本紀』神道大系、43頁)という一節がある。「念へ」とは、「観想せよ」という密教の観想の作法＝イメージトレーニングに通ずる。

すなわち「混沌の始を守る」ことは、「天地大溟の時」を心の内でイメージ(内観)し、そこに顕現した根源的一者＝国常立神と合一する、神秘的な実践を意味したのだ。『日本書紀』の読み替えという注釈や秘説の言説空間は、たんなる机上の世界ではなく、儀礼を実修する内観のプロセスと不可分にあったといえよう〔小川豊生・二〇一四〕。「仏法の息を屏り……」と、仏教を排除しつつ、しかし「仏法」の儀礼実修の方法を取り込んでいったのだ。伊勢の神官たちは、当時、大陸から渡ってくる最新の禅学とも触れ合っていたという〔小川、前出〕。

こうして鎌倉時代中後期に、度会行忠によって形成されていく伊勢の神道説は、『日本書紀』の国常立尊を、天地創成以前の「混沌」に顕現する超越神、根源神へと押しひろげていった。それは伊勢神宮の神官たちの「清浄」を求める、祭祀儀礼と密接に繋《つな》がっていたのである。

では鎌倉幕府が瓦解し、天皇・朝廷が分裂していく南北朝の激動期に至ったとき、伊勢神宮の『日本書紀』受容、解釈の世界はどう変化していくのか。

戦う神学者、度会家行と「山田一揆衆」

元応《げんおう》二年（一三二〇）、外宮の度会家行《わたらいいえゆき》（一二五六〜一三五六？）という神官が、伊勢神道の集大成ともいうべき著作を完成させた。『類聚神祇本源《るいじゅうじんぎほんげん》』である。その二年前には、後醍醐《ごだいご》天皇が即位した。そして後醍醐、足利尊氏《あしかがたかうじ》らによる討幕戦争で鎌倉幕府が瓦解するのは、その一三年後の元弘《げんこう》三年／正慶《しょうきょう》二年（一三三三）である。まさしく南北朝動乱の始まりの時代だ。

『類聚神祇本源』を執筆した度会家行は、『宝基本記』『御鎮座本紀』など神道五部書の「偽撰《ぎせん》」に携わったという度会行忠の弟子筋にあたる。『類聚神祇本源』のほかにも、『神道簡要』『神祇秘抄』『瑚璉集《これんしゅう》』などの著書もある。中世伊勢神宮きっての理論家・神学者であった。家行の著作にはキリスト教神学と見まがうような、独特な「神学」が論じられていくのだが、彼もまた南北朝の動乱の渦中を生きたひとりであった。なんと家行は、自ら武装して、南朝支援の戦陣に加わったのだ。彼はたんなる書斎のなかの神学者ではなかった。

以下、「外宮禰宜目安箱《げぐうねぎめやすばこ》」（『建武の中興と神宮祠官の勤王』所収）という資料から、彼の戦いの跡を追ってみよう。

南北朝内乱の始まっていく延元《えんげん》一年（一三三六）、関東から吉野（南朝の拠点）に向かう途中の北畠親房《きたばたけちかふさ》・顕信《あきのぶ》父子を、家行は自らの館《やかた》に迎え、全面的に親房親子を支えた。家行、八〇歳のときだ。このとき家行は配下の御師たちや法師を、全国六六州の霊場をめぐって法華経を奉納する行脚僧《あんぎゃ》（六六部と呼ぶ）の姿にして、北畠支持の廻状《かいじょう》を各地に送った。また自宅に招いた北畠親房に「伊勢神道」を教授したという。親房は、このときの教えをもとに『神皇正統記《じんのうしょうとうき》』を執筆している。

やがて南朝・北朝の戦いが激化していく、貞和《じょうわ》三年／正平《しょうへい》二年（一三四七）の秋、家行は、一福太夫、雅楽入道、全福太夫たち配下の御師《おんし》や法師を中心に、外宮門前町山田《ようだ》の大セコ坊主の許《もと》に寄り合い、河内《かわち》にいる楠木正行《くすのきまさつら》（正成の長子）らと連絡をとり、一〇月中旬には、兵糧米《ひょうろうまい》、城建設の道具などを用意して、宮川の西端に結集した。そのとき動員されたのが、「山田《ようだ》一揆《いっき》衆」（＊4）と呼ばれる悪党的武士集団である〔西垣晴次・一九五九〕。いわばゲリラ部隊に近いだろう。

そして翌、貞和四年／正平三年（一三四八）正月四日には祭主《さいしゅ》（＊5）の大中臣親忠《おおなかとみちかただ》宅を攻撃、親忠は京に逃亡した。また家行の軍勢は山田を出発し、泊浦《とまりのうら》の北朝側の守護代が籠る城を襲撃、そして国司の北畠顕能《あきよし》を山田に迎えて、楠木正行の軍に合流しようとしたが、残念ながら正行は高師直軍との戦いに負け、戦死した。家行の軍勢は断念せざるをえなかった。

しかし七月には再起を図る。北畠顕信を大将軍として、家行たち配下の軍勢は、大湊《おおみなと》から五艘《そう》の船に分乗し、伊勢湾を渡り、尾張《おわり》国宮崎に上陸、宮崎の城の旧跡に城郭を構え、北朝方の勢力と激しい戦闘を繰り広げた。しかし家行軍は、戦いに敗れ、多くの負傷者とともに山田に帰還した。このとき家行は、九〇歳を超える老年だが、自身も弓箭《きゅうせん》を帯して戦場に出たという〔神宮祠官勤王顕彰会・一九三五〕。おそらく南朝方に伝承されたものであろう。

ちなみに、この戦いがあった「貞和四年」といえば、宝剣が発見された年である〔第一章、39頁〕。伊勢で宝剣を発見し、神宮に奏上した円成阿闍梨《えんじょうあじゃり》も「山（山寺）法師」と呼ばれている。彼もまた、度会家行配下の法師たちの一員であったのかもしれない。

貞和五年／正平四年（一三四九）、家行は、前年の北朝側との戦いが原因で、北朝から「違勅《いちょく》」の罪で訴えられ、禰宜職の解任、資財田宅の没収、さらに先例によって流刑に処されそうになった。彼はなんと「凶徒」と呼ばれるのだ〔「外宮禰宜雅任雑掌訴状案」〕。その晩年は波乱に富んだものだが、神書の研鑽《けんさん》に余生を送ったともいう〔神宮祠官勤王顕彰会、前出〕。

それにしても、家行はなぜ「南朝方」についたのだろうか。それは後醍醐天皇による「建武新政《けんむしんせい》」が、鎌倉武家体制に結びついた荘園領主支配を解体し、多くの「神領」を回復させる復古運動でもあったからだ。その「神領」を回復させる根拠となった「神話」こそ、伊勢神道の世界に連なっていたのである〔海津一朗・一九九五〕。

では、度会家行は、『日本書紀』をどのように読み、解釈していったのだろうか。

天地開闢の、その以前へ

全一〇巻一五編にわたる『類聚神祇本源《るいじゆうじんぎほんげん》』は、中国文献を「漢家」、日本文献を「本朝」と分類し、「本朝」の文献として『日本書紀』や『古事記』も引用している。天地開闢《かいびやく》篇、天神所化《しよけ》篇、本朝造化篇といったテーマ別に文献を「類聚」した、一種の資料集の体裁なのだが、最後のところに「神道玄義《げんぎ》篇」という理論編がある。弟子との問答によって、家行自身の「神道」が語られていくのである。

その冒頭で、こんな問答がある。神道家のあいだで重視された古典籍は「天地開闢」を最初とするが、開闢以前はどうなっているのか。この問いに家行は次のように答える。

神祇の書典の中ニ、多くは天地開闢を以て最《かなめ》と為すと雖《いへど》も、神道ノ門風之《これ》を以て極と為さざる歟《か》。志す所は、機前《きぜん》を以て法と為し、行ふ所は清浄を以て先と為すなり。

（『類聚神祇本源』神道玄義篇、日本思想大系、114頁）

一般の神祇の古典では「天地開闢」を始まりとするが、われわれは違う。天地開闢以前の「機前《きぜん》」という究極を見極める必要があり、それを知る実践においては「清浄」を第一にしなければならない――。

この「機前」とは、天地の開闢が始まる前の渾沌《こんとん》、有無《うむ》をも超越した境地をさす。もともと「機前」という言葉は、禅宗の教学用語で、心のなかに自我や執着が目覚める以前の状態を意味している。家行は、それを天地開闢以前の状態を表す語に応用したようだ。中世神道研究者の小川豊生《おがわとよお》氏の詳細な研究によれば、家行に影響を与えたのは、伊勢国多気《たけ》郡上野（現在の明和《めいわ》町上野）に建立された長松山《ちょうしょうざん》安養寺《あんようじ》の仏通《ぶっつう》禅師（癡兀大慧《ちこつだいえ》）であったという。安養寺は、当時最先端の禅学を広める前線基地で、家行の館とも近い場所にあった〔小川・二〇一四〕。

ここでわかるのは、家行が『日本書紀』をも「神祇の古典」のひとつとして相対化していることだ。さらに『日本書紀』の天地開闢以前の「渾沌」をも超えた「機前」の境位は、たんなる観念の世界ではない。「清浄」を第一とする祓えの儀礼と一体となっていた。祓えでもたらされる「清浄」とは、天地開闢以前に戻ることと解されるからだ。それはどういうことか。家行の主張をまとめてみると――。

天地開闢したあとの世界は、有無を分別する心が起こり、物欲が生じ、執着の気持ちが広がる現世の始まりである。そうした現世での救いは、仏教が担当してくれる。だが、われわれの神道は、天地開闢以前、つまり人間的な欲望が発生する以前の「清浄」をめざすのだ。だから伊勢では「仏法の息を屏《さへぎ》り……」（『宝基本記』）という。

ここで天地開闢以前という神学的なテーマは、同時に祓えによる清浄の境地と一体のものとして認識されていくのである。もちろん、そうはいっても、家行の神学の骨格をなすのは、仏教、とりわけ禅の教えであったことを忘れてはなるまい。

　さらに問答のなかでは、天地開闢以前に存在する「神」の名が問われる。家行は、それを「天日譲る《あめのひゆず》天狭霧《あめのさぎり》、国日禅る《くにのひゆず》国狭霧尊《くにのさぎりのみこと》」（日本思想体系、122頁。以下、サギリノミコト）という。この神名は、『日本書紀』にも出てこない。この神の名は、『先代旧事本紀《せんだいくじほんぎ》』（九世紀後半、成立。本書については、第三章で詳述）という書物に出てくる。神統譜に先立つ神という認識だ。これを家行は、「神中の神、霊中の霊也。故に階梯《かいてい》を立てず。員ノ外ニ之を置く」（『類聚神祇本源』日本思想大系、122頁）と読み替える。サギリノミコトは神統譜の外に置かれる神で、天地が開闢する以前の究極の始元に登場する神としたのだ。まさしく不可視の普遍者、根源的一者であった。天地開闢以前、「機前」の神を求める家行の神学的な志向性は、『日本書紀』の「国常立尊」、あるいは「天之御中主神《あめのみなかぬしのかみ》」をも超絶する「一神」を打ち立てていく。その背景には、南北朝の「両統迭立《ていりつ》」という政治状況のなかで、「王統の唯一性」とも絡む重大な意味があったことは間違いないだろう（小川豊生・二〇二〇）。

　南北朝の動乱の渦中にある伊勢神宮。そこに生成する度会家行の神道世界。『日本書紀』という正史をも超えた、あらたな「神学的神話」（折口信夫）が胚胎《はいたい》していく現場が、ここにあった。南北朝の激動の時代、社会や国家の秩序が揺れ動いていく時代のなかで、宇宙創造の究極の神学が求められたのだ。家行から学んだ北畠親房の『神皇正統記《じんのうしょうとうき》』には、「我朝の初は天神の種をうけて世界を建立《こんりゅう》するすがたは……」といった世界建立＝世界創造の神をも描き出している〔小川豊生・二〇一四〕。

戦場と化す伊勢神宮

伊勢神宮は古代以来、「私幣禁断《しへいきんだん》」とされてきた。一般庶民、貴族はもちろん、天皇でさえ「私幣」を捧《ささ》げること、つまり個人的な参拝は禁じられていたのである（初めて「天皇」として伊勢神宮を参拝したのは明治天皇である）。

だが、中世には禁制も弛《ゆる》み、神宮自身も荘園獲得のために伊勢の信仰を広める必要があった。その活動を担ったのが、「御師《おんし》」という中下級の神職たちだ。彼らは諸国に出向いて、「檀家《だんか》」たちの伊勢神宮への「願意」を取り次ぎ、あるいは祈禱の証明として「御《お》祓大麻《はらいおおぬさ》」（神宮大麻《たいま》ともいう）を箱に納め、毎年、配付して歩いた。ちなみに前年の祓えの札を回収し、納めた「お祓い箱」のことから、用がなくなった例えとしての「お払い箱」の言葉が生まれた。御師たちは、江戸時代には現代の旅行代理店＝ツアーコンダクターの役割をもつようになる。江戸中期には、宇治（内宮）・山田（外宮）の御師は八百余軒あったという〔西垣晴次・一九八三〕。

けれども南北朝時代には、度会家行の配下の御師たちが、「一揆衆《いっきしゅう》」を組織して、武装集団として活動していたのは、先にも見たとおりだ。さらに室町時代、応仁の乱の頃には、戦乱が全国化するなか、伊勢神宮においても戦闘が繰り広げられた。「下剋上《げこくじょう》」の一般的な傾向のなかで、神役人《じんやくにん》・御師たちの勢力が上昇し、ついに上層部の禰宜《ねぎ》・権《ごん》禰宜（神人）たちとの衝突も起きていた（萩原龍夫・一九七五）。

たとえば室町将軍・足利義教《よしのり》（義宣《よしのぶ》）の時代、永享《えいきょう》一年（一四二九）、伊勢三郡の郷民たちの「徳政《とくせい》」を要求する運動が激化した。とくに外宮の門前町として発展してきた山田の神役人・御師たちに率いられた地下人《じげびと》（山田町の民衆）は神宮上層の禰宜層と衝突し、ついに戦闘に至った。禰宜たちの側は人数も少なく、外宮の神域に逃げ込んだが、地下人たちは社頭で合戦に及び、鳥居の内部において数名の戦死者が出た。そのために「社中穢《しゃちゅうえ》」となり、神事も滞ったという。「先代見聞。開闢以来無之由」（『満済准后日記《まんさいじゅごうにっき》』、64頁）というべき出来事であった。「清浄」を第一とする、神聖極まりない伊勢神宮が、なんと戦場と化していったのだ。

こうした争闘は、さらに内宮と外宮の争いにも発展する。内宮と外宮の神官たちが「皇字」をめぐって争論したことは、先に紹介したが（67頁）、応仁・文明の乱の前後の時代、内宮と外宮の対立は、もはや神学上の問題を超えて、実際の神宮経済を支えている神役人・御師たちのあいだの利害をめぐる武力衝突に発展していった。両宮の争闘は、宝徳《ほうとく》元年（一四四九）から天文《てんぶん》一二年（一五四三）まで、記録に残るだけでも七回も起きている

〔萩原、前出〕。

たとえば文明一八年（一四八六）には、伊勢山田（外宮）と宇治（内宮）の御師たちが「檀家」の領分をめぐって争い、市中争乱となった。そこに国司の北畠氏が介入することで、騒動は拡大し、ついに山田の町が焼き払われた。逃げ場を失った山田側の御師たちは、なんと外宮の本殿の床下に逃げ込み、本殿に放火した。さらにリーダーのひとりが瑞垣《みずがき》のうちで自刃するという、未曾有《みぞう》の事件が起きている〔『外宮子良館旧記《げくうこらかんきゅうき》』、631頁〕。穢れをもっとも嫌う神殿のなかで戦闘を行い、そこで自害するとは……。古代の伊勢神宮からは想像することさえ不可能な、中世後期の伊勢神宮の姿が浮かび上がってくるだろう。

こうした内宮、外宮が戦闘を繰り返していた頃、たとえば伊勢内宮の神主荒木田《あらきだ》氏の一族で権禰宜の役職にあった荒木田匡興《まさおき》は、出家し『日本書紀私見聞《しけんもん》』という注釈書を作成している〔応永三〇年（一四二三）～三三年〕。ちなみに神宮の神官たちが出家する例は、平安時代末期からよくあるようだ。また彼の弟子にあたる春瑜《しゅんゆ》が、師匠のテキストを「書写」することで、さらに内容を追加、拡大させていく。「書写」という行為もまた、あらたな神話の創造となっていくのだ〔星優也・二〇二〇〕。

たとえば春瑜本『日本書紀私見聞』では、地獄の閻魔法王とはスサノヲのことであり、その本地は「地蔵」と解釈していく。まさに中世日本紀の姿である〔斎藤英喜・二〇一二a〕。スサノヲを地獄の閻魔へと変換させるのも、乱世の時代の反映というべきだろうか。

「御神体は蛇体にまします」

山田の町が戦場となった年の三年前、文明一五年（一四八三）、度会元長《もとなが》という外宮の神官が伊勢神宮に伝わる祓えのマニュアル本を作った。『元長修祓記《しゅばつき》』である。この本は御師の次良太夫《つぎよしたゆう》に伝授したもので、「一人」以外には伝えてはならない、秘中の秘とされた。そこには、なんと皇祖神アマテラスのご神体が「蛇体」であると記されていたからだ。『日本書紀』のなかで「日神」とされ、天皇家の始祖であるアマテラスの本当の姿は、蛇体であると伝えるのだ。そこにはこう記されていた。

御神体ハ蛇体ニテ御座《まします》、我等三毒是也。神ノ三熱ハ、衆生ノ三毒ノ念故也。我等三毒之無時、神ノ三熱ノ息《やす》メ賜也。

（『元長修祓記』神道大系、123頁）

アマテラスのご神体は「蛇体」であり、それは我ら衆生の「三毒」そのものの姿である、故に神は「三熱」の苦しみを受ける。衆生の三毒が消えたとき、神も三熱をさますことができる……。

三毒とは「貪欲《とんよく》（物への欲望）・瞋恚《しんい》（怒り）・愚癡《ぐち》（仏の教えを知らない無知）」という、欲望にまみれた衆生の本性のこと。衆生はこの三毒ゆえに蛇体になるのだが、その衆生の代わりにアマテラスが蛇体となって三熱の苦しみを受け、人びとを救済するという。まさに神が人の代わりに苦を受けてくれる「代受苦《だいじゅく》」の教えである。室町後期の伊勢の祓えは、穢れの浄化といった「神道」の祓えとともに、仏教を取り込んだ祓えの作法となっていたようだ。

この教えは、檀家たちに伊勢信仰を広める御師に伝えられていた。どうやら蛇体のアマ

蛇体のアマテラス（『麗気本尊』画像提供　仁和寺）

テラスというトップシークレットは、同時に、民衆世界へと拡大していくアマテラスの姿と裏表一体の関係にあったようだ。

また京都の仁和寺（京都市右京区）に秘蔵されてきた『神道灌頂本尊図』（室町期）には、身をくねらせた蛇が頭上に宝珠を戴《いただ》き、その身は蓮華座《れんげざ》に座している、なんとも不気味な絵があった。その蛇体はアマテラスの本地たる愛染明王《あいぜんみようおう》ともいう。それは煩悩にまみれた蛇体の姿が、そのまま悟りを開いた菩提の境地＝「煩悩即菩提《ぼんのうそくぼだい》」を表すものだ。その図にもとづき、密教の「ウン」字を観想することで、屈曲した字形からアマテラスの究極の姿が蛇体であることを覚知し、それと一体化することで衆生を救済するという行法を実修していたのである〔伊藤聡・二〇一二〕。なお、本図は二〇〇七年、奈良国立博物館で開催された『神仏習合展』のときに、初めて一般に公開された。通常は現在も見ることはできない。

伊勢の神官たちによる「混沌の始」の観想から、「煩悩即菩提」の蛇体のアマテラスを観想する実践へ。それこそ戦乱に明け暮れた中世後期の社会の現実にふさわしい、アマテラスの姿であった。しかしそれは同時に、戦乱の世の『日本書紀』受容、解釈の一端を教えてくれるものともいえよう。

戦乱に明け暮れ、死穢《しえ》にまみれていく伊勢神宮――。そうした時代のなかで、アマテラスが穢れを嫌って、伊勢から飛び出すという驚きの事件が頻発する。そこに登場するのが、

「日本紀の家」の卜部氏の、その後の人物である。

2. 応仁・文明の乱と吉田兼倶

京都に飛来するアマテラス

応仁・文明の争乱がひとまず終息した、延徳《えんとく》一年（一四八九）の三月の深夜のことである。激しい風雨、雷鳴が轟《とどろ》くなか京都の吉田社（現在の京都市左京区吉田神楽岡町、吉田神社）の一角にある「斎場所大元宮《さいじょうしょだいげんぐう》」の境内に、光り輝く霊物が降り立った。また一〇月には、快晴の天気のなか、天から光り輝くものが、やはり斎場所の庭に着地した。調べてみると、複数の神器が発見された。そこで吉田社の神主職を務める吉田兼倶《かねとも》が後土御門《ごつちみかど》天皇に密奏し、天皇が神器を検分したところ、伊勢神宮の内宮・外宮のご神体＝神鏡であることが判明した（『宣胤卿記《のぶたねきょうき》』）。ちなみに延徳一年には、外宮の御師たちを中心とした武装集団が、内宮のある宇治の町を焼き払うという事件が起きている。それは三年前（文明一八年〔一四八六〕）の、内宮側の御師による山田焼き討ちへの報復であったという。

こうしたなかで、兼倶は、伊勢神宮のアマテラス、トヨウケが斎場所大元宮に遷《うつ》ってきたと喧伝《けんでん》し、以後、大元宮の後ろに内宮・外宮が鎮座することになった〔高橋美由紀・二

斎場所大元宮（後方から撮影）（吉田神社）

斎場所大元宮の内宮と外宮

〇一三）。ちなみに、今も吉田神社・大元宮の境内には内宮・外宮が鎮座している。[*6] 海浜近くの伊勢神宮の神々が京都に遷座したので、賀茂《かも》川の水が塩っぽくなったという噂も流れたが、兼倶の配下が上流で塩を撒《ま》いたとか……。どうやらすべては兼倶が後土御門天皇を抱きこんで仕組んだ「でっちあげ」だったようだ。このことから、後世に至っても、吉田兼倶は伊勢神宮から「神敵《しんてき》」と呼ばれたのである。

さて、この事件の「主犯」たる吉田兼倶（一四三五～一五一一）とは、「日本紀の家」＝『日本書紀』研究の専門家の一族、卜部氏の出身だ。先祖の卜部兼熈《かねひろ》の代から吉田社の神主を世襲することになったので、「吉田家（吉田卜部家）」を名乗ったという。

それにしても、伊勢神宮のアマテラスが京都に飛んでくる、ということを、なぜ当時の人びとは真に受けたのだろうか。じつは、アマテラスが光る玉になって飛来するという「事件」は、この頃、頻繁に起きていたのだ。「飛び神明《しんめい》」と呼ばれるものである。

京都には、そうした由来をもつ「神明社」が複数あった。中京区姉小路《あねやこうじ》通りにある「高松《たかまつ》神明社」、下京《しもぎょう》区四条《しじょう》通りの南、綾小路《あやのこうじ》の「神明神社」、洛外《らくがい》に目をむけると宇治市にも「神明皇大《こうたい》神宮」（宇治市宇治神明宮西）という、やはりアマテラスを祀る神社がある（萩原龍夫・一九八五）。宇治の神明社は、狂言『今神明《いましんめい》』の舞台となっている。

こうした神明社は、伊勢神宮からアマテラスを勧請《かんじょう》する正式な分霊社ではなかった。伊勢神宮に「無許可」でアマテラスを祀っていたのだ。それが京都のあちこちに出来たので、享徳《きょうとく》二年（一四五三）、伊勢神宮から即座に停止するようにという訴状も出た。とりわけ伊勢神宮が強く反発したのが、「粟田口神明社《あわたぐちしんめいしゃ》」である。

現在、粟田山の支峰となる大日《だいにち》山の西麓《せいろく》に鎮座している「日向大神宮《ひむかいだいじんぐう》」（山科《やましな》区日ノ岡一切経谷町）が、それにあたるらしい（*7）。伊勢神宮の訴えによれば、粟田口神明社は民間系陰陽師《おんみょうじ》（唱門師《しょうもんじ》）たちが祀っているもので、はなはだいかがわしいものとされた。また卜部

神明皇大神宮（宇治市）

氏も関与していたという。しかし、こうした訴状があったにもかかわらず、当時の朝廷、幕府は取り締まることもできず、洛中洛外には「神明社」が続出していたという（萩原龍夫・一九八五）。

それは京都だけではなかった。たとえば若狭《わかさ》の小浜《おばま》にアマテラスが来臨し「今神明」と呼ばれた（応永一四年（一四〇七））。また草薙剣《くさなぎのつるぎ》を祀る熱田《あつた》社の社頭に光物が飛び込んできたが、少女の託宣によってアマテラスであることが判明した。山田の地が不浄なので熱田に遷ってきたという（『満済准后日記』応永二六年（一四一九））。あるいは丹《たん》後国《ごのくに》の久世戸《くせど》という地にアマテラスが渡ってきたという噂もあった（『大乗院寺社雑事記』応永二六年（一四一九））。これらは「今神明」とも「飛び神明」とも呼ばれた。

こうした飛来するアマテラス＝飛び神明とは、外宮vs.内宮の戦場と化していた伊勢神宮をアマテラスが忌避し、そこから避難したかのようにも見える。だが同時に、各地に生み出されていく「今神明」の伝承は、アマテラスの霊異が、あらたな力となって、地域のなかに広がっていく様子も見てとれる。「今神明」としてのアマテラスは、病気治療の神として、異国調伏《ちょうぶく》の神として、都市の人びとに信仰されたという〔瀬田勝哉・一九八五〕。「飛び神明」の背後には、じつは御師たち自身の布教活動があったのだろう。

奈良における吉田兼倶と一条兼良

さて、こうした「飛び神明」を知ると、アマテラスとトヨウケが吉田社の「大元宮」〔斎場所〕に飛来したという、吉田兼倶の主張もリアリティをもつだろう。とりわけ後土御門天皇の「お墨付き」を得たことも大きかった。

しかし、その一方で、吉田兼倶という人物は、当時から胡散臭《うさんくさ》く思われ、「山師」と呼ばれていた。とくに彼が説く「唯一神道」なるものは眉唾物《まゆつばもの》と思われ、多くの貴族知識人たちから批判を受けたともいう。兼倶のもとを訪れて議論をもちかけた人びともいたようだ。しかしその多くは、兼倶の膨大な知識や弁舌の巧妙さから、最後は皆、兼倶に説得され、あるいは彼の支持者になる者も少なくなかった。いうまでもなく、後土御門天皇もまた、そのひとりだ。兼倶の講義は、例え話が多く、笑いが絶えない名調子であったという〔桜井英治・二〇〇二〕。

なお兼倶は一五歳のときに「朝廷デビュー」をしている。春日《かすが》社、吉田社で「怪異」があったので、神祇官《じんぎかん》の一員として軒廊御卜《こんろうのみうら》〔内裏紫宸殿南廂《だいりししんでんみなみひさし》から宜陽殿《ぎようでん》に続く廊下で行われた、朝廷公式の卜占《ぼくせん》に列席した。だが、その振る舞いに「無礼の節」があったという（中原康富《やすとみ》の日記『康富記』宝徳一年〔一四四九〕一二月五日）。朝廷故実に詳しい中原康富から見ると、作法にかなわぬ態度があったのだろう〔萩原龍夫・一九七五〕。後の兼倶の傍若《ぼうじゃ》無人《くぶじん》ぶりから見ると、さもありなんという少年時代のようだ。

さて、吉田兼倶の「唯一神道」のベースになっているのが、彼の『日本書紀』の注釈、講義であった。当然、「日本紀の家」の卜部氏の血統なので、彼のもとには父祖伝来の『日本書紀』に関する書物、情報が集積されていただろう。だが、兼倶が『日本書紀』を講義することを「稽古《けいこ》」したのは、応仁・文明の乱で自邸と吉田社が兵火にかかり、京都から奈良に避難したときであった。文明四年〔一四七二〕から翌年にかけて、兼倶は都を追われた公卿《くぎょう》たちを相手に『日本書紀』の講義をしたという。

その講義のテキストにしたのが、一条兼良《かねら》の『日本書紀纂疏《さんそ》』であった〔岡田莊司・一九八四〕。一条兼良〔一四〇二～八一〕は、『釈日本紀』の問答に参加した一条家の子孫。摂政、関白を歴任する政治家でありつつ、「五百年来の学者」「一天無双の才人」と称えられた学者で、『公事根源《くじこんげん》』『花鳥余情《かちようよぜい》』『伊勢物語愚見抄《ぐけんしょう》』『代始和抄《だいはじめわしょう》』『元亨釈書註《げんこうしやくしよちゆう》』『文明一統記《ぶんめいいっとうき》』などの多様なジャンルにわたる、数多くの著作を残している〔永島福太郎・一九五九〕。室町時代中期の東山文化を代表する、今風にいえば「知の巨人」といえよう。そうした学問の成果として書かれたのが『日本書紀纂疏』であった。一条兼良は、兼倶にとって三三歳年上の人物。まさに尊敬すべき「先学者」ということになろう。

兼良は、戦乱によって自邸の文庫が焼失し、所持していた『日本書紀』のテキストが破損したために、奈良の地で、吉田兼倶の所持していた『日本書紀』のテキストを借りて、補写したり校合《きょうごう》したりしたという〔中村光・一九三九〕。吉田兼倶と一条兼良は、避難先の奈良の地で、学問的な交流を深めたことも想像されるだろう。

兼倶、『日本書紀』を進講する

さて、奈良の地での『日本書紀』講義の功績を認められた吉田兼倶は、戦乱がひとまず収まった文明一二年（一四八〇）、宮中に召されて、時の帝《みかど》・後土御門天皇に『日本書紀』を進講する栄誉に服した。この『日本書紀』進講のことは、中世思想史研究者の原克昭氏の研究によって、詳細に復元されている〔原・二〇一二〕。以下、それを参考にすると――、

開催日は一〇月二一日〜一二月一四日。場所は、内裏《だいり》黒戸《くろど》御所《ごしょ》。西面上壇に後土御門天皇が南面し、兼倶は次壇の中ほどで北面し、天皇と兼倶は、向かい合う形になる。兼倶は、白木机に草子仕立ての『日本書紀』の神代巻を開いて、講釈した。聴講者の数は三三人（毎回の参加ではない人も含む）にのぼった。武家衆も西北の庭上で聴聞したという。進講の大任を果たした兼倶は、その功績で従三位から従二位に昇進した。彼の名声が高まったことは間違いない。

ところで、この晴れ舞台の始まりで、少々悶着《もんちゃく》もあったらしい。兼倶は、伺候《しこう》する場所を清涼殿《せいりょうでん》内の常御所《つねのごしょ》や議定所《ぎじょうしょ》とするのが卜部氏累代の先例、と主張した。公卿たちは、兼倶の申し出に、常御所や議定所は狭いので聴聞衆の伺候に支障をきたすという理由で、最初の決定どおり「内々の御所たる黒戸御所」を伺候する場所とすると奏上して、天皇が最終決定をした。なお「内裏黒戸御所」の案は、宮廷故実の権威、一条兼良が提示したものであった。ちなみに兼良は、兼倶の『日本書紀』進講には列席していない。どうやら、このことをきっかけに、ふたりのあいだには、微妙なわだかまりが生まれたものと見える。

後土御門天皇への進講の翌年、文明一三年（一四八一）には、比叡山に登り、天台僧たちを相手に『日本書紀』を講釈している。これは前代未聞のこととされる。さらに同年に行われた講義を相国《しょうこく》寺の僧侶、景徐周麟《けいじょしゅうりん》（宜竹《ぎちく》）が聞書きの講義録として残している。『神書聞塵《しんしょもんじん》』と呼ばれるものだ。その講義録から、兼倶の『日本書紀』解釈の一部を見てみよう。

なぜ「日神」に三つの名前があるのか

『日本書紀』正文では、「日神」について、三つの名前を伝えている。「大日孁貴《おおひるめのむち》」、「天照《あまてらす》大神《おおかみ》」、「天照大日孁貴尊《あまてらすおおひるめのむちのみこと》」である。日神のアマテラスが唯一絶対の太陽と同体であるならば、なぜ三種類の名前が伝わっているのか。この問いに兼倶は「天ニ三処ノ位アリ。冬《とう》至《じ》ト、時正《じしょう》ト、夏至《げし》トハ、三ノ時ソ。日神ノ位セラル、ソ」（『神書聞塵《しんしょもんじん》』神道大系、35頁）と答えている。これはどういうことか。

「日神」に三種類の名前があるのは、天体上の太陽の位置の変化に対応している。すなわち日が短くなり光が弱くなる「冬至」の太陽を「大日孁貴」、昼と夜が等しくなる「時正」（秋分・春分）の太陽を「天照大神」、そして日がもっとも長くなる「夏至」の太陽を「天照大日孁貴尊」と呼ぶ、と。これが兼倶の説明である。

現代から見ると、まったく荒唐無稽な解釈のように思えるかもしれない。これを現代の学者は、牽強付会《けんきょうふかい》説と呼ぶ。

しかし兼倶の説明は、季節によって「日の長さ」が変わるという経験とともに、この時代の最新の宋代《そうだい》天文学の知識を『日本書紀』の解釈に活用していたのである（小川豊生・二〇〇八）。天体上の太陽の位置にたいする天文学の知識を前提とすることで、逆に、アマテラスが「日神」＝太陽神であることが証明されていく、ともいえるだろう。こうした天文学の知識は、宮廷暦道《れきどう》の家である賀茂《かも》家の側に蓄積されていた。それらから兼倶が学んだこともたしかなようだ（小川、前出）。当時の陰陽道、暦道にたいする知識を問答体で解説した賀茂在方《あきかた》編述の『暦林問答集《れきりんもんどうしゅう》』を、兼倶が書写していた（中村璋八・一九八五）。もっとも一条兼良『日本書紀纂疏』にも宋代天文学の知識が多数出てくるので、それは当時の学者たちのあいだに共有された知の世界であったようだ。室町時代の学者たちが、大陸の最新文化と密接に交流していたことは間違いない。

それにしても、アマテラスが吉田社の大元宮に飛来したという「事件」と、アマテラスを宋代天文学で解釈することとは、何か繫がりがあるのだろうか。室町中後期に頻発した「飛び神明」の背景は、古代以来の「伝統」を誇示《こんてい》してきた伊勢神宮の宗教的な秩序が、戦乱のなかで解体し、神宮のあり方そのものが根柢から崩れていく時代動向と密接であった。兼倶の最新天文学を応用した『日本書紀』の注釈、講義で示された、あらたなアマテラス像は、解体し、混乱していく宗教秩序を、新しい時代にむけて「再生」させようとする知的な実践と考えていいだろう。

兼倶の『日本書紀』の講義をさらに聞いてみよう。

大元宮に祀られる神とは

伊勢からアマテラス、トヨウケが飛来したという吉田社境内の大元宮は、もともとは文明五年（一四七三）に、兼倶の邸宅内に建てられたものだ。だが戦乱に被災して、その後吉田社内に建て替えられた。その建て替えの資金は、将軍足利義政《よしまさ》の妻・日野富子《ひのとみこ》の助力を得ていたという〔萩原龍夫・一九七五〕。彼女もまた、兼倶の支持者のひとりであったようだ。

それにしても、この大元宮という神社には、いかなる神が祀られているのだろうか。まずは、その建物の形からして普通の神社とは違う。茅葺《かやぶき》八角形の殿舎に、六角形の後房、屋根には内宮・外宮と同じ千木《ちぎ》、さらに中央には宝珠がついている。

この奇妙な形態の大元宮に祀られているのは、「虚無大元尊神《こむだいげんそんじん》」という変わった名前の神だ。もちろん『日本書紀』には登場していない。だが、兼倶によれば、この虚無大元尊神こそ、『日本書紀』冒頭の神、国常立尊《くにのとこたちのみこと》のほんとうの姿であったというのである。

彼の『日本書紀』講義の口調を伝える原文を読んでみよう。

> 国常立ハ、無相之相、無名之名ソ。太元太極ト云モ、サテモアラウスレトモ、伏犠《ふくぎ》ハ俯仰観察丫立ソ。天竺モ釈尊出世ノ後ニヨリテ沙汰ソ。（中略）禅門ハ不レ及レ申ソ。此国ハ国常立尊ヨリ、今ニ至マテ、人々ノ元祖トナリテ、キラリトアルホトニ、余ノ国（ニ）カハリテ正ソ。大元尊神トモ云ソ。虚無大元尊神トモ、国常立ヲ云ソ。

斎場所大元宮の宝珠と千木（吉田神社）

（『神書聞塵』神道大系、16～17頁）

国常立尊は、形態や名前を備えていない。天地万物の抽象的な根源である。中国の最初の帝王の伏犧（伏羲）や、天竺《てんじく》の釈尊よりも、さらに最初に顕れた神である。禅宗の教えなどは申すまでもなく後からのものだ。わが国は国常立尊から今に至るまで人びとの元祖であった、「キラリ」とあるので、他の国よりも正しいのである。これは大元尊神とも虚無大元尊神とも、そして国常立尊とも申すのである……。

国常立尊は『日本書紀』では天地開闢の後に葦《あし》の芽が伸びるように生まれた神である。それがここでは、天地万物の根源であり、その存在は、中国、天竺の偉人たちよりもまえの、究極の神とされるのだ。こうした主張は、天竺の仏教、唐土（中国）の儒教は、すべて日本の神道という「根本」から発した「枝葉・果実」にすぎないという言説とも繋がる。「根本枝葉果実説」と呼ばれるものだ。そこから兼倶は「唯一神道」を名乗ることになるのである。

もっとも兼倶の「虚無大元尊神」のネーミングは、彼のオリジナルではない。兼倶を「神敵」と呼んだ、伊勢神宮で形成された神道説にも見られるものだ。「虚無之神」（神皇実録）、「大元」（中臣祓訓解《なかとみのはらえくんげ》）など、神の永遠性、不変性をあらわす。さらに『日本書紀』の国常立尊に「亦の名」があった、という発想も伊勢神道書にも通じていよう（68頁）。

しかし、兼倶は、その先に一歩踏み出す。伊勢神道のなかでは明確に語られていなかったこと、すなわち「神」なるものが天地万物の創造者であることを解き明かすところだ。

夫《それ》神ト者、天地ニ先テ而モ天地ヲ定メ、陰陽ニ超《コエ》テ而モ陰陽成ス、天地ニ在テハ神ト云、万物ニ在テハ霊ト云、人ニ在テハ心ト云、心トハ神ナリ、故ニ神ハ天地ノ根元也。

（「神道大意　兼倶」神道大系、18頁）

『日本書紀』では天地が開闢し、陰陽の生成のあとに「神」があらわれる。だが、兼倶は、「神」は天地に先立ち、また陰陽を超える存在であると主張するのだ。さらに「神」は、万物においては「霊」、人にあっては「心」と呼ばれるものへ変化する。「神」は、天地万物創造の根元とされるのである。

吉田社の境内に建つ、異形の神殿、大元宮。そこに祀られているのは、天地万物の創造主宰神というべき、虚無大元尊神という神であった。それは『日本書紀』の国常立尊の、究極の名前であったのである。そして日神アマテラスの三つの名前をめぐる注釈と同じように、虚無大元尊神という神格の解釈の基底には、「霊」や「心」をめぐる宋学、禅学、密教などの最新の学問、宗教の知が盛り込まれていたのだ。

それにしても、多くの読者にとって、こうした吉田兼倶の神道言説は、奇怪なものに見えるだろう。一般的な常識では、「神道」は、一神教のキリスト教やイスラム教とは違って、創造主宰神をもたない、アニミズム的、汎《はん》神論的な信仰形態とされているからだ。

けれども、どうやらそうした常識は、中世では通用しないようだ。伊勢神宮の神官たちや吉田兼倶の『日本書紀』注釈の世界には、この宇宙、天地万物の究極的な「一神」を求める宗教的な情動が満ち溢《あふ》れていたのである。そして兼倶の言説に見られるように、究極の「神」は、同時に万物に内在する「霊」であり、また万人の「心」であったという。それは狭義の一神教的な神観念とも異なっている。中世神道史研究者の小川豊生《おがわとよお》氏の言葉を借りるならば「包摂的一神論の可能性」が潜在しているといえよう〔小川・二〇二〇〕。そして、吉田兼倶の「唯一神道」の神学的な言説は、彼の『日本書紀』の注釈を媒介にして生み出されたのであったのだ。

「最上の書」としての『日本書紀』

ところで、吉田家では、『先代旧事本紀《せんだいくじほんぎ》』『古事記』『日本書紀』を「本朝三部の本書」と呼んでいる。この認識は、近世に至るまで通用するものだ。そして兼倶は、この「本朝三部の本書」のなかで、『日本書紀』こそが「最上の書」であると強調する。なぜ『日本書紀』は「最上」なのか。

兼倶によれば、『先代旧事本紀』、『古事記』は「作者の心」で「穿鑿《せんさく》」した作り物で、ない「神代ノ辞」をそのまま伝えている、というのだ（『神書聞塵』神道大系、3頁）。このことは、『古事記』『先代旧事本紀』が私選の書物で、『日本書紀』は勅撰の正史である、という区分だけではないだろう。

『日本書紀』が伝える「神代ノ辞」。それは兼倶が考える「神」なるものの究極的な姿、普遍的な姿と通じているのだろう。そしてその普遍性は、兼倶が生きている一五世紀後期の社会における価値観を前提にしている。すなわち一五世紀当時の、最新の宗教と学問である、華厳《けごん》、禅学、密教、そして宋学《そうがく》などの知の普遍性と通じていることが、『日本書紀』が「神代ノ辞」であることの証明とされるのだ。

『日本書紀』の国常立尊と同神とされる虚無大元尊神とは、この時代の最新の宋学、禅学、華厳教学などの知識による注釈から導き出された神格であった。『日本書紀』を読むこととは、その時代の最新の知によって、読み替えていくことにほかならないのだ。それと同時に、吉田兼倶が『日本書紀』を読み解くことができたのは、「日本紀の家」に伝わってきた、膨大な『日本書紀』注釈の知識や言説があったからだ。その源泉となるのは、鎌倉時代の卜部兼文《かねふみ》・兼方《かねかた》親子の『釈日本紀』だ。卜部家では『釈日本紀』は、家の秘説として伝えられてきたのである。

それればかりではない。『釈日本紀』には、古代、平安時代に繰り広げられた『日本書紀』

講義、日本紀講の知が蓄積されていた。それを認識し、保持していることが、「神代ノ辞」を伝える『日本書紀』を読み解くことを可能とした、選ばれし者たる資格でもあったのである。

次の章では、「中世日本紀」のベースとなっていく、平安時代の日本紀講の現場へと赴くことにしよう。

（＊1）現在の檜原《ひばら》神社（奈良県桜井《さくらい》市三輪）が伝承地。「元伊勢」とも呼ばれる。

（＊2）歴史学の視点からは、四世紀後半に伊勢神宮が創建されたことは、否定されている。七世紀後半、律令国家が確立したことと見合って、伊勢神宮が創建されたとするのが通説である。

（＊3）『古語拾遺』には「草薙剣」もまた、鏡の遷座とともに「模造」されたという記述がある。いわゆる「三種の神器」をめぐる言説の生成に、『古語拾遺』が重要な役割をもつことがわかる〔谷口潤・二〇二〇〕。

（＊4）「一揆」とは、中世後期の社会的結合のあり方を特徴づける語で、その時代の社会では、武士、農民、僧侶も「一揆」を取り結んだ。構成員相互の平等性を原則に団結した集団を「一揆」と呼ぶ〔榎原雅治・二〇〇三〕。

（＊5）祭主は、朝廷が伊勢神宮祭祀のために設置した職で、神祇官に本官をもつ中臣氏（大中臣氏）が補任《ぶにん》される。伊勢神宮の組織は荒木田（内宮）、度会（外宮）という在地の神職集団と、中央から派遣される祭主によって、二重化されている。

（＊6）大元宮は、現在は「非公開」であるが、毎月一日、正月三箇日、節分の日には、「公開」され、参拝できる。

（＊7）日向大神宮の由来については、諸説がある〔村上紀夫・二〇一九〕。

第三章　「日本紀講」と平安貴族たち

平安時代からイメージされるのは、『伊勢物語』や『源氏物語』、『枕草子』に代表されるように、雅《みやび》で華やかな王朝文化であろう。光源氏や在原業平《ありわらのなりひら》のように、貴族たちは、優雅な恋の駆け引きに生きていたと思われるかもしれない。その一方、藤原氏が権力を独占していく過程で、陰湿な権力闘争に明け暮れていたというイメージもあるだろう。

そうした平安貴族たちにとって、古代の正史『日本書紀』は、一見無縁のようにも見えるかもしれない。けれどもあの有名な『源氏物語』の作者・紫式部《むらさきしきぶ》が同僚の女房たちから「日本紀《にほんぎ》の御局《みつぼね》」（『紫式部日記』）と揶揄《やゆ》されていたことは、知っている読者もいるだろう。さらには、『源氏物語』のなかにも、「日本紀などはただかたそばぞかし」（蛍巻）という一文もある。平安貴族の女性たちにも『日本書紀』が知られていたことは間違いないだろう。

そうした平安貴族たちの『日本書紀』にたいする知識・教養を作ったのが、平安時代初期に行われた朝廷主宰の『日本書紀』の講義＝「日本紀講《にほんぎこう》」（日本紀講筵《こうえん》、講書とも）である。『日本書紀』は、朝廷が主宰する講義の場で、貴族たちに読まれていたのだ。

では、その場で講義したのは、いかなる人びとなのか。聴講した貴族たちの反応は？　そして紫式部ら、貴族女性たちはどう受け止めていったのだろうか――。本章では、中世以前の『日本書紀』受容、解釈を知るために、平安時代の日本紀講へと遡《さかのぼ》ってみよう。

1.「日本紀講」の現場へ

日本紀講の開催時期、博士たち

舎人親王《とねりしんのう》による『日本書紀』が完成し、天皇に奏上された養老四年（七二〇）の翌年、朝廷主宰による第一回「日本紀講」が開催された（『釈日本紀《しゃくにほんぎ》』巻第一）。ただし、養老五年の講義については、具体的な内容などは伝わっていないので、『日本書紀』が完成したお披露《ひろめ》目的な催しだったようだ。

実際に、『日本書紀』の講義が始まるのは、平安時代の初期、弘仁《こうにん》三年（八一二）から、翌年にかけてであった。次のように開催された（『釈日本紀』巻第一による）。

第二回　弘仁講書《こうにんこうしょ》　弘仁三年（八一二）～同四年（八一三）
第三回　承和講書《じょうわ》　承和一〇年（八四三）～同一一年（八四四）
第四回　元慶《がんぎょう》　講書　元慶二年（八七八）～同五年（八八一）
第五回　延喜講書《えんぎ》　延喜四年（九〇四）～同六年（九〇六）
第六回　承平《じょうへい》　講書　承平六年（九三六）～天慶《てんぎょう》　六年（九四三）

第七回　康保講書《こうほう》　康保二年（九六五）〜（中断）

第二回「弘仁講書」が開催されたのは、桓武《かんむ》天皇による平安京遷都から一八年がたった、中国文化が華やかな嵯峨《さが》天皇の時代である。その後は「国風《こくふう》文化」のシンボルとされる『古今和歌集』が編纂《へんさん》された醍醐《だいご》天皇の時代、また「延喜の聖代《せいだい》」（九〇一〜九二三）と呼ばれる時代である。そして平将門《たいらのまさかど》・藤原純友《すみとも》の「承平・天慶《てんぎょう》の乱」（九三五〜九四一）によって律令《りつりょう》制度の矛盾が噴出し、やがて藤原氏による摂関制へと国家システムが変容していく平安時代前期にわたり、日本紀講はほぼ三〇年ごとに行われた。

その目的は、朝廷に仕える官人たちに日本の国の起源と歴史を学ばせて、朝廷人としての自覚をもたらすことにあったとされる〔関晃・一九四二〕。古代律令国家の支配理念と『日本書紀』を読むことは一体のものであったわけだ。

日本紀講が開催された場所は、第二回「弘仁講書」が太政官《だじょうかん》所属の外記局《げききょく》（書記官。儒学を専門とする）たちの「外記曹司《げきぞうし》」という詰め所、第三回「承和講書」は国史の編纂を管轄する内史局の官人たちが中心となり、その詰め所の殿舎で行われた。比較的小規模な集まりであったようだ。ちなみにその時期は『日本書紀』『続日本紀《しょくにほんぎ》』に続く正史（日本後紀、続日本後紀、日本文徳《もんとく》天皇実録、日本三代実録）が編纂された時代と重なる。官選の国史編纂に携わった史官や儒者たちが『日本書紀』講義の主体でもあったわけだ。

九世紀後半の第四回「元慶講書」以降からは、太政大臣の藤原基経《もとつね》など上級公卿《くぎょう》が出席するようになり、宮廷行事を執行する宜陽殿東廂《ぎようでんひがしひさし》で開催され、「儀式」として拡大されていった。その頃が日本紀講のピークであったようだ。この時期からは大学寮で中国史書、経書（儒学のテキスト）などを教える「博士」が講義の主体となり、学生たちが都講《とこう》（助手）を務めた。また講義が終わると「竟宴《きようえん》」という宴会も開かれ、参加者たちが『日本書紀』にちなむ和歌を詠みあうことも行われた（『西宮記《さいぐうき》』巻一五「始講日本紀」「竟宴事」）。平安時代らしい華やかな儀式の場が想像されるだろう。なお、日本紀講はあくまでも「臣下」にむけたものなので、天皇自身が臨席することはなかった（『釈日本紀』）。

ところで第一章で見たように、中世の『釈日本紀』を執筆したのは、神祇官《じんぎかん》の卜部《うらべ》氏だ。彼らは「日本紀の家」という専門家なのだから、当然、平安時代の日本紀講でも、「博士」として講義していたと思われるだろう。とくに『日本書紀』に記された神々の世界は、神祇官が管轄する宮廷祭祀《さいし》と密接にかかわるので、彼らの知識は不可欠と思われる。

けれども先に記したように、日本紀講の講義を担うのは、外記局や内史局、あるいは大学寮の中国史書、儒学の専門家たちであった。神祇官のメンバーは一切タッチしていない。このことは、『日本書紀』という書物が、中国史書のスタイル、儒学（陰陽説）の思想を基調にして編述されたことにもかかわる。そしてなによりも、『日本書紀』は、中国から輸入された「律令」を基本とした国家理念と繫《つな》がっていたからだ。

では大学寮の博士たちは、どのように『日本書紀』を解釈し、講義したのだろうか。

博士たちの講義ノートから

日本紀講で講義した博士と聴講者たちのあいだの問答を書きとめたノートが残されている。『日本紀私記《にほんぎしき》』と呼ばれるものだ。また第一章で紹介した『釈日本紀』のなかにも、日本紀講の講義ノートが「私記に曰《いは》く」として多数引用されていた。それらを通して、平安時代初期の日本紀講の講義内容のおおよそを知ることができるのである。

まず講義のなかで重視されたのは、漢字で書かれた『日本書紀』を読み下すことであった。つまり「漢文体」（中国古典文）で書かれた文章を、「和文」（日本古典文）にする作業だ。それは一般に漢文の文章を「読み下す」こととされるものだが、中国の文章（たとえば『論語』や『史記』など）を読み下すのとは違っていた。

『日本書紀』冒頭、天地開闢《かいびやく》の神話は、原文では「天地未剖、陰陽不分」と書かれている。これは中国の『淮南子《えなんじ》』（前漢代・劉安《りゆうあん》の著作。中国古代の神話を伝える）などの文章の引き写しなのだが、「弘仁講書」（八一二～八一三）のときの博士の「私記」によれば、「天地未剖、陰陽不分」を、「安女津知以末太和可礼須（アメツチイマタワカレス）、女乃古遠乃古和可礼奴止岐（メノコヲノコワカレヌトキ）」と読み下している。「天地」をアメツチ、「陰陽」をメノコヲノコと読むなど、たんに漢文体の文章を読み下す発想を超えるものがある。

古代文学研究者の神野志隆光《こうのしたかみつ》氏は、漢字表記されたテキストの奥に、ヤマト言葉の「古語」による神話世界を「復元」させようとする努力が、日本紀講のベースにあることを指摘している〔神野志・二〇〇九〕。

興味深いのは、そうしたヤマト言葉の「古語」を復元するときに『古事記』が活用されたことだ。たとえば『日本書紀』でイザナミの死体からイカヅチ神が生まれる場面の「陰上」という文字表記は、『古事記』の「美蕃登《ミホト》」という古語を参照してホトと読むと説明している。ホトは女性器を表現する古語だ。博士たちの「私記」には、『古事記』を参考にして古語を復元する例が少なくない。おそらく日本紀講の博士たちの机の上にはつねに『古事記』があったに違いない。また聴講者たちにたいしても、『日本書紀』を読むための参考書のひとつとして、『古事記』を挙げている。

一方、『日本書紀』の神話は、中国思想、とりわけ陰陽論が骨格をなしていた。たとえばイザナキ・イザナミの二神は、「陽神《をがみ》・陰神《めがみ》」と呼ばれていた。陰陽論の世界観では、陰と陽の結合、対立の運動で世界が展開していくので、陰陽のどちらかが欠けると世界は崩壊すると考えられた。だから『日本書紀』の正文では、陰神であるイザナミが、火の神を生んだために死ぬという神話は書かれていない。また黄泉国《よみのくに》も出てこないのである(＊1)〔神野志隆光・一九九九〕。このように『日本書紀』の神話が陰陽説を基調としていることから、「日本紀講」で講義する博士は、陰陽説・儒学を専門とする大学寮から選ばれたのである。

以上からわかるように、日本紀講の場では、『日本書紀』からヤマトの「古語」を復元しようとする方向と、中国儒学、陰陽説で解釈していこうとする方向があったのである。そして、そのふたつの方向性は、当然、矛盾を孕《はら》むことになる。

日本紀講の講義も進展していった、第六回「承平講書」（九三六〜九四三）のときの聴講者と博士とのあいだの問答を聞いてみよう。

アマテラスと陰陽説をめぐる議論

『日本書紀』には「日神」について、「大日孁貴《おほひるめのむち》、天照大神《あまてらすおおかみ》、天照大日孁貴尊《あまてらすおおひるめのむちのみこと》」と三つの別名が記されていた。この点について、室町時代の吉田兼倶《かねとも》が、当時の最新の天文学を応用して独自な解釈をしたことは、第二章で見たところだが、日本紀講でも、アマテラスの別名の解釈は、議論の的になった。以下のような問答が行われた。

質問者。アマテラスは「大日孁貴尊」（大いなる日の女神の尊）と呼ばれるが、この「貴（ムチ）」という語の意味は如何《いか》に。

博士。「最貴」とされる神にのみ使われる用語で、ほかの神々は「尊」「命」と呼ぶ。これはアマテラスが「諸神の最貴」であることの証拠である。

この博士の説明は、とても説得力があるだろう。しかしこの説明は、ふたつの問題点を招いた。ひとつは、『日本書紀』ではアマテラスは「日神」と呼ばれるように、「月神」と相対的な神格でしかない〔神野志、前出〕。「日神」＝陽、「月神」＝陰の関係に当てはまるからだ。だが、先ほどの博士の説明は、アマテラスは陰陽の対称性を超えて、神々のなかの「最貴」の神格をもつと強調していた。それは陰陽論とは矛盾してしまうのだ。

ちなみに「承平講書」が開かれた時代には、宮中の内侍所《ないしどころ》に納められた神鏡が「伊勢大神」の分霊とされ、朝廷のなかでアマテラスの霊異が高まってくるときだ。たびかさなる内裏火災によって被災した内侍所神鏡が、霊威を発現していたのである(＊2)〔斎藤英喜・一九九六〕。博士の解説は、そうしたアマテラスの神格が上昇していく時代を反映しているともいえよう。

もうひとつの質問は、「大日孁貴尊」をオホヒルメノムチノミコトと古語で読むことから派生する。

質問者の曰く。古語によれば、アマテラスは「オホヒルメ」という女神であった。だが陰陽説に従えば、女神は「陰神」となり、またそれは「月神」でもある。また月は「臣」に配当される。しかるに、アマテラスは女神でありながら「陽神」＝日神であり、また天皇（君）の始祖とされる。これは陰陽説とは矛盾するのではないか、と。なかなか鋭い質問である。

この問いにたいして博士は次のように答えた。今の質問は、中国の書物の知識にもとづくものだ。だが日神を「オホヒルメ」と呼び、月神を「月人男《つきひとおとこ》」とするのは、あくまで

「本朝神霊の事のみ」である。必ずしも「唐書」（中国古典）と同じである必要はない、と（以上、『釈日本紀』巻第五に引用された「私記」による）。

この答えは、唐土（中国）とは異なる「本朝」（日本）の固有性を主張する、ひじょうに興味深いものだ。だが、講義の場では、この博士の説明には納得いかない聴講者も多かったようだ。結局、疑問は解決しなかった。このことからは、第一章で紹介したような、モンゴル軍が襲来した時代に、「本朝」の意識が高まったこととの違いも読みとれるだろう。その時代であれば、「本朝」の固有性を強調する博士の解説に多くの聴講者は賛同しただろう。

あらためて確認すれば、『日本書紀』は中国の陰陽説を基本としている。それは中国思想（陰陽説）がグローバルスタンダード（世界基準）と認識されていたことと対応する。日本紀講が儒学の専門家たちによって運営された理由もそこにある。したがって「唐書」にもとづいて、アマテラスの矛盾を突くのは、『日本書紀』内部からの「内在的批判」ともいえるだろう〔津田博幸・二〇一四〕。

けれども日神アマテラスの女神説と陰陽説との矛盾は、アマテラスを「女神」と認定する「オホヒルメ」というヤマト言葉の「古語」によって、逆に自覚されたことも見過ごせない。『日本書紀』編纂時ではそれほど意識されなかった女神の神格は、「オホヒルメ」という古語が強調されることで、逆に陰陽説との齟齬《そご》が自覚され、議論されていくのだ〔斎藤英喜・二〇一二）。ここに平安時代の日本紀講の現場があったといえるだろう。

『先代旧事本紀』という書物

また第六回「承平講書」では、「本朝の史は何書を以《もっ》て始となすや」（日本の歴史書の最初は、なんという本か）という質問が出た。当然、現代の常識からは『古事記』が「本朝の史」の最初となる。そして日本紀講の場でも、そう回答されていた。その答えを述べたのは、第五回「延喜講書」（九〇四～九〇六）の博士を務めた、大学寮長官の藤原春海《はるみ》である。ちなみに、アマテラスをめぐって「唐書」とは違う「本朝神霊の事」を主張していたのも、この博士である。

ところが、第六回「承平講書」の博士を務めた矢田部公望《やたべのきんもち》は、「先師」の説＝春海の説を否定した。史書の始は聖徳太子が撰述《せんじゅつ》した『先代旧事本紀《せんだいくじほんぎ》』であるという新説を出したのだ。さらに『古事記』は「古語を注載」するが、文章の書き方が「史書に似ず」、つまり出来事の年月を記した編年体の「史書」になっていない。それにたいして『先代旧事本紀』は編年体の「史伝」のスタイルになっている。だから『先代旧事本紀』を「本朝史書の始」としなければならない、と説いたのである。

この説明は、一見すると、理に適《かな》っている。『先代旧事本紀』が聖徳太子の編纂した書物であれば、『古事記』より前に作られていたことになる。また『古事記』が編年体で書かれていないのもたしかだ。

さらに矢田部公望は、『先代旧事本紀』を「本朝史書の始」と持ち上げると同時に、聴講者の質問に答えるときに、『先代旧事本紀』を根拠にして説明することが多かった。たとえばスサノヲの乱暴行為で、「斎服殿《いみはたどの》」で神の衣を織っていた「稚日女尊《わかひるめのみこと》」が死んでしまう場面がある（『日本書紀』神代上、一書〈第一〉）。現代の解釈では、ワカヒルメはアマテラスの原形的な巫女《みこ》の姿で、ワカヒルメの死からオホヒルメへの再生、成長が読みとられていく。

これにたいして矢田部公望は、ワカヒルメを「天照大神の妹なり」と解釈し、その典拠として『先代旧事本紀』の説を出してくる。『日本書紀』のなかで不明な点は『先代旧事本紀』にもとづいて説明していくのだ。それらは、きわめて合理的な説明が多い。このように、公望によって『先代旧事本紀』が「本朝史書の始」として称《たた》えられることで、『古事記』以上の価値をもつ本として扱われることになった。それを受けて、吉田兼倶も『日本書紀』『古事記』『先代旧事本紀』を「本朝三部の本書」と呼んだことは、第二章で紹介した。

ところで『先代旧事本紀』は、ほんとうに聖徳太子が編纂した「本朝史書の始」なのか。じつは、この書物は「偽書」であった。それを文献学的な見地から証明したひとりは、水戸黄門《こうもん》＝徳川光圀《みつくに》（一六二八〜一七〇〇）であった。ちなみに光圀は、宣長以前に『古事記』の価値を発見し、研究している学者であった〔斎藤英喜・二〇一二c〕。

　では、『先代旧事本紀』は、誰が「聖徳太子」に仮託して偽作したのか。これまでの研究では『先代旧事本紀』は物部《もののべ》氏に関する古伝承が見られることから、物部氏が作った「氏文《うじぶみ》」とされてきた。物部氏に伝わる伝承が載ることは間違いない。だが、日本紀講の現場、とくに「承平講書」の博士である矢田部公望が『先代旧事本紀』を持ち上げた経緯から、儒学・明法《みょうぼう》の学者との繋がりに注目した説があった。幕末・明治初期の伊勢神宮の学者・御巫清直《みかんなぎきよなお》（一八一二～九四）の説だ。彼によれば、『先代旧事本紀』は物部出身で「明法道《みょうぼうどう》の鴻儒《こうじゅ》」である中原敏久《なかはらのみにく》が偽作したもので、さらに偽作した本を儒学者たちの詰める役所の蔵書中に紛れ込ませ、発見されるように仕組んだと、まるで見てきたかのような推理もしている〔御巫・一九八〇〕。その正否は難しいのだが、『先代旧事本紀』を賞賛した矢田部公望もまた、物部出身の儒学者であること、紀伝道の学生から大外記となり、先師（藤原春海）を受けて、日本紀講の博士になったという経歴を見ると、御巫清直の推理の状況証拠は、そろっているといえよう〔斎藤英喜・二〇一二b〕。

　偽作の「犯人探し」は、これ以上確たる証拠は見つからない。だが、『先代旧事本紀』が、日本紀講の現場と密接に「発見」されたという事実はたしかだ。『先代旧事本紀』は、『古事記』『日本書紀』の神話を解体し、それをパッチワークのように貼り付け、再編成した神話テキストとなっている〔津田博幸・二〇一四〕。それは『日本書紀』の解釈を通してあらたな「神話」を創造していく、「中世日本紀」の先駆けとなる書物ともいえよう。そうした、あらたな神話を作りだす現場として、日本紀講があったわけだ。

祭祀実修者が読み替えた『日本書紀』

もうひとつ、日本紀講とかかわる書物を紹介しておこう。斎部広成《いんべのひろなり》が執筆した『古《こ》語拾《ごしゅう》遺《い》』である。第二回「弘仁講書」が開催される五年前、大同二年（八〇七）、朝廷が「律令」の施《し》行細目《こうさいもく》（律令法は、もともと古代中国の法律なので、実際に日本で使う場合には、日本の現状に合わせるための細かい決め事が必要となった）を制定するために、律令祭祀を管掌する神祇官の一員である斎部広成を「召問」し、意見を聞いた。このことが、『古語拾遺』が書かれた動機であった（『古語拾遺』序、跋文《ばつぶん》）。ちなみに、広成は、このとき八〇歳を超える高齢であった。(＊3)

そこで広成は、律令祭祀の現状にたいして、一一ケ条にわたって「遺《も》りたるところ」（遺漏）があることを指摘し、それを改善するべき意見を述べている。『古語拾遺』とは、忌部氏の立場から見た「律令祭祀のあるべき姿」についての意見を、平城《へいぜい》天皇に奏上した書物、ということになるだろう〔津田、前出〕。

では、それは『日本書紀』とどのようにかかわるのか。『古語拾遺』の「遺りたるところ」の一〇条に、次のような「意見」が述べられている。

宮廷で行う祭祀では、特別仕立ての「大幣《おおてぐら》」（鏡、玉、布、楯・矛などの品々）が用意される。それらを製作するのは、「猿女《さるめ》・鏡作《かがみつくり》・玉作《たまつくり》・盾作《たてぬい》・神服《かむはとり》・倭文《しとり》・麻続《をみ》」など伝統的な氏族たちであった。彼らは律令制度下の神祇官において、「神部《かむとものを》」という職掌に配属されてきたが、近年は、彼らが神部に任命されることが少ない、このままでは「神の裔《すゑ》亡せ散りて、其《そ》の葉《すゑ》絶えなむとす」（『古語拾遺』、岩波文庫、52頁）と、伝統的な氏族の窮状と滅亡を憂えたのである。

猿女、鏡作、盾作・神服……以下の氏族たちが、「神の裔《すゑ》」であることの由来は、『日本書紀』に伝えられていた。スサノヲの乱暴によって天の岩屋に籠《こも》った日神アマテラスを迎え出すために、鏡作・玉作・盾作・神服たちの始祖神が鏡、勾玉《まがたま》、あるいは楯、布など調度品を製作し祭りを執行した（一書〔第二・第三〕）。そして祭りのクライマックスに、猿女の始祖神アメノウズメノミコトが神がかりの舞を舞った（正文）。それに導かれてアマテラスが岩屋から出てくるという有名な神話だ。こうした神話に由来する「神の裔」たる氏族たちを、宮廷祭祀を担う神祇官でもっと重んじよ、というのが広成の主張であった。

そこで『古語拾遺』も、彼らが「神の裔」であることを証明するために、岩戸ごもりの神話を記していく。だが、「神の裔」たちが活躍する場面は、『日本書紀』と微妙に異なっていた。次のような一節があったのだ。

「太玉神《ふとたまのかみ》をして諸部《もろとものを》の神を率て、議《はか》りて曰はく、爰《ここ》に、思兼神《おもひかねのかみ》、深く思ひ遠く慮《たばか》りて、和幣《にきて》を造らしむべし……」

（『古語拾遺』岩波文庫、18頁）

アマテラスを迎えるための鏡、玉などの祭祀具、矛、楯など調度品などは、物作りの神々たちによって製作された。だが、その神々は、忌部氏の始祖神フトタマノミコトが引率するべきことが、祭祀のプロデュースをするオモヒカネから提示されたのである。アマテラスを岩屋から迎える、岩戸神話の主役は、あくまでも忌部氏の始祖神フトタマノミコトであったというわけだ。祭祀具、調度品を作る神々は、フトタマノミコトの「諸部の神」、家来のように扱われている。それは神祇官における「神部」のリーダーが忌部氏である、という主張にも繋がっていくのである。

このように『古語拾遺』とは、忌部氏の都合のいいように、広成が『日本書紀』を改変したテキスト、ということになるだろう。それゆえ『古語拾遺』は忌部の私的な氏文《うじぶみ》にすぎず、資料的価値は少ない、という評価もなされてきた。

けれども、これまでの「中世日本紀」の研究を見てきた視点からいえば、『古語拾遺』もまた、九世紀において、『日本書紀』を読み替えた、あらたな神話テキストと評価することも可能だ。その場合、『古語拾遺』が実際に宮廷祭祀を担っている忌部氏の立場から、『日本書紀』を改変していることが、ポイントになる。たんに机上での改作ではなく、あくまでも祭祀の実修者の現場から作られた神話テキストということだ。

　さらにそこには忌部氏の側からの律令祭祀にたいするメッセージも読みとれる。神祇官の「神部」は、神代に由来する「神の裔」たちで編成されるべきだという主張だ。『古語拾遺』が編纂された九世紀の時代、「神部」の職掌は、神祇官内の「雑の馳使《はせづかい》」（『令集解《りようのしゆうげ》』所引「讃記《さんき》」）というように、雑役に使役される下級職となっていた。『古語拾遺』とは、律令官僚制の時代にたいする批判の書でもあったのだ。神代以来の祭祀氏族をもっと重用せよ、と。

「神部」は「大幣」を造作することによって、宮中祭祀のもっとも中枢に関与する職業であり、彼らこそ直接的に神を祀る祭祀を担い、それを司《つかさど》る祭祀専門職能者たちであったという主張である。その神話的な根拠として、『日本書紀』の神代が、彼らの立場から読み替えられたわけだ。『古語拾遺』とは平安時代初期、儒学官僚たちによって行われていた日本紀講とは異なる、「神の裔」たる祭祀氏族の側からの『日本書紀』の読み替えのテキスト、といえるだろう。

2.『源氏物語』のなかの「日本紀」

「日本紀の御局」と呼ばれて

平安時代前期に行われた日本紀講は、康保二年(九六五)の講義で中断し、そのままなし崩し的に終わってしまう。日本紀講が中断した、康保四年(九六七)には、藤原実頼《さねより》が関白太政大臣、その二年後には摂政《せっしょう》に就任している。そこから藤原氏による摂関制《せっかんせい》が始まったとされる、まさしく時代の転換点であった。大学寮の博士たちを中心とする日本紀講は、律令制国家が変質していく藤原摂関制の時代には、もはや「時代遅れ」となったようだ。

こうして『日本書紀』のことは、歴史の表舞台から消えていく。時代の文化の先端は、『枕草子』や『源氏物語』などの女流作家たちの仮名文で書かれた随筆や物語の世界に移っていくのである。しかし、彼女たちの世界も、「日本紀」とはけっして無縁ではなかった——。

寛弘一年(一〇〇四)一二月、儒学者たちのあいだで「大儒」と称えられた藤原為時《ためとき》の娘が、一条天皇の中宮《ちゅうぐう》・彰子《しょうし》の後宮に出仕した(寛弘二年、三年説もある)。この女性こそ、

『源氏物語』の作者として名を馳《は》せることになる紫式部（九七〇年代〜一〇一〇年代）である。彼女は、藤原道長《みちなが》の娘でもある中宮・彰子の華やかな後宮での女房生活の体験を書き記した。『紫式部日記』である。そこには彰子が一条天皇の皇子を出産するために、道長の土御門《つちみかど》邸に里下りした場面からスタートし、後宮での女房たちの日常生活や、一条天皇、道長とのやり取りなどが詳細に記されている。

そうした後宮での日常の一エピソード、紫式部が「源氏の物語」の作者であることを一条天皇がほのめかした。そのとき「この人は日本紀をこそ読みたるべけれ。まことに才《ざえ》あるべし（この『源氏物語』の作者は、「日本紀」をお読みのようだね。ほんとに学識があるらしい）」と語ったことが記されている。そして天皇の言葉を聞いた同僚の女房たちがやっかんで、「いみじうなむ才がある（とっても学問があるんですってさ）」と、殿上人《てんじょうびと》たちに言いふらし、式部のことを「日本紀の御局《みつぼね》」とあだ名をつけたという。よく知られたエピソードだ（『紫式部日記』新編日本古典文学全集、208頁）。後宮に集う女性たちの、生々しい裏世界を伝えているといえるだろう。

もっとも式部自身は、実家の侍女たちのまえでさえ、難しい書物を読むことをはばかっているぐらいなので、天皇のまえで学問のあることをひけらかすはずはないと記すのだが、結局は、自分が学問・教養の高いことを暗に示していくという、なんとも手の込んだ表現をしている。『紫式部日記』の面白いところともいえよう。

それはさておき、このエピソードからは、『源氏物語』を書くには「日本紀」を読むような学識が必要とされたことがわかる。これまでの研究では、「日本紀」については『日本書紀』だけではなく、六国史《りっこくし》全体を意味すると解釈されている。だが、われわれの視点から見れば、当然、この「日本紀」とは、日本紀講と密接な関係をもつことになるだろう。そう、紫式部の父・藤原為時は、花山朝《かざんちょう》の「文人儒者の集団」の一員であった〔大曽根章介・一九八二〕。そして彼らは中国古典の教養とともに、専門儒学者たちの日本紀講の知的世界を継承する人びとであったと考えられるからだ。

ちなみに、紫式部を高く評価していた藤原道長の「棚厨子《たなずし》の書籍二千余巻」には、「三史・八代史・文選《もんぜん》・文集《もんじゅう》」など漢籍とともに「日本紀具書《ぐしょ》」（『御堂関白記《みどうかんぱくき》』）が置かれていた〔飯沼清子・一九八八〕。「具書」とは、「日本紀」を読むための注釈的テキストをも含む名称と考えられる〔神野志隆光・一九九九〕。そこには当然、日本紀講で培われた知識、注釈が入っていただろう。権力者の道長もまた、第一章に登場した、一条家という学者の家の一員であったことを忘れてはなるまい。

このように見れば、紫式部が「日本紀」を読んでいたということは、日本紀講のなかで培われた知識や言説に精通していた、ということになるだろう。『源氏物語』もまた、日本紀講の知的世界の延長上に書かれていたのである。じつは『源氏物語』には、「日本紀」のことが出てくるのだ。次にそれを紹介しよう。

「日本紀などはただかたそばぞかし」

光源氏は、自分の若いときの恋人・夕顔《ゆうがお》の忘れ形見の姫君・玉鬘《たまかづら》を引き取り、六条院の夏の町に住まわせた。やがて玉鬘は、光源氏の親らしからぬ態度に苦しみ、悩むことになる。そんなふたりの微妙な関係が続く、ある年の五月、長雨の季節、玉鬘が物語草子《そうし》に夢中になっていると、光源氏は、それをからかいつつ、次のような物語論を述べる。

（物語こそ）神代より世にある事を記《しる》しおきけるかな。日本紀などはただかたそばぞかし。これらにこそ道々《みちみち》しく詳しきことはあらめ。

（『源氏物語』蛍巻、日本古典文学全集、204頁）

姫君たちが作り物語に夢中になっている様子をからかった光源氏は、しかしあらためて「日本紀などはただ通り一遍のことしか記されていない。これら作り物語のほうが、神代より伝わることを記し、さらに人情の機微や社会の実情のことが詳しく書かれているだろう」と作り物語の素晴らしさを称えていく。「日本紀」などの史書よりも「作り物語」のほうが人間や社会の真実を伝えているという物語の優位性を、自らが書いた物語の主人公に語らせる、巧妙なテクニックといえよう。

それにしても、ここで光源氏が「日本紀」を知っている点に注目したい。これまでの解釈では、この「日本紀」は、『日本書紀』や六国史全体を指すとされてきた。しかし、それだけではないはずだ。

紫式部が、『源氏物語』の冒頭で「いづれの御時にか……」と設定した「御時」は、延喜・天暦《てんりやく》のあいだの時代とされている。それは日本紀講が開催され、貴族たちが『日本書紀』を読み、また竟宴《きょうえん》の和歌などが詠み交わされていた時代だ。とするなら、物語上の光源氏は、延喜・承平あたりの日本紀講に列《つら》なっていたという設定になる。すくなくとも「一一世紀初頭の『源氏物語』読者はそう理解した」と考えていいだろう〔津田博幸・二〇一四〕。

『源氏物語』のなかで「日本紀」のことを主人公に語らせるのは、この物語そのものが、日本紀講の知的空間のなかで生み出された、ということを考えさせてくれる。じつは『源氏物語』もまた、日本紀講のなかで読み替えられていく「日本紀」のひとつの姿ではないか、ということだ。

たとえば若き光源氏が、自分の素性を隠して夕顔との逢瀬《おうせ》の場面に出てくる「昔ありけん物の変化《へんげ》めきて……」（『源氏物語』夕顔巻、日本古典文学全集、227頁）という表現は、正体を隠して女のもとに通う『記』『紀』の三輪山神婚譚《たん》の変形とも解釈できる。また須《す》磨《ま》・明石《あかし》のあとに登場する「住吉の神」のことは、平安時代前期に住吉大社側で編纂された『住吉大社神代記《すみよしたいしやじんだいき》』の生成をも巻き込んでいく〔谷戸美穂子・一九九八〕。

さらに光源氏が朱雀帝《すざくてい》にたいして、「わたつ海にしづみうらぶれ蛭《ひる》の子の脚立たざりし年はへにけり」（『源氏物語』明石巻、日本古典文学全集、263頁）と詠む歌は、日本紀講のあとの竟宴和歌で、大江朝綱《おおえのあさつな》が詠んだ「かぞいろはあはれと見ずや蛭の子は三年《みとせ》になりぬ足立たずして」にもとづいている。父母（イザナキ・イザナミ）から流し捨てられるヒルコにたいして、両親は悲しむことはなかったのか……と『日本書紀』の内容を和歌として読み替えたものを、『源氏物語』は利用していたのだ。日本紀講の現場で生まれた和歌が、『源氏物語』のなかに取り込まれているのである〔吉森佳奈子・一九九八〕。

『源氏物語』は、「日本紀」など「ただかたそばぞかし」＝表面的、部分的なものにすぎないと、強く批判していながら、じつは、この物語そのものが、平安時代の貴族女性による『日本書紀』の読み替えのひとつの所産であったことが見えてくるのである。

「わが念じ申す天照御神」――『更級日記』と日本紀講

『更級日記《さらしなにっき》』といえば、高校生の教科書にも取り上げられることの多い、平安女流日記の佳作だ。その作者、菅原孝標女《すがわらのたかすえのむすめ》（一〇〇八～?）は、熱烈な『源氏物語』の愛読者として有名である。今風にいえば、「源氏オタク」だ。しかし、この『更級日記』のなかにも、「日本紀講」の知識が反映されていることが読みとれる。以下、それを見てみよう。

孝標女は、父親の赴任先である東国から都に戻ってくる旅のあいだ、一日も早く『源氏物語』を読むことを願い、そして都に着いてからは、ひたすら『源氏物語』を読み耽《ふけ》っていた。あまりにも物語に熱中しすぎた彼女は、夢と現《うつつ》の区別さえわからなくなってしまう。そんなとき、「法華経《ほけきよう》五の巻をとく習へ」、あるいは「天照御神《あまてるおんかみ》を念じ申せ」という、謎めいた夢のお告げを得た。「法華経五の巻」とは「提婆達多品《だいばだつたぼん》」と呼ばれる巻で、罪障多い身とされる女性が仏の悟り（成仏）に至れることを説く教えとして、貴族女性たちに広く読まれていた。「龍女成仏《りゆうにょじょうぶつ》」を説くところである（第一章、参照）。

問題は、『法華経』とともに「天照御神」への信仰を説く夢のお告げがあったことだ。このとき、彼女は、「いづこにおはします神、仏にか……」と「天照御神」のことを知らなかったという。当時の貴族女性たちの、皇祖神アマテラスにたいする知識低下が指摘されるところでもあるが、しかしここで孝標女が神か仏かと言うところは興味深い。彼女にとって神でも、仏でもありうる存在であったことが読み取れるからだ。そもそもアマテラスを「念じ申せ」という言い方自体、「念仏」にもとづく表現だ。孝標女の夢に顕《あらわ》れた「天照御神」は、仏を念ずることで救われる、仏教による個人救済の信仰対象に近づいているといえるだろう。

では、『更級日記』の「天照御神」は、『日本書紀』とどうかかわるのだろうか。繰り返し「天照御神を念じ申せ」という夢のお告げを聞いた孝標女は、さすがに不思議に思い、

「天照御神」とは何かと、兄に聞いたところ、

神におはします。伊勢におはします。紀伊の国に、紀の国造《こくざう》と申すはこの御神なり。さては内侍所《ないしどころ》にすくう神となむおはします。

（『更級日記』新編日本古典文学全集、321頁）

と教えてくれた。兄の菅原定義《すがわらのさだよし》は、菅原道真《みちざね》以来の学者の家である菅原家の一員だ。そうした学者の兄が語った、アマテラスをめぐる三つの鎮座地、すなわち伊勢神宮、紀伊国《きいのくに》の日前《ひのくま》・国懸《くにかかす》、そして宮中の内侍所、という認識は、何が根拠となっているのだろうか。

伊勢神宮はもちろんのこと、紀伊国に鎮座することは『日本書紀』一書〔第一〕に出てくる。しかし宮中内侍所の神鏡が追加されることは、当然、『日本書紀』にはない。内侍所神鏡は、平安中期以降に盛んになるアマテラス信仰であったからだ〔斎藤英喜・一九九六〕。どうやら、アマテラスが三箇所で祀《まつ》られているという菅原定義の知識は、日本紀講とかかわるのではないだろうか。彼もまた儒学者の家の一員なのだから。

それを探っていくと、天徳《てんとく》四年（九六〇）九月の内裏火災で、伊勢大神の分霊とされる内侍所の神鏡が被災したという事件に至りつく。このとき、焼損した神鏡を検分した藤原実頼《さねより》は、その日記に「鏡三面中は、伊勢大神、紀伊国の日前国懸と云々」（『小右記』寛弘

二年〔一〇〇五〕、所引『清慎公記』）と記していた。それがさらに太政官の外記局《げききよく》に記録された（『釈日本紀』巻第七）。いうまでもなく外記たちは、日本紀講にかかわったメンバーである。こうした外記たちの記録が、平安時代中後期の儒学者たちのあいだに共有されていったのではないだろうか。その儒学者のグループには、当然菅原家の人びともいた。ここから、『更級日記』には、日本紀講で培われた、アマテラスをめぐる最新の知識が書き記されていたことが考えられるのである〔斎藤英喜・一九九九b〕。

さて、その後、孝標女は、長久《ちょうきゅう》三年（一〇四二）四月、後朱雀《ごすざく》天皇の皇女のお供として宮中に参内《さんだい》した。そのとき彼女は、せっかく宮中に来たのだから「わが念じ申す天照御神《あまてるおんかみ》」が祀られている内侍所を拝もうと、ひとり、深夜、秘《ひそ》かに訪れている。もちろん一般に近づくことはできない場所だ。大胆な行動力といえるだろう。

孝標女は、ほの暗い内侍所の一室で、アマテラスの分霊である内侍所神鏡に仕える年老いた巫女、「博士の命婦《みょうぶ》」から、さまざまな話を聞いた。老いた巫女が語る姿は、まるで神が目のまえに顕れたようだと記している。『更級日記』のなかでも屈指の神秘的で美しい場面である。しかし、残念ながら、博士の命婦から聞いた話は、ついに日記に書き記すことはなかった。憚《はばか》りがあることだったのだろう。

孝標女は、神が顕れたような博士の命婦から、何を聞いたのだろうか。それを推測する資料がある。博士の命婦ら内侍所に勤務する女官たちを管轄している蔵人頭《くろうどのとう》である藤原資《すけ》房《ふさ》（一〇〇七～五七）の日記『春記』である。そこには内侍所の女官たちの動向が詳しく記録されていた。そこからは、次のような出来事が浮かび上がってくるのだ。

孝標女が内侍所を訪れた、その二年前、長久一年（一〇四〇）九月のこと。大規模な内裏（京極土御門殿）の火災があり、内侍所の神鏡は、灰燼《かいじん》に帰してしまった。焼失した鏡の破片を探すという大仕事に博士の命婦は携わったのだが、そのとき、神鏡の破片が「小さな蛇」の姿になって苦しみ、その居場所を女官たちに告げるという「霊験」が起きていた（『春記』長久一年九月一〇日）。孝標女が博士の命婦から聞いたのは、この神秘の出来事ではなかったか〔斎藤英喜・二〇一二〕。

蛇体に変じて、苦しむ姿の神、アマテラス――。それは遠く中世後期の伊勢神宮に顕現した、アマテラスの秘事へと通じていくのかもしれない。

院政期に『日本書紀』はどう読まれていたか

最後に、平安時代末期、院政期の『日本書紀』受容、注釈の実態について紹介して、本章を終えることにしよう。

大江匡房《おおえのまさふさ》（一〇四一～一一一一）といえば、院政期の鴻儒《こうじゅ》として有名な人物だ。『江談《ごうだん》抄《しょう》』や『本朝神仙伝』、あるいは『江家次第《ごうけしだい》』などの著作も多い。その『江談抄』（第五）のなかで、藤原実兼《さねかね》からの「日本紀は見らるるや」という質問に答えて、「少々は見たるも、いまだ広きに及ばず（部分的には読んだが、まだ全体は読んではない）」（『江談抄』新日本古典文学大系、183頁）と語る場面がある。匡房のような大学者であっても、『日本書紀』原典を手に入れることは容易ではなかったようだ。彼の『日本書紀』に関する知識は、日本紀講で培われた注釈書の類《たぐい》から得ていたのである（吉原浩人・一九九九）。このことから、藤原道長が「日本紀具書」を読んでいたように、平安時代の貴族知識人たちは、『日本書紀』の原典ではなく、日本紀講の周辺に生み出されていく注釈・言説を「日本紀」として理解していたことがわかる。

匡房と対話した藤原実兼の息子、通憲《みちのり》（一一〇六〜五九）は、後に出家して「信西《しんぜい》」と称する。平安末期、後白河《ごしらかわ》天皇と崇徳《すとく》上皇らの対立に端を発した保元《ほうげん》の乱（一一五六）では、源義朝《よしとも》が献策した夜襲を認めて、後白河方を勝利に導くことで、政務の実権を握った。だが旧来の院近臣たちと対立して、平治《へいじ》の乱（一一五九）では、源義朝軍に攻撃されて自害するという、波乱万丈の人生を送るのだが、彼にはまた『本朝世紀』、『法曹類林《ほっそうるいりん》』などの著作もある学者であった。さらに信西は『日本紀鈔《しょう》』という『日本書紀』の注釈書も書いている。それは『日本書紀』全体を注釈したものではなく、重要な語句、難しい語句など三〇五項目を挙げて注釈したものだ。一書の言語辞典ともいえる。

一方、『日本書紀』は、一二世紀前半に作られた和歌に関する歌学書のなかに、多数、引用されている。源俊頼『俊頼髄脳《としよりずいのう》』や、藤原仲実《なかざね》『綺語抄《きごしょう》』、藤原範兼《のりかね》『和歌童蒙抄《どうもうしょう》』、藤原清輔《きよすけ》『奥義抄《おうぎしよう》』などだ。和歌の起源は「神代」に由来するので、和歌の言葉を理解するためには『日本書紀』の知識が必要とされたのだ。だが「日本紀に曰く」として引用されるものは、ほとんど『日本書紀』原典とは異なる神話、伝承が多い〔吉原、前出〕。それらは日本紀講での注釈書、さらに『日本紀竟宴和歌』などが知識の源泉となっている。ここに鎌倉時代以降の「中世日本紀」の発生源が潜んでいたのである〔伊藤正義・一九七二〕。

さて、平安時代の日本紀講については、江戸時代の国学者・本居宣長《もとおりのりなが》も注目していた。宣長は、日本紀講の博士たちが儒学の学者でありながら、儒学の知識で『日本書紀』を曲解することは、比較的少ないと評価している〔『玉勝間《たまかつま》』三之巻〕。平安時代の日本紀講では、『日本書紀』を「古語」で読み下すことを、ひとつの使命としていたからだ。そのとき、江戸時代の宣長と日本紀講のあいだには、「古語」を探るという知の「水脈」が流れていたともいえよう〔山下久夫・二〇一二〕。

では、次の章では、江戸時代における『日本書紀』の受容、研究の姿を探ることにしよう。

（＊1）ただし、「一書」ではイザナミは死に、黄泉国も出てくる。「一書」の問題は、あらためて最後の第六章で述べる

（＊2）内侍所の「神鏡」は、天慶一年（九三八）に、「伊勢大神の身分《しんぶん》なり」（『本朝世紀』）と出るのが初出。その後、天徳四年（九六〇）、寛弘二年（一〇〇五）、そして長久一年（一〇四〇）の内裏火災で、その霊異の発現が語られていくことになる。

（＊3）なお史料上では「忌部」の表記が通例。広成は「忌」字を嫌って「斎」字に改めた。以下、斎部広成以外の表記は「忌部」で統一した。

第四章　儒学者・国学者たちの『日本書紀』

平安時代の日本紀講に始まり、鎌倉から室町、戦国時代の『日本書紀』の受容、解釈の歴史を見てきたわれわれは、次に近世、江戸時代へと下っていく。

長く続いた戦乱の世が終わり、徳川家康《いえやす》による江戸幕府が開かれてから、二八〇年にわたる太平の世が続く――。その時代、『日本書紀』は、どのように読まれたのだろうか。

近世社会は出版文化が確立する時代だ。それまで手書きの写本で読まれた古典などが、印刷された刊本として流通したのである。徳川家康（東軍）と石田三成《いしだみつなり》（西軍）が激突した関ヶ原の合戦の前年、慶長四年（一五九九）、後陽成《ごようぜい》天皇により古活字版の『日本書紀』が刊行された。天皇の出版物なので「慶長勅版《けいちょうちょくばん》」と呼ばれる。版が刷り上がると、まず伊勢神宮に献納されたという〔遠藤慶太・二〇二〇〕。このときは神代巻のみであったが、慶長一五年（一六一〇）には、古活字版による『日本書紀』全三〇巻が出版され、これをもとに寛文九年（一六六九）に京都の書肆《しょし》から刊本が刊行された。ちなみに『古事記』は寛《かん》永《えい》二一年（一六四四）に刊行されている。

このように印刷された本の出現は、中世において一部の神官、僧侶《そうりょ》、貴族しか読めなかった『日本書紀』の読者層を圧倒的に拡大することになる。それは『日本書紀』の受容、解釈にどのような影響を及ぼすのだろうか。

もうひとつは中世の神仏習合的な世界観が崩れて、あらたな幕府公認の朱子学という儒学が広がったことだ。近世における『日本書紀』の受容、注釈は、そうした儒学者たちが担うことになる。そこから近世独自な儒学系神道も生まれるのだが、その成立は隣国、中国の激動の歴史とも連動していた。

そして江戸時代後半、『日本書紀』の受容、注釈の歴史のなかで、大きな転換点が訪れる。国学者・本居宣長《もとおりのりなが》の登場によって、『日本書紀』よりも『古事記』のほうが「古代」の正しい言葉、神話を伝えていることが明らかにされ、それまでの価値観が転換していくのである。それは平田篤胤《ひらたあつたね》ら宣長の弟子たちによって受け継がれ、「西洋の衝撃《ウエスタン・インパクト》」を迎える幕末・維新の時代に至る。

本章では、江戸時代における『日本書紀』の「読み」の歴史を探っていくことにしよう。

1．山崎闇斎・出口延佳・新井白石――儒学系の学者たちはどう読んだか

京都・藤森神社から――山崎闇斎

江戸時代も半ばに差しかかった、明暦《めいれき》三年（一六五七）正月、京都・藤森《ふじのもり》神社（現在の京都市伏見区）にひとりの学者が参拝した。学者の名前は山崎闇斎《やまざきあんさい》。ここに祀《まつ》られている「崇道尽敬天皇《すどうじんけいてんのう》」に祈りを捧《ささ》げるためである。崇道尽敬天皇――。この聞き慣れない「天皇」こそ、『日本書紀』の編纂《へんさん》者、舎人親王《とねりしんのう》にほかならない。それにしても、闇斎は、な

藤森神社（京都市伏見区）

ぜ、舎人親王を祀る神社を訪れたのか。

まずは山崎闇斎（一六一八〜八二）の簡単なプロフィールを紹介しておこう。京都の浪人針医師の家に生まれた彼は、七歳のときに比叡山《ひえいざん》に登り侍童《じどう》となり、一五歳のとき妙心寺《みょうしんじ》で剃髪《ていはつ》して禅僧となった。やがて土佐《とさ》に渡って、吸《ぎゅ》江寺《うこうじ》で仏道修行を積むが、土佐の儒学者から「南学」(＊1)を学び、仏門を離れて還俗《げんぞく》する。京都に戻ってからは、朱子学、さらに神道へと転進していく。江戸時代前期の思想動向を反映するような思想遍歴の持ち主といえよう。

彼が「神道」に目覚めたのは、会津《あいづ》藩主の保科正之《ほしなまさゆき》の後援を得たとき、吉田神道を継承する吉川惟足《よしかわこれたり》を紹介してもらい、教えを受けたことに始まる（ただしその後、惟足との関係は決裂）。さらに闇斎は、伊勢神宮の外宮《げくう》祠官《しかん》・出口延佳《でぐちのぶよし》からも「伊勢神道」を学んでいく。こうして儒学者でもある闇斎は、儒教の立場から、神仏習合的な中世神道を批判し、独自な「垂加《すいか》神道」を編み出していったのである〔平重道・一九六九〕。ちなみに「垂加」の名称は、出口延佳から学んだ伊勢神道の「神垂は祈禱《きとう》を以《もっ》て先となし、冥加《みょうが》は正直を以て本となす（神の垂恵《めぐみ》を受けるには祈禱を第一番として、神の加護を受けるには正直が根本である）」からとったもの。この一文は、じつは中世伊勢の神道書、『宝基本記』のものであった。

闇斎が創設した垂加神道は、瞬く間に近世社会に広がっていく。その入門者には、会津藩主の保科正之、陰陽道《おんようどう》の土御門泰福《つちみかどやすとみ》、天文家の渋川春海《しぶかわはるみ》、武家伝奏の正親町公通《おおぎまちきんみち》、さらに京都下御霊社《しもごりょうしゃ》の祠官《しかん》・出雲路信直《いずもじのぶなお》、伏見《ふしみ》稲荷《いなり》社の祠官・大山為起《おおやまためおき》、下鴨《しもがも》社の祠官・梨木《なしき》祐之《すけゆき》らがおり、また祇《ぎ》園社《おんしゃ》などの神職たちも門人となるものが多かった〔松本丘・二〇〇八〕。なお、闇斎の墓地は京都黒谷《くろだに》の金戒光明寺《こんかいこうみょうじ》にある。

さて、闇斎が、独自な「神道」を生み出すなかで、もっとも重視したのが『日本書紀』であった。そのこと自体は、当時の常識的認識だ。ところが、儒者である闇斎は、『日本書紀』の神代をどう理解すればいいかという難問にぶつかる〔齋藤公太・二〇二〇〕。イザナキ・イザナミの結婚で国土が生まれるとか、アマテラスが岩屋に籠《こも》ってしまうとか、スサノヲが多頭の大蛇《おろち》を退治するとかいった神代の物語は、合理的な儒学の教えからは荒唐《こうとう》無稽《むけい》なものとして、そのままでは受け入れがたいからだ。そこで当時の儒学者たちの多く

下御霊神社内の垂加社

は、『日本書紀』の神代のことは、天皇代の歴史から切り離してしまうか、あるいは後に紹介する新井《あらい》白石《はくせき》のように、神代の不思議な物語を人間の世界に置き換えて解釈することが行われていた。

しかし闇斎は、そうした解釈の仕方では不充分と考えていた。そこで彼は『日本書紀』を編纂した舎人親王に直接教えを請おうと考えて、親王を祀る藤森神社に参り、大前《おおまえ》に額《ぬか》ずき、親王に教えを請うたのである〔西岡和彦・一九九九〕。

では闇斎は、舎人親王から、いかなる教えを授かったのか。

「心誠に求め去れば豈に因無からんや」

後に闇斎は、このときのことを、次のように書き記している。「『日本書紀』を撰修《せんしゅう》なされた舎人親王は、比類なき知識びとなので、崇道尽敬天皇と、その事績を称《たた》えた諡《おくりな》を贈り、この藤森神社に祀られている。わたしは『やまとかがみ』を書き始めようとして、藤森神社に参詣《さんけい》した」〈『垂加翁神説』神道思想集、268

頁）——。

この『やまとかがみ』とは、当時の幕府お抱え儒者である林羅山《はやしらざん》、息子の鵞峯《がほう》が取り掛かっていた『本朝通鑑《ほんちょうつがん》』に対抗すべく、自らの国史研究の成果をまとめようとした著作である。(＊2)その執筆過程で「神代」のことをいかに記述するかが難問となった。それで舎人親王に直々に教えを請おうとしたわけだ。

そこで闇斎は、親王の大前で、次のような詩を詠じた。

渺遠《べうゑん》として知り難《かた》し神代の巻。心《こころ》誠に求め去れば豈《あ》に因無《よし》からんや。

（『垂加翁神説』神道思想集、269頁）

『日本書紀』神代の巻は、遥《はる》かに遠くて知りがたい。だが心が真剣に求めたならば、どうして知るすべがないであろうか……。もちろんこの詩は闇斎の作であるが、しかしその詩のあとに「感ずる所あれば也」と付け足したように、闇斎の祈りに応《こた》えた、舎人親王の神託を詩にしたのかもしれない。

こうして闇斎は、『日本書紀』神代巻は、一見、荒唐無稽のように見えるが、自分の心を高めて、古代びとの神聖なる心に近づけ、共鳴させることができれば、神代巻の真実は理解できるだろうと考えたのである〔西岡、前出〕。それは中世の伊勢神宮の神官たちが、俗世の救済である仏教から離れ、天地開闢《かいびゃく》の混沌のときに思いを馳《は》せたのと（第二章、69～70頁）、どこかで通じるものがあるだろう。

闇斎の「神道」の導き手のひとりは、伊勢神宮の外宮祠官、出口延佳である。闇斎は、藤森神社参拝の同年、明暦《めいれき》三年（一六五七）の二月に伊勢に参拝して、その後、ほぼ毎年のように伊勢神宮を訪れている。そして寛文《かんぶん》九年（一六六九）には、大宮司の大中臣精長《おおなかとみきよなが》から「中臣祓《なかとみのはらえ》」を伝授され、翌年には出口延佳から『伊勢神宮祓具《はらえぐ》図説』の秘事を受けている〔谷省吾・二〇〇二〕。闇斎のなかに伊勢神道の「伝統」が流れ込んでいるのはたしかであろう。

出口延佳については後に触れることにして、山崎闇斎が『日本書紀』の神代巻をどのように読んだかを、次に見てみよう。

闇斎が読み解く「国常立尊」

中世の神道家たちの『日本書紀』受容、解釈のなかで、つねに話題になったのは、天地開闢の初めに登場する「国常立尊《くにのとこたちのみこと》」であった。では近世の闇斎は、国常立尊について、どう解釈していたのだろうか。

原《たづ》ぬるに、夫《そ》れ神の神たる、初《はじめ》より此の名、此の字、有らざる也。其《そ》れ惟《こ》の妙測《はか》られざる者、陰陽・五行の主と為りて万物万化《ばんくわ》、此れより出でざること莫《な》し。是の故に自然に人声に発して、然る後、此の名、此の字有り。日本紀に所謂《いはゆる》国常立は、乃ち尊奉《そんぽう》して之れを号《なづ》くる也。
（『垂加翁神説』神道思想集、276頁）

闇斎は、天地・万物を作り出したのは陰陽・五行の気の働きとみる。これは儒学者として当然の立場である。また『日本書紀』にもそう記されていた（ただし「五行」はない）。だが、闇斎は、後に人間の社会に文字が使われるようになったとき、この天地万物を生成した陰陽・五行の気の働きを「神」と呼び、さらに「国常立」と称えた、というのである。

ここに見られるのは、陰陽・五行の気が世界を生成するという儒学の立場と、「神」が天地に先立って存在し、「神」が世界を作り出すという発想とを折衷させる理屈といっていいだろう。それは儒学者である闇斎が、同時に神道家でもあるという、ふたつの立ち位置を繋《つな》ぐロジックだ。そのとき、天地万物を生み出す陰陽・五行という中国儒教の教えとともに、日本の神たる「国常立尊」とを究極的に一致させる必要があったのである。

さらにいえば、中国で生まれた陰陽・五行の教えの大元にあるのは、『日本書紀』に記された神々の世界であったという理屈へと転回していく。ここから闇斎は、「木《もく》・火《か》・土《ど》・金《こん》・水《すい》」の五行のなかで、「土」の徳が真ん中に集まり、この徳によって四季が交替し、百物が生まれる、この「土徳」のことを、和語（日本語）では「土地之味《つちしみ》」、「土地之《つちし》務《む》」の意味として解釈し、「敬」の字を「つつしみ」「つつしむ」と和語の読み方をする……と述べていくのである（『垂加翁神説』神道思想集、273頁）。そしてこの「つつしみ」の神こそが、スサノヲであると説いていく。現代の視点から見れば、なんとも奇怪な屁《へ》理屈ということになろう。それは中世神道が牽強付会《けんきょうふかい》の説とされたことと、それほど変わらないようにも見えるかもしれない。

しかし、ここで重要なのは、陰陽・五行説という中国儒学の教えにたいして、それを和語に読み直していくところだ。そして陰陽・五行の気とは、じつは『日本書紀』に書かれている「国常立尊」である、と解き明かすことがポイントになることも理解できるだろう。

こうした闇斎の垂加神道説の形成の背景には、隣国、中国の激動の歴史があった――。

「華夷変態」から「日本型華夷思想」へ

あらためていうまでもなく、江戸時代の知識階級は儒教を正統な学問とした。その背景には、儒教を生み出した漢民族を文明の中心とする「中華」の思想がある。そして「中華」から見ると、日本はその周辺の「夷狄《いてき》」と位置づけられた。これを「華夷《かい》」の関係と呼ぶ。「夷狄」である日本にとっては儒教こそが学ぶべき文明の教え、ということになる。

ところで、こうした「中華」の思想は、当時の中国が明《みん》王朝としてあったことと不可分にある。「明」とは、一四世紀半ばに辺境部族の国家である「元《げん》」（モンゴル帝国）を打ち倒して創設した、漢民族を中心とする文字どおり「中華」を実現した国家であった。ところが一六四四年、明王朝は滅んでしまう。そして「明」に代わって新しい「中華」帝国を作ったのは、なんと「夷狄」である異民族の女真族《じょしんぞく》（満州族）であった。これが「清《しん》」王朝である。つまり漢民族の国家である「明」が異民族によって倒され、「夷狄」の国家が「中華」になってしまったというわけだ。それは「中華」、あるいは「華夷」の思想的な基盤が失われたことを意味した。これを当時、「華夷変態《かいへんたい》」と呼んだのである〔高埜利彦・二〇〇三〕。

しかし彼らが信奉する儒学・文明の現実的な根拠が失われたことは、江戸の儒学者たちにとって「中華思想」を相対化する契機になった。彼らが考え出したのが、「日本」こそが本当の「中華」とする自己認識だ。日本が中国（清）よりも上位にあるという「日本型華夷思想」が生み出されたのである〔桂島宣弘・二〇〇八〕。

こうした「日本型華夷思想」は、山崎闇斎の『日本書紀』解釈に影響をもたらした。天地開闢の冒頭に顕現した「国常立尊」とは、天地万物を生み出す陰陽・五行の気に与えられた名称という解釈だ。それは逆にいえば、中国で作られた陰陽五行の思想は、じつはすべて日本の神々が「オリジナル」であったという説明になるのである。世界の中心たる「中華」は中国のほうではなく、日本の側にあるという発想の根源を『日本書紀』神代巻に求めたのである。

日本型華夷思想は、さらに一八世紀の国学を生み出すことになるのだが、そのまえに、山崎闇斎に影響を与えた神道家たちの『日本書紀』解釈を見ておこう。まずは、吉田神道の系譜に連なる吉川惟足について紹介しよう。

「吉田神道」の継承者たち

第二章で見たように、室町時代の吉田兼倶《かねとも》の功績によって、その後吉田家は、神道界の覇者として君臨していく。とりわけ、戦国期の吉田家当主の兼右《かねみぎ》（一五一六〜七三）、織豊《しょくほう》期（安土・桃山時代）の兼見《かねみ》（一五三五〜一六一〇）の頃から積極的に地方の神社、神職との関係を結び、「吉田神道」（唯一神道）は、地方社会にも広がっていった。

ちなみに兼倶の曾孫《そうそん》である吉田兼見は明智光秀《あけちみつひで》と親交が深かった。兼見の日記（兼見卿記《きょうき》）には、たびたび光秀が吉田社近くの兼見邸を訪れ、「石風呂」を所望する記事がある（『兼見卿記』元亀元年〔一五七〇〕一一月、など）。また「本能寺の変」のあとには、光秀は兼見にその「真情」を打ち明けたのだが、豊臣秀吉《とよとみひでよし》の天下になった後、光秀との関係が疑われないように日記を書き換えたという（萩原龍夫・一九七五）。

さらに兼見は、『日本書紀』の最初の版本を作らせた後陽成《ごようぜい》天皇とも関係がある。彼は天皇から、たびたび『日本書紀』の進講を命じられていたが、自信がないのか、何度も断っていたらしい。だが、結局は、弟の梵舜《ぼんしゅん》とともに、慶長勅版《けいちょうちょくばん》『日本書紀神代巻』の刊行準備に携わることになった。なお後陽成天皇は奥書に「神武《じんむ》より百数代の末孫和仁《かずひと》」と署名していた〔小倉慈司・二〇一二〕。神代を超えて初代天皇・神武からの系譜を強調するのも、『日本書紀』を読んだことの成果であろう。

さて、この兼見の孫にあたるのが兼従《かねより》（一五八八〜一六六〇）である。彼は事情があって祖父の兼見の養子になり、「萩原《はぎわら》家」を興し萩原兼従と名乗る。兼従は秀吉を神格化する豊国社《とよくにしや》の社務職に就くが、徳川幕府の時代になると豊国社は破却され、兼従も失職、一時はあわや流罪の憂き目にあった。だが義理の弟の細川忠興《ほそかわただおき》の助力で罪を免ぜられ、その後は吉田家の後見人として吉田神道の発展に尽くしていくのである。

寛文五年（一六六五）、吉田家は幕府から「諸社禰宜神主法度《しよしやねぎかんぬしはつと》」（「神社条目」とも）を与えられ、神社・神職の「本所」たることを保証された。吉田家の権威は全国に及ぶことになった。吉田家から発行される「神道裁許状《さいきよじよう》」が、諸国の神社神職たちの身分を保証したのだ〔井上智勝・二〇〇七〕。吉田家の「神道裁許状」を得ないと、神職を名乗ることもできない、というシステムが作られたのである。(*3) その対価が要求されたことは、いうまでもない。

しかしその一方で、吉田家の血統が断絶する危機を迎える。吉田家の後見人となっていた萩原兼従は、自分の子息がいまだ幼かったので、学問熱心な弟子に吉田神道の正式な継承者の資格を与えた。その弟子こそ、吉川惟足（一六一六〜九四）であったのだ。山崎闇斎は、この惟足から「吉田神道」を学ぶことになる。

惟足は、萩原兼従からトップの弟子ひとりだけに伝える「四重奥秘」（神籬磐境之伝《ひもろぎいわさかのでん》）という秘儀を受けたが、伝授の条件として、兼従の子息の成人後は道統を「返伝授《かえしでんじゅ》」すること、つまり兼従の子息に吉田神道の継承権を返すことを取り決めてあった。だが惟足はその約束を破り、自分の息子の吉川従長《よりなが》に継承させたのである〔平重道・一九六九〕。ただし、「諸社禰宜神主法度」の制定で、吉田家の権威が確立したため、吉田兼敬《かねゆき》（一六五三〜一七三二）の代で「返伝援」がなされた。

吉川惟足は『神代巻家伝聞書《かでんききがき》』という『日本書紀』の注釈書を書いているが、その内容は、ほとんど吉田兼倶の説の祖述にすぎなかった。惟足は、「吉田神道」の継承者であることをアイデンティティにしたのだ。この点が、山崎闇斎には物足りなく感じられたようだ。ここに両者の関係が決裂する背景があった〔平、前出〕。時代は、中世の吉田神道を超えるものが求められていたのである。

そこで闇斎が注目したのが、伊勢神道の「中興の祖」とされる出口延佳《のぶよし》である。

「お伊勢参り」の時代の伊勢神宮――出口延佳

第二章で見たように、皇祖神アマテラスを祀る伊勢神宮は、中世では秘伝、秘書を生み出す拠点であった。そして一般民衆はもちろん、貴族、天皇ですら私的な参拝はできない聖域である。だが室町時代になると、足利義満《あしかがよしみつ》、義持《よしもち》（夫人も同伴）など室町将軍、あるいは地方の戦国大名たちを中心に、伊勢神宮への参拝が行われるようになっていく。彼らを導いたのは、「商人的性格」をもつようになった御師《おんし》たちである〔萩原龍夫・一九七五〕。

江戸時代になると、一般民衆をも巻き込んだ「お伊勢参り」「おかげ参り」の一大ムーブメントとなって繰り広げられていく。最高時には、年間、三〇〇万とも五〇〇万ともいわれる人びとが伊勢に押し寄せたという。（＊4）江戸時代の御師たちは、地方から参拝する人びとを案内し、もてなしていく、現代のツアーコンダクターの役割を担うことになる。そこに繰り広げられるのは、「伊勢参り、太神宮にもちょっと寄り」という川柳に示された、民衆たちの娯楽、享楽の世界であった。ご存じ、弥次《やじ》さん喜多《きた》さんの珍道中（『東海道中膝栗毛《ひざくりげ》』）も、じつはお伊勢参りが最初の目的であったのだ。

このように多くの人びとが参拝にくる近世の伊勢神宮の神官たちは『日本書紀』をどのように読んだのだろうか。当然、それは中世的な秘伝の世界ではありえない。

そこで山崎闇斎が師と仰いだ、伊勢の外宮祠官、出口延佳（一六一五～九〇）を紹介しよう。

延佳は、外宮祠官の延伊《のぶただ》の子として生まれ、権禰宜《ごんねぎ》として伊勢神宮に奉仕した。慶安《けいあん》三年（一六五〇）には自己の神道説を説いた『陽復記《ようふくき》』を刊行。中世の伊勢神道にあった

「仏教」との習合説を乗り越え、近世社会にふさわしい儒教の教えを踏まえた独自な神道説を唱えた。彼は多くの参拝者を導く御師たちの「教育」を担当したようだ。貞享《じょうきょう》四年（一六八七）には、本居宣長などにも影響を与えた『古事記』の注釈書、『鼇頭古事記《ごうとう》』を刊行し、その三年後、元禄《げんろく》三年（一六九〇）に七六歳で没している〔平出鏗二郎・一九〇二〕。

ところで第二章で紹介したように、中世の伊勢神宮では、「神道」の根幹をなす書物でさえ、六〇歳未満の祠官たちは読めない秘書とされた。さらに「禁河《きんが》」として外部との交流を遮断した伊勢神宮は、その後、学問的に衰退し、文明（一四六九〜八七）、延徳（一四八九〜九二）の内宮《ないくう》と外宮《げくう》の御師を中心とした争乱・兵火や、江戸初期の大火災で多くの蔵書も失われてしまった。

そうしたなか、出口延佳は、伊勢神道の根本の書とされる『倭姫命世記《やまとひめのみことせいき》』が外宮では失われていたことを知る。それで内宮の側に借覧を申し出たところ、他家の者には見せられないと拒否されてしまう。その後、京都の下賀茂《しもがも》神社の祠官・岡本保可《おかもとやすよし》の家に秘蔵されていることがわかり、山崎闇斎の助力も得て、仲間と費用を出し合って借り受け、書写したという〔近藤啓吾・一九八七〕。

神道書の散逸という状況を打開するために、延佳は、慶安一年（一六四八）に、総勢七〇名近い賛同者を得て、散逸した伊勢神宮にかかわる神道書、史書、和漢の典籍を蒐集《しゅうしゅう》し、広く一般にも閲覧できる文庫（図書館のようなもの）を作った。これが「豊宮崎《とよみやざき》文庫」だ。文庫には全国から寄贈される本も多く、幕府の儒官・林羅山《らざん》・鵞峯《がほう》親子からも寄贈があった〔樋口浩造・二〇〇九〕。なお現在、参拝者はほとんど気がつかないが、外宮の東隣に、文庫の門だけが残っている。

豊宮崎文庫

さらに文庫の隣には学舎を建て、講義・討論の場とした。そこには、貝原益軒《かいばらえきけん》、伊藤仁斎《いとうじんさい》の息子・東涯《とうがい》、土佐の儒者で垂加神道の門下・谷重遠《たにしげとお》、吉見《よしみ》幸和《ゆきかず》など、この時代の錚々《そうそう》たる学者たちが豊宮崎文庫を訪れ、学問的な交流をした。そうした学者のなかに、山崎闇斎もいたわけだ。

延佳は、水戸の徳川光圀とも交流があった。残念ながら水戸黄門が助《すけ》さん、格《かく》さんを引き連れて直接、伊勢神宮に参拝したことはなかったが（実際の光圀は、箱根から先には行っていないという）、延宝《えんぽう》六年（一六七八）に、延佳にたいして「神代の事蹟《じせき》」について質問するなど、書簡を通した交流があった。光圀は延佳の学問を高く評価して、藩士たちにも伊勢神道を学ばせたという。ちなみに光圀は、『古事記』の校訂本〔義公校訂本古事記〕を出している〔植垣茂・一九五七〕。黄門さまは、じつは『古事記』の研究者でもあったわけだ〔斎藤英喜・二〇一二c〕。

あらたな「神道」の構築

では、出口延佳は、『日本書紀』をどのように読んだのだろうか。「神道」の総論を述べた著作『陽復記《ようふくき》』には、次のような一節がある。

> 抑《そもそも》我国のおこりを尋ぬるに、太虚《たいきよ》の中に一つのものあり、形、葦芽《あしかび》の萌え出たるごとし。則ち化して神となる。国常立尊と申し奉る。又は天御中主尊《あめのみなかぬしのみこと》とも名付け奉る。
>
> （『陽復記』上、神道思想集、187〜188頁）

一見すると、『日本書紀』の天地創成神話と同じように見えるが、「国常立尊」の又の名に「天御中主尊」と名付けられたという記述は、『記』『紀』にはない。中世の伊勢神宮で作られた神話言説である。

さらに引用文のあとに、この始元のクニノトコタチ＝アメノミナカヌシは、雄略《ゆうりやく》天皇の時代にアマテラスの神託によって、丹波国《たんばのくに》の真井原《まないのはら》から伊勢国の山田原に迎えられて、伊勢神宮で祀った。これを「豊受皇太神宮《とようけこうたいじんぐう》」と名付けた。今の外宮祭神である、と述べていくのである。

外宮の祭神、豊受大神が雄略天皇の時代に丹波国から迎えられたという伝承は、平安時代初頭の『止由気宮《とゆけぐう》儀式帳』に記されたもの。しかし、その豊受大神が、天地創成のときのクニノトコタチ＝アメノミナカヌシと同体であるという言説は、第二章で見たような、「神道五部書」と呼ばれた「偽書」によって作り出された、まさしく中世神話であったのだ。延佳は、中世の伊勢神道の継承者である。

しかし、それだけではない。延佳は「かく神道・儒道其の旨一《むねいち》なれば……」（『陽復記』上）というように、神道と儒学とを等価の関係として見ていく。そして「天地自然の道のかの国この国ちがひなき、是れぞ神道なるべき（天然自然の道は、中国と日本とでは違いはないもので、これが神道たるゆえんである）」（『陽復記』上、神道思想集、188～189頁）と論じていくのである。ここで「神道」は、天然自然の道という普遍性を説くことで、中国、日本という国の違いを超えてあることを主張するわけだ。中世の伊勢神道から大きく飛躍する「神道」の認識である。その背景には、「華夷変態」の時代のなかで、日本と中国との同質性、日本型華夷思想が横たわっていることはたしかであろう。

さらに延佳は、「神道」とは何か、について述べていく。神道とはただ神主が神を祀る作法を説くだけではない。神道というのは、天皇をはじめとして下々万民の日常の生活にかかわる教えなのだ。それゆえ君が神道をもって臣下にのぞめば「仁君」、臣が神道で君に仕えれば「忠臣」、父が神道で子を養えば「慈父」、子が神道で父母に仕えれば「孝子」となる……（『陽復記』下）。

中世において、一部の特権的な神主の祭祀《さいし》作法、秘儀秘伝とされた「神道」は、支配者、被支配者ふくめたすべての人びとの公共的な倫理に繋がっていく、というのが延佳の考えた神道であった。そこには「お伊勢参り」で参拝に来る膨大な数の一般民衆と、神道とをどのようにリンクさせるか、という近世固有の課題にたいする、延佳なりの答えが見てとれるだろう。

さらに「神道」が日常生活のすべてにかかわる教えであるのは、上は天皇から下々万民まで、アメノミナカヌシの「分身ノ神」を心に宿しているから、と説く。なぜなら人の心とは、「神明」の棲家《すみか》である……と論じる（『神宮秘伝問答』神道大系、74頁）。中世の伊勢神道で説かれた「心ハ神明ノ御舎」（『宝基本記』）の教えは（第二章、62頁）、一部の神官たちから解放される。アメノミナカヌシは、すべての人びとに等価に内在する神へと変貌《へんぼう》していくのである。ここにこそ、近世の伊勢神宮で読み替えられた、『日本書紀』の姿がうかがえるだろう。

「神とは人なり」——新井白石

山崎闇斎、出口延佳たちは儒学の教えにもとづいて『日本書紀』、『古事記』のことを解釈したが、あくまでも軸足は「神道」にある。それにたいして、純粋な「儒学」の立場から『日本書紀』を読んでいくのが、新井白石《あらいはくせき》（一六五七〜一七二五）である。

白石は、「卑賤《ひせん》」の出身であったが、朱子学者・木下順庵《きのしたじゅんあん》のもとに学び、三〇代後半で甲府の徳川綱豊《つなとよ》に推挙され、浪人生活を脱する。さらに綱豊が、「家宣《いえのぶ》」と改名、六代将軍に就任すると、白石は、将軍お抱えの儒者へと出世した。新将軍・家宣は前代の綱吉《つなよし》の悪名高き「生類憐み令」を停止させ、あらたな「武家諸法度《しょはっと》」を発布し、また朝鮮からの通信使にたいする「国書」に「日本国王」と称するなど、新政策を打ち立てるが、それらはすべて白石の建言によるものであった〔高埜利彦・二〇〇三〕。彼は、文字どおり「幕府の最高政治顧問の地位」となったのである〔桑原武夫・一九七〇〕。闇斎や延佳たちが、民間社会のなかで活動したのにたいして、白石は、権力中枢に位置した学者といえよう。

では、そうした白石は、『日本書紀』をどのように読んだのだろうか。彼には三つの主著がある。ひとつは諸大名の出自を説明した『藩翰譜《はんかんぷ》』（元禄《げんろく》一五年〔一七〇二〕成立。この年、浅野匠守《あさのたくみのかみ》の松の廊下事件があった）。これは同時代から見る「近代史」にあたる。ふたつ目が公家政権の後退、武家政権の前進の歴史的必然性を説いた『読史余論《とくしよろん》』（正徳《しょうとく》二年〔一七一二〕成立）。これは「中世史」である。そして三つ目が、『日本書紀』『古事記』などの神話、説話に合理的解釈を試みた『古史通《こしつう》』と『古史通或問《わくもん》』（享保《きょうほう》一年〔一七一六〕成立〕。これは「古代史」といえよう。白石は、現代の分類でいえば「歴史学者」といっていいだろう〔中村孝也・一九三九〕。

『古史通』には有名なあのフレーズ、「神とは人なり」が出てくる。すなわち「我国の俗、凡其尊ぶ所の人を称して、加美《カミ》といふ」（『古史通』巻之一、歴史思想集、258頁）という一文である。「カミ」という言葉は目上のひとを呼ぶ言葉で、後に漢字を使うときに「神」の字、「上」の字の区別ができた、というのである。この白石の説は、「日本の古代人は、神《カミ》と上《カミ》とは発音上、区別していたことが判明」したので、現在では否定されている〔益田宗・一九七二〕。しかし注目すべきなのは、儒者たる白石が、中国から漢字が入ってくる以前の、古代びとの音声の世界にこだわっているところだ。

『古史通』の冒頭には、次のような見解がある。

> 本朝上古の事を記せし書をみるには、其義を語言《ごげん》の間に求めて、其記せし所の文字に拘《かか》はるべからず。上古の代に、今の文字といふものはあらず。先世よりして言ひ嗣《つ》ぎ語り嗣ぎし事を、後世の人もまたい、つぎ語り嗣ぎしのみなり。
>
> （『古史通』読法、歴史思想集、233頁）

『日本書紀』『古事記』などの古代のことを書いた書物を読むときは、そこに記された文字にこだわってはいけない。昔は、今のような文字はなかった。だから前の世から語り継いできた事柄を、後の人も同じように語り継いできた――。

このように文字以前の語りの世界を見ていく立場は、次に見ていく国学者たち、とりわけ本居宣長の先駆けとなるような発言だ。儒者である白石は、『日本書紀』の神代を、中国から儒学がもたらされる以前の世界として見たことがわかる。

では、具体的に『日本書紀』をどのように解釈していくのか、次に紹介しよう。

国常立尊・高天原・神武天皇

中世以来の神道家たちが神学的な注釈を積み重ねてきた「国常立尊」について、白石はこう解釈している。

> 国常立尊は、古事記には国之常立としるす。かくせしは、常国《とこくに》に立ち給ひし御《み》事《こと》といふがごとく（中略）常国は、即ち常世国《とこよのくに》なり。古《いにしへ》のとき、新治《にひばり》国・筑波《つくば》国・茨城《むばらぎ》国・仲《なか》国・久自《くじ》国、高《たか》国等の地、すべてはこれを常世国といひ、又は日《ひ》高見《たかみ》国ともいひしなり。今の常陸国、即ちこれなり。
>
> （『古史通』巻之一、歴史思想集、259頁）

ここでは神道家たちの神学的な議論は、一切無視される。ようするに「国常立尊」とは、現在の常陸国《ひたちのくに》に立たれた偉大な人と解されていくわけだ。これは「高天原《たかまのはら》」の解釈にも通じる。高天原を「上天《じょうてん》」とか「虚空《こくう》」とする従来の説は、すべて文字から解釈したもの。しかし、古代の書物は「古語」によって意味を解くべきである。「高」は「タカ」、「天」は「アマ」、「原」は「ハラ」ということから、高天原とは、「常陸国多珂《たか》海上《うなかみ》の地」ということになる（前出、274頁）。そして実際に、今も常陸国海上郡には「高天浦《たかのうら》」「高天原」などの名称の土地が存在している……。

白石の解釈の方法は、神話の世界を現実の世界に当てはめていくことがわかる。こうした解釈の方法は、高天原は豊前国中津《ぶぜんのくになかつ》説、あるいは大和《やまと》説、さらには明治になると満州であろうとか、チベットであろうとかいう俗説が出てくることに共通している〔西郷信綱・一九六七〕。

ようするに神話をすべて人間の世界のことに還元する方法ということになる。神秘主義的解釈を否定した、合理主義的な歴史学の手法といってもよい。それゆえ、新井白石は、「近代的歴史学研究の基礎」を構築したと称えられるのである〔松島栄一・一九五七〕。

だが白石の『日本書紀』の読み方で注目したいのは、文字に書かれたことは後世のことで、文字以前の音声、語り伝えられたものを見る視点が出されていることだ。それは白石の「古語」へのこだわり、ということにも繋がる。一八世紀の本居宣長へと展開していく視点だ。

このことは、次の問題ともリンクする。『日本書紀』の記述を、「異朝」（中国）の史書を証拠にして論じることを批判する視点だ。すなわちわが国が夏《か》の少康《しょうこう》の後裔《こうえい》であるとか、天皇家の祖先・神武天皇が、呉《ご》の国の太伯《たいはく》の子孫にあたる、などという説は「異端の学者」と同じと、批判するのである（『古史通』読法、歴史思想集、247頁）。

神武神皇を古代中国の呉の国王の後裔とする説は、この当時、幕府の史官たる林家が唱えていた。林羅山の『本朝通鑑《ほんちょうつがん》』にも取り入れられていたものである。ちなみに白石のときに発布された「武家諸法度」は、林家によるものを改変したものであった（高埜利彦・二〇〇三）。白石が林家と幕府の正統派学問への対抗心をもっていたことはたしかなようだ。

林家にたいする白石の批判からは、合理主義的な歴史学者の先駆とされる白石が、中国的文化圏から自立した「日本」を希求しようとする思想をもっていたことが読みとれるのである。いうまでもなく、その背景には「華夷変態」から「日本型華夷思想」へという、時代動向があった。そうした時代のなかのひとつの姿が、新井白石による『日本書紀』の解釈といえよう。

2. 本居宣長・平田篤胤・鈴木重胤――国学者たちが読む『日本書紀』

本居宣長、登場

律令《りつりょう》国家が編纂した正史、平安時代の朝廷主宰による「日本紀講」の開催、鎌倉時代以降の「日本紀の家」の成立と「中世日本紀」という特異な言説の広がり、そして室町時代の「最上の書」としての価値づけ――。こうした『日本書紀』の受容、解釈の歴史を、根底からひっくり返す存在が登場する。一八世紀、江戸時代中期の本居宣長《もとおりのりなが》（一七三〇～一八〇一）である。まずは、簡単なプロフィールを紹介しよう。

享保一五年（一七三〇）、伊勢松坂《まつさか》の木綿問屋の長男として生まれた宣長（幼名は富之助）は、一一歳で父を失い、家業を継ぐことになる。しかし和歌や学問に心奪われている息子の姿を見た母親の機転によって、商人ではなく学者の道へと進む。宝暦二年（一七五二）、二三歳のとき、医学修業のため京都にのぼり、安芸《あき》広島藩の儒者・堀景山《ほりけいざん》に入門し、儒学や医学の基礎を学ぶかたわら、『古今和歌集』や『源氏物語』など古典研究への関心を高め、また京都の歌人グループと交流した。

この京都遊学中に『日本書紀』（宝暦四年〔一七五四〕）、『古事記』（宝暦六年〔一七五六〕）

を購入している[*5]。現代のわれわれと同じように、商品として流通する『日本書紀』『古事記』を購入して読んだのである。それは近世社会において初めて可能となったことだ。中世までは、写本として読まれる本は、貴族や寺院の僧侶、神官という特定の階級の人びとしか手にすることはできない。そこから「秘伝」という、中世的な神話解釈の世界が生み出される。

それにたいして、江戸時代の出版業の拡大は、『日本書紀』や『古事記』を、金銭を払って購入すれば、誰もが読める本にした。それは一部の人びとに閉ざされていた神話世界を「市井の人びと」へと開放することを意味したともいえよう〔磯前順一・一九九八〕。ここから『記』『紀』の神話世界は、天皇や特定の氏族、神社の神官たちに限定されない、江戸の都市社会に生きる人びとの生活とかかわる「神話」へと読み替えられていくのである。

宣長修学の地の石碑
（京都市下京区綾小路通新町）

さて、宝暦七年（一七五七）に松坂に帰宅した宣長は、小児科専門の町医

宣長旧居（三重県松阪市）

者を開業するとともに、自宅において『源氏物語』、『伊勢物語』など古典の講釈を開講する。『源氏物語』の講釈は、この後、四〇年間継続していく。

その翌宝暦八年（一七五八）には、京都で「宝暦事件」が起きている。垂加派の神道家である武《たけの》内式部《うちしきぶ》が、桃園天皇に『日本書紀』の神代巻を進講し、天皇の若い近習たちに「尊王論」「王政復古論」を説いたために、幕府から咎《とが》められ、京都の地から追放される、という事件である。このことは、『日本書紀』や『古事記』を読むことが、幕府と朝廷との共存によって維持される当時の体制秩序と抵触する危険性があることを示した。(＊6)宣長もまた、当然、この事件を知っていただろう。

宝暦一三年（一七六三）五月、宣長の運命を決定する出来事があった。後に「松坂の一夜」と語られる、賀茂真淵《かものまぶち》との出会いである。旅の途中、伊勢松坂に宿泊している真淵を訪ねた宣長は、真淵から『古事記』研究の重要性を諭され、今後の研究の中心を『古事記』に定めたという。真淵もまた『古事記頭書《とうしょ》』という簡単な注釈書を執筆していたが、『古事記』の研究は、若き宣長に託したというわけだ。もちろんこのエピソードは後に拡大、脚色されたもの。偉大な師と弟子との邂逅《かいこう》、日本精神の継承として、戦前の尋常小学校の教科書や紙芝居にもなって広められたのである（田中康二・二〇〇九）。

こうして宣長は明和《めいわ》一年（一七六四）、真淵に正式に入門し、『古事記』研究を本格的に開始する。そしてそれから三五年の歳月をかけた研究の成果が、『古事記』の注釈書、『古事記伝』に結実するのである。『古事記伝』四四巻を脱稿した三年後の享和《きょうわ》一年（一八〇一）九月に七二歳の生涯を閉じる。まさしく畢生《ひっせい》の著作、といえよう。

それにしても、なぜ宣長は、『日本書紀』ではなく『古事記』を「最上の書」と捉《とら》えたのか。『古事記伝』の説くところを聞いてみよう。

「古の語言」と「皇国の古人の真心」の発見

宣長は『古事記伝』の冒頭でこう述べている（『古事記伝』一之巻「書紀の論《あげつら》ひ」）。『日本書紀』は内容も豊富で、またその年月日なども詳しく記し、まったく不足のない史書である。その点では『古事記』は及ばない。ならば『古事記』の優れたところはどこにあるのか。『日本書紀』は漢文の文飾にこだわった。しかし、『古事記』は「古《イニシヘ》の語言《コトバ》」を失わないことを第一とした。それは書籍ができるまえの口で語り伝えた姿を髣髴《ほうふつ》とさせる。

ここに『古事記』の価値があると、宣長は主張したのである。

さらに『日本書紀』とは違う『古事記』独自な物語に目をむけていく。注目するのは、景行《けいこう》天皇の皇子、ヤマトタケルの物語だ。

ヤマトタケルといえば、悲劇の皇子として、広く知られているだろう。西国のクマソを倒し、また東のまつろわぬ者たちを征伐していく勇猛な英雄は、しかし父の景行天皇から疎んじられ、悲劇的な最期を遂げる……。梅原猛《うめはらたけし》のスーパー歌舞伎にもなったヤマトタケルの物語である。しかし、現代にも広がったヤマトタケル像は、じつは『日本書紀』にはない。それは『古事記』にのみ描かれたもの。それを「発見」したのは宣長であったのだ。それまでこれを読み比べた人はいなかったのである。

『日本書紀』のヤマトタケルは、父天皇の意思を先取りして、自ら進んで東国への戦いに出征していく、従順なる皇族将軍として語られる。そこに悲劇的なイメージは、まったくない。そして南北朝期の北畠親房《きたばたけちかふさ》『神皇正統記《じんのうしょうとうき》』では、ひたすら父王に愛される勇猛で従順な皇子将軍の姿が強調され、そのヤマトタケル像は、室町時代の吉田兼倶『日本書紀神代巻抄』にも継承された。『日本書紀』に示された、父王に愛され、その信頼関係のなかで勇猛果敢に乱逆者たちと戦うヒーロー像が増幅されていったのである。そうしたヤマトタケル像は、儒教道徳的な「臣下」像と結びつく。その延長上に、儒教的なリゴリズム（厳格主義）を社会的な規範とする徳川武家社会の倫理が作られていくのである〔磯前順一・一九九八)。

これにたいして、『古事記』のヤマトタケルは、父の命令には背かず、勇猛に戦うのだが、東国への出征のまえに伊勢神宮に立ち寄り、叔母《おば》である伊勢神宮の巫女・ヤマトヒメのまえで、父に疎まれていることを恨み、悲しみ、泣き言を繰り返した……。宣長は『古事記』が描くヤマトタケルの姿に共感し、それを「人の真心《マゴコロ》にはありける」(『古事記伝』二七之巻・全集11、219頁)と捉えていく。それを「皇国《みくに》の古人《いにしへびと》の真心」と見て、ヤマトタケルこそ「皇国の古人」の象徴と称えていくのである。宣長以前にはなかった『古事記』のヤマトタケルへの読み方であったのだ。

ここでいう「真心」とは、現代語の「偽りのない純真な心」という意味ではない。近世における「真心」の意味は、「よくもあしくも、うまれつきたるまゝの心」(『玉勝間』一の巻・全集1、47頁)であった。社会的な道徳、規範に縛られる以前の善悪両面の人間的な心情である。ここには儒教道徳で拘束される武士階級とは違う、商家に生きる人びとの姿が映し出されるのはたしかだ。それは『古事記』が、江戸の出版文化のなかで、広く読まれていくことと対応する。天皇王権や、一部の神官、僧侶たちの「神話」から、江戸の都市社会に生きる人びとの「神話」へと読み替えられていくのである。

では、こうした「うまれつきたるまゝの心」は、いかにして生まれたのか。そこに天地万物、人間を生み出した「神」の神話が作られていくのである。

読み替えられた「産霊日神」

このように宣長によって『日本書紀』は正史の位置を失う。漢字文化に潤色されたものと、一段低くみなされるのだ。もちろん『古事記』を持ち上げる宣長にたいして、上田《うえだ》秋《あき》成《なり》（一七三四～一八〇九）が、「古事記伝兵衛《でんべえ》」と揶揄《やゆ》したように、それは「異端」の説でしかなかった。さらに宣長自身もまた、『日本書紀』そのものを全否定したわけではない。じつは『古事記伝』では、『日本書紀』の記事は大いに利用され、「実《マコト》の上《ツ》代の伝説《ツタヘゴト》」（『古事記伝』一之巻、全集9）を掘り起こすための一要因に転換されていくのである（山下久夫・二〇二〇）。次にその実例を見てみよう。

中世の伊勢神官たちや吉田兼倶、そして近世前期の山崎闇斎らは『日本書紀』の「国常立尊」を、天地創成の神へと読み替えていった。神学の創造である。これにたいして、宣長が取り上げるのは、『古事記』冒頭に登場する「高御《たかみ》産《む》巣《す》日神《ひのかみ》・神《かむ》産《む》巣《す》日神《ひのかみ》」である。まずは『古事記』の原文（読み下し文）を見てみよう。

> 天地《あめつち》初めて発《あらは》れし時に、高天原《たかまのはら》に成りし神の名は、天之《あめの》御中主神《みなかぬしのかみ》。次に、高御産巣日神。次に、神産巣日神。此の三柱《みはしら》の神は、並《とも》に独神《ひとりがみ》と成り坐《ま》して、身を隠しき。
>
> （『古事記』上巻、新編日本古典文学全集、29頁）

第二章で紹介したように、『日本書紀』は、天地の分かれるまえから始まるのだが、『古事記』では、天地があらわれたときの「高天原」に出現した三柱の神々から始まる。『古事記』には天地の創造を語る神話はないのだ。

ここで宣長が注目するのは、「高御産巣日神」「神産巣日神」の神の「産霊（ムスビ）」という古語である。宣長によれば、「ムス」とは苔《こけ》がムス、ムスコ・ムスメのムスで、物の生成の意味。「ヒ（ビ）」は霊異を示す。したがって、タカミムスヒ、カムムスヒとは、生成の霊異の神格化、ということになる。こういう解釈は、現代の研究者も認めるところだ。国語学者としての宣長への評価である。

けれども、宣長は、たんなる語義の説明には終わらない。『古事記伝』のなかで、次のように述べていく。

さて世間《ヨノナカ》に有《リ》とあることは、此《ノ》天地を始めて、万《ヅ》の物も事《コト》業も悉《コトゴト》に皆、此二柱の産巣《ムス》日《ビノ》大御神の産霊《ムスビ》に資《ヨリ》て成《リ》出るものなり。

（『古事記伝』三之巻、全集9、129頁）

天地や万物、人間世界は、すべてタカミムスヒ・カムムスヒの神たちの「産霊」の力によって生まれた——。『古事記』のタカミムスヒ・カムムスヒは、天地万物、人間の心

（うまれつきたるま、の心）を創造する「産巣日大御神《むすびのおおみかみ》」へと読み替えられていくのである。

それだけではない。宣長は、『古事記』には「産巣日大御神」の力による、天地創成の神話が語られていた、と解釈していく。それはどういうことか。

『古事記』では「高天原」にアメノミナカヌシ・タカミムスヒ・カムムスヒが出現したあと、「国」のほうはいまだ不完全で、海月《くらげ》が漂うような「浮ける脂《あぶら》の如く」の状態であった。そこに葦の芽のように「萌《も》え騰《あが》れる物」によって生まれたのが、ウマシアシカビヒコヂであった。次にアメノトコタチ、クニノトコタチ……という神々が生成していく。「高天原」にたいして「国」が生成していく過程が語られる、というのが現代の解釈だ。しかし宣長は、この記述を「天と地の成れる初」を語る神話として読んでいく。

浮脂《ウキアブラ》の如くなる物は、天と地と未《ダ》分れずして、たゞ先《ヅ》一沌《ヒトマロカレ》に成れるにて、其中《ノ》に天となるべき物は、今萌騰《モエアガ》りて天となり、地となるべき物は、遺《ノコ》り留《トドマ》りて、後に地となれるなれば（中略）是《レ》正《マサ》しく天地の分れたるなり。

（『古事記伝』三之巻、全集9、137頁）

「浮ける脂の如く」とは、天地が未分化の渾沌とした状態のものを指し、そこから「天」となるものが萌え上がり、「地」となるものは残り留《とど》まって、後に「地」と成った。まさしく「天地」が分かれた様子が語られている、と……。

そう、すぐに気がつくだろう。これは陰陽の気が生成・分裂して、陽の気は上昇して「天」を、陰の気は下降して「地」となったという『日本書紀』が語る天地創成神話の発想だ（第二章、64頁参照）。宣長は、『日本書紀』を『古事記』の解釈のなかに組み込んで、あらたな天地創成神話へと作り直しているのだ。『日本書紀』は、見事に『古事記』の解釈のなかに融合されたといえよう。

近世神話としての『古事記伝』

あらためて本書が述べてきたことを振り返ってみよう。

中世における『日本書紀』の読み方は、本文を「注釈」する行為を通して、中世固有な「日本紀」、すなわち「中世日本紀」、「中世神話」を創造していくことにあった。そこに『日本書紀』受容、注釈史のポイントがあった。その視点から見れば、宣長の『古事記伝』もまた、『古事記』の注釈を通して近世固有の神話を創造した、といえるだろう。それは中世神話に倣えば、「近世神話」と呼んでいいだろう。『古事記伝』とは近世神話創造のテキストであったのだ〔斎藤英喜・二〇一〇、山下久夫・二〇一〇〕。

『古事記』のヤマトタケルから、宣長は「皇国《ミクニ》の古人《イニシヘビト》の真心」を見出《みいだ》した。それは近世の都市社会を生きる多くの人びとの心情世界と通じていた。そしてその「真心」とは、「産《ム》巣日神《スビノ》の御霊《ミタマ》によりて、備《ソナ》へ持て生れつるまゝの心をいふ」（『くず花』上つ巻・全集8、147頁）と位置づけられる。このとき『古事記』は、江戸社会の人びとの「真心」の起源神話へと読み替えられたのである。近世固有の神話創造は、『古事記』の解釈に、『日本書紀』を組み込むことで可能となったのである。

なお、『古事記』の「真心」とは、『源氏物語』から導かれる「もののあはれ」と通じるものであった（＊7）。宣長が『古事記』とともに『源氏物語』を重視したゆえんだ。

このように宣長が『古事記』から「皇国の古人の真心」を見出したことは、近世社会において固有な意味をもっていく。徳川の幕藩体制の時代とは、人びとが諸藩ごとに分断されて生きる時代であった。それにたいして、宣長が『古事記』を通して発見した「古《イニシヘ》の語言《コトバ》」や「古人の真心」は、諸藩に分断された徳川体制のなかで、藩を超えて人びとを精神的に結びつける働きをもったのである（呉哲男・二〇〇三）。藩という枠組み超えた「皇国」、「日本」という自己認識である。それは幕藩体制下の社会関係とは異なる「民族感覚」を醸成し、結果的に幕藩体制への批判と結びつくことになる。「儒学」の本国、中国とは違う、独自な歴史的風土をもつ「自国の意識」を育《はぐく》んだのである（深谷克己・一九九二）。

宣長が、注釈することを通して、『古事記』と『日本書紀』とを融合させて創造した「近世神話」には、もうひとつ重要な学問、知識があった。西洋からもたらされる学問、知識である。偏狭な国粋主義者とされる宣長は、意外なことに、この時代の最先端の西洋の学問に精通していたのだ。

「西洋天文学」とアマテラス神話

皇祖神アマテラスは、陰陽説、あるいは密教の教理、宋代《そうだい》の天文学など、その時代の先端的な学問、宗教によって解釈されてきた。では宣長は、アマテラスをどう解釈していくのか。

「天明《てんめい》の大飢饉《ききん》」（一七八二〜八七）によって社会全体が疲弊していく世情のなか、紀伊・伊勢両国の藩主・徳川治貞《はるさだ》は、広く領内から治道・経世上の意見を求めた。このとき宣長が献上した提言書が、『玉くしげ』（刊行は寛政一年（一七八九））である。(＊8)「古道論の立場から政治経済の根本理念を明らかにした」（『本居宣長事典』）とされるものだ。

宣長は次のように語る。徳川幕府が国を統治する「今の御代」というのは、そもそもは「天照大御神の御はからひ、朝廷の御任《ミヨサシ》」によるもので、それを「東照神御祖命《あづまてるかむみおやのみこと》」（家康）から代々の将軍が受け継いだものである。したがって、徳川幕府の法・掟《おきて》などは、元に遡《さかのぼ》れば、すべて「天照大御神」が定めたものだから、大切に遵守しなければならない――（『玉くしげ』全集8、319頁）。これは一般に「大政委任論《たいせいいにん》」と呼ばれるものだ。徳川の世は、じつは神代のアマテラスに起源する天皇・朝廷に委任されたものにすぎない、という論理である。
これが幕末の「大政奉還」の発想のベースにもなるのだが、それはさておき、宣長のいう皇祖神アマテラスの超越性、絶対性は、何によって保証されているのだろうか。『玉くしげ』の原文を引こう。

抑天地は一枚にして、隔《ヘダテ》なければ、高天原《タカマノハラ》は、万国一同《イットウ》に戴《イタダ》くところの高天ノ原にして、天照大御神は、その天《アメ》をしろしめす御神にてましませば、宇宙《ウチウ》のあひだにならぶものなく、とこしなへに天地の限《カギリ》をあまねく照しましく〳〵て、四海万国《シカイバンコク》此御徳光《トククワウ》を蒙《カウブ》らずといふことなく、何《イツ》れの国とても、此　大御神の御蔭《ミカゲ》にもれては、一日片時《ヘンジ》も立ことあたはず、世ノ中に至《イタツ》て尊くありがたきは、此　大御神なり、

(『玉くしげ』全集8、310～311頁)

「天地」というものは「一枚」で、そこに国々を隔てるものはない。だから「高天原」は、世界中すべての国のうえにある高天原であり、その天を支配するアマテラス＝太陽は、世界の隅々まで照らす神である。世界中のどんな国も、アマテラス＝太陽のおかげを蒙《こうむ》らなければ、立ち行かない……。
これは世界のなかの日本の優位性を一方的に押し付けていく自己優位主義として批判さ

れることになるものだ。有名な上田秋成との「日の神論争」も起きる。だが、注目したいのは、天地というものの一体性、太陽が四海万国を照らすという認識の背景に、西洋天文学の「地球説」にもとづく「世界地理認識」があったことだ〔海老澤有道・一九五八〕。

よく幕末物のドラマで、初めて地球儀を見て日本の小さいことに驚くシーンがあるが、実際のところ、江戸時代の人びとは、かなり早い段階から「地球」とか「世界地図」という認識をもっていたようだ。地球上、日本が小さい国というのは、子どもでさえ知っていると、宣長は秋成との論争のなかで語っている。

たとえばマテオ・リッチの世界地図である『坤輿《こんよ》万国全図』（一六〇二）が近世初期に入り、宝永《ほうえい》五年（一七〇八）には、小林謙貞《こばやしけんてい》の図にもとづいて「世界万国地球図」が大坂で作られるなど、「地球之図」「万国之図」の認識は、当時の人びとには常識になっていたのである〔藪内清・一九六〇〕。地球説、天動説、地動説という西洋天文学の知識は、中国経由で、徳川社会にも流通していたわけだ。

宣長の読書ノートには、当時「禁教」とされたキリスト教の関連文献、たとえば『職方《しきほう》外紀《がいき》』（宣教師による世界地誌の概説書）、『采覧異言《さいらんいげん》』、『天主実践』（切支丹《キリシタン》の教義書。デウスの神観念を説く）、『天経或問《てんけいわくもん》』などが複数見られる（『書籍目』全集20）。

とりわけ『天経或問』は、「寛永禁書令の網目をくぐって我が国人が目にふれることができた、唯一といって然るべき西洋天文学書」〔藪内清・一九六〇〕であった。これを宣長は熟読していたようだ〔「真暦不審考弁」全集8〕。また宣長自身による天文、暦書関係の論考もある〔「天文図説」〔全集14〕、「真暦考」〔全集8〕、「沙門文雄が九山八海解嘲論の弁」〔全集14〕など〕。

天竺《てんじく》・震旦《しんたん》・日本という中世的な三国世界観が崩れ、さらに「華夷変態《かいへんたい》」によって中華思想が相対化されるなかで、儒学を超える学問、知の世界を、西洋学問、とりわけ天文学に見出したのである。宣長のアマテラス＝太陽説とは、天空に浮かぶ地球、太陽という、最新の西洋天文学の知識によって読み替えられた、「近世神話」としてのアマテラスといえるだろう〔斎藤英喜・二〇一二b〕。

さて、寛政《かんせい》二年（一七九〇）一〇月、宣長は巻一から五まで完成した『古事記伝』を、真仁法親王《しんにんほう》を介して光格《こうかく》天皇に献上している。またその年の一一月には、新造した内裏に遷幸する天皇の華麗な行列を拝観している。近世の朝幕関係史のなかで、光格天皇は、ひとつのエポックメーキングとなる天皇だ。天明七年（一七八七）、天明の大飢饉のなか、大勢の民衆が内裏を囲み、「千度参り」をしたときに、光格天皇は、飢餓で困窮した人びとの救済を幕府に申し出た。「天皇が幕府の政務に口を差し挟み、幕府はそれに応じて対処したという、江戸時代の朝幕関係では前代未聞の出来事」が起きたのだ〔藤田覚・二〇一一〕。

このように近世社会が変容しつつある時代のなかで、宣長は『日本書紀』を組み込み、西洋の知識を応用して、あらたな近世固有の「神話」を創造していったのである。

内憂・外患の時代のなかで――平田篤胤

寛政四年（一七九二）、エカテリーナ女帝の命を受けたロシア使節ラクスマンの来航に始まり、文化《ぶんか》一年（一八〇四）、ロシアの遣日使節レザノフの長崎来訪、文化三年（一八〇六）、ロシア海軍大尉フヴォストフによる樺太《カラフト》、エトロフ島の攻撃、そして文化八年（一八一一）、ロシア艦長ゴロヴニンの捕縛事件など、ヨーロッパの大国・ロシアが南下してくる時代。江戸幕府の「鎖国」政策が動揺し、対外的な危機を迎えつつあった。

それは同時に内政に反映する。天保《てんぽう》八年（一八三七）大坂の大塩平八郎《おおしおへいはちろう》の乱、それに誘発された生田万《いくたよろず》の事件など、百姓一揆《いっき》、町人の打ち壊しなどの騒乱が続く国内騒擾《そうじょう》の時代へと進みつつあった。

こうした内憂・外患が続く時代、江戸の町で、あまり流行《はや》らない私塾を経営する男がいた。平田篤胤《あつたね》（一七七六～一八四三）である。

出羽《でわ》秋田藩の下級武士の四男坊として生まれ、二〇歳のときに江戸に出てきた篤胤（幼名は大和田正吉《おおわだしょうきち》）は、大八車の「人夫」、火消し人足、常磐橋《ときわばし》付近の商家の炊事夫、五代目市川団十郎《いちかわだんじゅうろう》の弟子などをしながら、貧窮のなかで読書・勉学に励んだという。やがてその才能が認められ、寛政一二年（一八〇〇）、二五歳のときに、備中松山《びっちゅうまつやま》藩士の平田藤兵衛《とうべえ》篤穏《あつやす》の養子になった。これ以降、平田半兵衛《はんべえ》篤胤を名乗ることになる〔田原嗣郎・一九六三〕。

そんな彼に大きな転機が訪れる。享和一年（一八〇一）の春頃に、初めて宣長の著書を読んで感激、「古学の志」を起こし、同年の七月に松坂の宣長のもとに弟子入り許可願いの名簿を出した。しかし残念なことに、その年の九月二九日に宣長は没したため、ついに篤胤は生前の宣長に逢《あ》うことはかなわなかった。「没後の門人」である。

以上は、篤胤の養子である平田銕胤《かねたね》が編述した公式の伝記『大壑君御一代略記《だいがんくん》』によるものだが、近年の研究では、篤胤が宣長の著作を初めて読んだのは、宣長没後、二年たった享和三年（一八〇三）であったこと、そして文化二年（一八〇五）三月に宣長の嫡子春《はる》庭《にわ》に入門の願書を送り、「鈴屋《すずのや》」門への入門が許可されたのは同年六月三日であったことが明らかにされている〔三木正太郎・一九六九〕。篤胤は、宣長の生前には、その存在さえも知らなかったらしい。

こうした経歴の捏造《ねつぞう》は、自己を宣長の学問の継承者であると主張するためだ。篤胤は、春庭に入門の願書を出したとき、夢のなかで宣長と対面し、師弟の関係を結んだことを語り、その夢の様子を絵に描かせ、さらに春庭に「賛」〔画中に題する詩文〕を求めたともいう。なんとも厚かましい男、ということになろう。実際、「鈴屋」の門人たちには、篤胤を「山師」と警戒し、批判する者も少なくなかったようだ。けれども篤胤は、自分と宣長との霊的な繋がりを霊夢によって確信したというのだ〔子安宣邦・一九七二〕。

このように篤胤は、終生、宣長を「吾師翁《わがしおきな》」と称え、その学統に連なることを主張してきた。しかし実際に彼が執筆した著作は、宣長の学問や思想から逸脱するものであった。

まず何よりも、宣長は『古事記伝』を書いたように、『古事記』を「最上の史典」と持ち上げ、その注釈を生涯の仕事にしたが、篤胤はそれとは違っていた。篤胤に言わせると『古事記』は古伝として不充分なので、『古事記』のほかに『日本書紀』『古語拾遺』『出雲《いずもの》国風土記《くにふどき》』『延喜式祝詞《えんぎしきのりと》』などの複数の古代文献をセレクトして、自分が正しいと考える「古史」のテキスト＝『古史成文《こしせいぶん》』を作成した。そしてそれに注釈を施した『古史伝』を書いたのである。こうした篤胤の方法は、宣長が確立した文献学的な手法からの後退と批判されることが多い。宣長の学問の破壊者、と非難される場合もある。

けれども、先に見てきたように、文献実証主義の先駆とされる『古事記伝』もまた、「注釈」という手法を用いながら、『古事記』とは違う、近世固有の「神話」を生み出すテキストであった。そこには、『日本書紀』も融合されていたのである。そうした視点から見れば、平田篤胤の『古史成文』『古史伝』とは、じつは宣長が行った神話創造を、さらにラディカルに発展させたものといえるだろう〔斎藤英喜・二〇一四〕。

その具体的な例を次に紹介しよう。『古事記伝』は『古事記』原文にはない、天地創成神話を作り出し、また「産霊日神」を創造神へと読み替えていった。篤胤はこれを受けて、古《イニシヘ》、天地《アメツチ》いまだ生《ナ》らざりし時、天つ御虚空《ミソラ》に成り坐《マ》せる神の御名は、天之《アメノ》御中主神《ミナカヌシノカミ》。次に高皇《タカミ》産霊神《ムスビノカミ》（中略）。次に神皇《カム》産霊神《ムスビノカミ》（中略）。此の三柱の神は、並独神《ヒトリガミ》と成り坐して、御身《ミミ》を隠したまひき。（『古史成文』一之巻、全集1、19頁、原文を読み下した）

といったように、『記』『紀』を取り混ぜて、天地開闢以前の「御虚空」に出現した神々のことを語っていく。そして天地万物は、産霊日神の「産霊」の力によって生成、発展していく、と。そのベースは、宣長の『古事記伝』の注釈であったのである。

そして篤胤は、『古史成文』は宣長の説を「初学《ウヒマナビ》の徒《トモガラ》」が誤解しないように、わかりやすく再編成したもの、と説明している（『古《こ》史徴《しちょう》』一之巻上、全集5、257頁）。ここで篤胤があえて「初学の徒」を相手にしていると強調することは重要だ。篤胤は、江戸の町で、「初学の徒」を対象とする私塾を開き、講釈を行っていた。そうした篤胤の活動圏域は、文化・文政《ぶんせい》年間（一八〇四～一八三〇）に活躍した、神道を講談で語っていく神道講釈師・玉田永教《えいきょう》などと重なるところも多いという〔引野亨輔・二〇〇四〕。これは一八世紀の教養ある人びとを対象とした宣長とは違う、一九世紀の「江戸」という都市社会を生きる篤胤の立ち位置、ということになろう。

したがって篤胤の作り出す近世神話は、一八世紀の『古事記伝』の範囲に留まるものではなかった。それが『日本書紀』の解釈から導かれる「顕幽《けんゆう》分任」の神話である。

「冥府を掌り治めす大神」の神話

宣長と篤胤との決定的な相違点とは何か。宣長があえて考えなかった「死後の魂の行方」を、篤胤は生涯のテーマとしたところだ。

宣長は、黄泉国《よみのくに》神話にもとづいて、『古事記』には死後の魂のことは語られていない、ただ死後は腐った死体となるだけだ、だから死とはただただ悲しむしかない、と説いていく。これは死後の救済はないという発想だ。現世の側に価値を置く思想といってもよい。

これにたいして、篤胤は、腐っていく死体とは別に、死後の魂が赴く場所がある。そこでは人は永遠の生活に入る、という反論をしていく。ここには一八世紀の宣長と、一九世紀の篤胤の、決定的な違いがあった。

では、篤胤が考えた、死後の魂の行き先は、どこか。

文化九年（一八一二）執筆、翌年刊行された、篤胤の主著『霊能真柱《たまのみはしら》』は、その問いに答えていく。すなわち死後の魂は、この地上のうえに留まっている、そしてその死後の魂を管轄しているのは、「八十《ヤソ》隈手《クマデ》に隠坐《カクリマシ》ます、大国主神の治《シラ》する、冥府《カミノミカド》に帰命《マツロヒ》まつればなり」（『霊能真柱』下巻、日本思想大系、109頁）と、出雲大社のオホクニヌシであると説くのだ。

それにしても、なぜ出雲のオホクニヌシが冥府の神として登場してくるのか。そこには、篤胤の『日本書紀』の解釈があった。

『古事記』では、出雲のオホクニヌシはアマテラスに国の支配権を譲渡する交換条件として、出雲大社の創建を約束させる。いわゆる「国譲り」の神話である。出雲大社は、敗れた神オホクニヌシの鎮魂のために造営されたのである〔斎藤英喜・二〇一〇〕。

ところが『日本書紀』の一書〔第二〕に載る別伝では、オホナムヂ（オホクニヌシ）は、天つ神に国譲りするに際して、われが治めていた「顕露之事《あらはなること》」は、皇孫《すめみま》（天皇）が治めるのがよかろう。われは退いて「幽事《かくれたること》」を治めよう……と、統治領域の分割を主張したのである。

この「顕露之事」と「幽事」の区別については、室町時代の一条兼良《かねら》が、「顕露」は政治のこと、「幽事」は冥府のことであると解釈した（『日本書紀纂疏《さんそ》』）。篤胤は、これをベースにして、死後の魂の行き先は、オホクニヌシが主宰する「冥府」であること、それは「顕露」の側からは見えないけれど、「幽冥」の側からは見られているという、死後世界をめぐる、あらたな神話を作り出していくのである〔遠藤潤・二〇〇八〕。なお、顕と冥の非対称性については、中世の文献に多く見られることを、中世思想史家の池見澄隆《いけみちょうりゅう》氏が明らかにしている〔池見・二〇一二〕。

では、篤胤は、中世の冥顕論から、いかなる新しい「神話」を作り出したのか。『古史成文』の注釈書『古史伝』のなかに、以下のような一節がある。

抑《ソモソモ》此世は、吾人の善悪《ヨシアシ》きを試み定賜《メ》はむ為に、しばらく生《アレ》しめ給へる寓世《カリノヨ》にて、幽《カク》世《リヨ》ぞ吾人の本世《ツ》なるを、然《サ》る故義《コトノココロ》を弁へずて、仮の幸《サチ》を好み、永く真の殃《ワザワヒ》を取こと知ざるは、最《イト》も悲き態《ワザ》なり。

（『古史伝』巻二三、全集3、177頁）

「此世」は、われわれの善悪を試すために、しばらく生を享《う》けた「寓世」でしかない。死後の「幽世」こそがわれわれの「本世」である。それを認識せずに浮ついた一瞬の快楽のみを追い求めるのは、永遠の災いを受けることになる……。そして「顕露」（現世）にあっては、天皇の統治する社会に従うが、死んだあとの魂は、「冥府を掌《ツカサド》り治《シラシ》めす大神」である出雲のオホクニヌシに従う、と説いていくのである。

この一文が、まるで仏教の説教のようだという批判にたいして、篤胤はこう答えた。「此世は、人の寓世にて、幽世の本世《ツ》なること決なし。此は信に、外国籍に謂ふ如くにぞ有ける」（『古史伝』巻二三、全集3、177〜178頁）――。自分の説は仏教ではなく、「外国籍」にも共通していると説く。そして「外国籍」とは、なんと天主教（キリスト教）の文献であったのだ。

篤胤は、文化三年（一八〇六）、天主教の概説にもとづく勉強ノート『本教外篇』を書いている。弟子にも公開されなかったものだが、『古史伝』に繰り広げられる幽冥界の神に関する神学的な言説、そこに使用される「寓世」「主宰」「至善」「霊性」「自造の悪」などは、天主教の用語であった。篤胤は、『本教外篇』を見ながら、『古史伝』の該当部分を書いたと推定されている〔三木正太郎・一九六九〕。

このようにして、篤胤が『日本書紀』の読み替えから導いた「冥府を掌り治めす大神」=幽冥神オホクニヌシは、中世後期の一条兼良の注釈言説を起爆剤に、宣長の『古事記伝』を経由し、近世後期の独自な神へと跳躍していく。天竺《てんじく》・震旦《しったん》・日本という三国的世界観を超え、さらに「華夷変態」という時代を潜り抜け、あらたな「西洋の衝撃《ウエスタン・インパクト》」を目の当たりにした時代に創造された神話であったといえよう。

そこには現世の生活を享楽できる一八世紀の時代とは異なって、内憂・外患による、不安定な社会にたいして、現世を超えた、もうひとつの世を希求する人びとの思いが刻印されているだろう。そう、神話とは、今生きている現実を意味づけ、同時にその現実を超え、変革していくための想像力をもたらしてくれるのである。

清国がイギリスから侵略され、アヘン戦争が勃発《ぼっぱつ》する天保《てんぽう》一二年(一八四一)、篤胤の『天朝無窮暦《てんちょうむきゅうれき》』、『大扶桑国考《だいふそうこくこう》』などの著作が幕府の検閲にひっかかり、著述差し止め、江戸追放、秋田帰藩の命令を受ける。老中水野忠邦《みずのただくに》による「天保の改革」が始まる、反動期の時代だ。こうして篤胤は、天保一四年(一八四三)、失意のうちに、秋田で病没したのである。

篤胤の没後の幕末期に至ると、篤胤の門人たちは、一三三〇人に達したという。その多様な門人たちは、幕末維新期の意外なところに顔を出す。たとえば文久三年（一八六三）、京都等持院《とうじいん》の足利三代将軍の木像の首を盗み、賀茂《かも》川に晒《さら》すといった事件を起こした角田《つのだ》忠行《ただゆき》らは平田門人であった。また戊《ぼ》辰《しん》戦争中（一八六八）、相楽《さがら》総三《そうぞう》の率いる官軍先鋒《せんぽう》隊の赤報隊中に平田門人が複数参加していたとか、さらには、なんと西郷隆盛《さいごうたかもり》も平田の門人組織、気吹舎《いぶきのや》に数回顔を出していたようだ。あるいは興味深いところでは、新撰《しんせん》組の母体となった「浪士組」結成の関係者のなかにも、篤胤生前からの熱心な門弟もいたという〔宮地正人・二〇一二〕。またその新撰組に捕縛された矢《や》野《の》玄道《はるみち》は、平田門人中、最良の理論家であった〔宮地正人・二〇〇四〕。このように幕末維新の人脈の各所に、多くの平田門人関係者が登場してくるのである。

彼らが維新変革の政治過程で、いかなる活動を繰り広げるか、それは第五章で述べることにして、本章の最後に、平田門下で『日本書紀伝』という著作の執筆中に、非業の死を遂げた人物を紹介しよう。

幕末維新に読まれた『日本書紀』——鈴木重胤

尊攘《そんじょう》浪士たちによる天誅《てんちゅう》事件、新撰組の結成、公武合体派のクーデター、長州系公家たちの逃亡（八・一八政変）といった、幕末の政治過程が沸騰していく文久《ぶんきゅう》三年（一八六三）、ひとりの国学者が謎の死を遂げた。国学者の名は鈴木重胤《しげたね》（一八一二〜六三）。平田門下のひとりであるが、しだいに篤胤説への批判を強くし、平田門の後継者である平田銕胤《かねたね》と対立し、破門されてしまう。そして謎の死を遂げるわけだが、平田門下たちによる「天誅」という説もある。重胤は尊攘派の敵対者とされたのである（芳賀登・一九八五）。文字どおり幕末の動乱期を生きた国学者だ。

しかし、この鈴木重胤こそ、幕末期の『日本書紀』受容、解釈にとって、不可欠な人物であった。彼は宣長の『古事記伝』の向こうを張って、『日本書紀伝』という著作を執筆したからだ。

文化九年（一八一二）、重胤は淡路国《あわじのくに》で代々、庄屋を務める家に生まれる。父は京都の学者に学び、家の蔵書には宣長の書物も少なくなかった。そうした環境に育った彼は、父の死後、大坂鴻池《こうのいけ》家に見習いで住み込むが、学問への意志は捨てがたく、天保三年（一八三二）には、遠く江戸の平田篤胤に入門の名簿を送っている。そして、ついに念願かなって天保一四年（一八四三）一一月、秋田に蟄居《ちつきよ》中の篤胤のもとを訪ねるが、閏《うるう》九月、すでに篤胤は病没していた。篤胤は、生前から重胤の噂を聞いて、その到着を心待ちにしていたという。養子の銕胤は重胤の学識、人物を高く評価して、『古史伝』をはじめ、『赤県《もろこし》太古伝』、『印度蔵志《いんどぞうし》』、『天朝無窮暦《てんちょうむきゅうれき》』など、篤胤の著書を貸し与えた。このように当初は、平田門人として期待された人材であったようだ。その後、篤胤の『古史成文』を再編成したような『皇典成文』を執筆、その注釈書である『古始《こし》太元考《だいげんこう》』を書き始めていく。このように見ると、初期の重胤は、ほとんど篤胤の追従者（エピゴーネン）ともいえるだろう。

しかし、こうした手法に限界を感じ、さらに篤胤説への疑問、批判を述べるようになる。そのなかで彼は、『日本書紀』そのものの注釈が不完全であることに気づき、自らの仕事を「朝廷の正史」たる『日本書紀』の体系的な注釈に定めて、『日本書紀伝』の執筆に取り掛かるわけだ。けれども安政四年（一八五七）、銕胤から、『日本書紀伝』は篤胤が著した『古史伝』の説の盗用であるという苦情をたびたび受けるようになり、翌年には破門されてしまう。そうした門人内での対立が、文久三年（一八六三）の謎の死という事件へと至るのである〔谷省吾・一九六八〕。

さて、『日本書紀』一三〇〇年の受容、研究史のなかで、鈴木重胤は、これまでそれほど重視されてこなかった。なによりも、その著作が未完であったことも大きい。けれども、民俗学者・国文学者の折口信夫《おりくちしのぶ》は、重胤のことを「神道学者の意義に於ける国学者の第一位に置きたい」（「神道に現れた民族論理」新全集3、156頁）と述べるほど、高く評価している。また折口の「外来魂」説は、重胤説の「翻訳」とまでいわれている〔津城寛文・一九九〇〕。あるいは重胤の『日本書紀伝』二九之巻に展開された大嘗祭《だいじょうさい》論には「真床追衾《まとこおうすま》」

に関する記述もあり、折口信夫への影響も指摘されている〔加茂正典・一九九九〕。

このように重胤から折口信夫への繋がりは、注目すべきところだろう〔斎藤英喜・二〇一九〕。折口の『日本書紀』研究は、第五章で詳しく取り上げることにして、では重胤の『日本書紀伝』のポイントはどこか、次に見てみよう。

「主宰」と「鎮魂」の神学へ

アメリカ東インド艦隊司令長官ペリーが、軍艦四隻を率いて浦賀《うらが》に来航した嘉永《かえい》六年（一八五三）、重胤は『日本書紀伝』の執筆を開始する。その冒頭で「朝廷の正史」たる本書の書名は「国土の事を主と為らるゝ御心掟なる事」にあるとコトアゲする。外圧のなかの「日本」の「史法」を定めた書物、という認識だ（『日本書紀伝』一之巻）。そして彼もまた、これまでの『日本書紀』解釈者と同じように、「国常立尊《くにのとこたちのみこと》」に注目する。

重胤は次のように述べていく。天地生成の当初から神が存在していたのはたしかだが、そのあたりのことは「一書」や『古事記』に譲り、『日本書紀』の本文（本伝）は、もっぱら「主宰」のことを伝えようとした（『日本書紀伝』一之巻、全集1、38頁）。つまり『日本書紀』本文は「主宰」の起源がテーマであると。この指摘は、近世思想史家の山下久夫氏によるものだが〔山下・二〇二〇〕、たしかにアマテラスは「高天原の主宰と坐す日神」、ツクヨミは「本より在つる月の主宰……」（六之巻）というように、『日本書紀伝』には、

「主宰」の起源を語ろうとするモチーフが読みとれる。山下氏によれば、「主宰」にこだわるのは、「外圧」の直接性が高まり「日本」という空間への自覚が要請された結果であった〔山下、前出〕。まさに諸外国との関係のなかの「日本」の主宰を求めたというわけだ。なお、「主宰」の用語は、篤胤の天主教のノート『本教外篇』に出てくる〔三木正太郎・一九六九〕。天主教の最高神にたいする神学用語であったのだ。「主宰」という発想・用語は、『古事記』、『日本書紀』一書〔第四〕に登場するアメノミナカヌシについても使われている。次のようだ。

凡て此世界は至《マコト》に大きく至に広しと雖も、天御中主《ノ》尊、独神成坐て御立し座坐《マシマ》せば、世の界際《カギリ》を盡し究めて、此神の主宰《シラ》し給ふ所なる故に……。

〔『日本書紀伝』一之巻、全集1、38頁〕

「天御中主尊」はこの世界すべてを究め、「主宰」する最高神である……。さらに引用文のあとには、「自余《じよ》の諸神」は、天御中主尊に内在する「精英《クシビ》」、「霊《タマ》」から分かれて生まれていくことが述べられている。このあたりの発想は、宣長の「産霊《むすび》」の論と共通しているのだが、さらに重胤は、「天地世界の立るも神人万物の成れるも此鎮魂《コノミタマフリ》に依ずては事として立事無く……」〔『延喜式祝詞講義』第二、619～620頁〕と、「鎮魂」の意義を拡大解釈することで、霊魂の運動から「宇宙生成論」を展開させていくのである〔前田勉・二〇〇二〕。すなわち「天之御中主神」の御霊《ミタマ》が「高皇産霊神《タカミムスビノカミ》・神皇産霊神《カムムスビノカミ》」へと「殖り別れ坐《フマシ》」て、その「産霊《ムスビ》」の力をもって天地万物を「天中」に生み出した、というのである。外部に附着した威霊の魂が内側で増殖し、分割することで、天地万物、神々が生まれていくという、きわめて神学的な言説が展開されていくのである。そしてこの「鎮魂」の拡大解釈の延長上に、折口信夫の「タマフリ論」が書かれていくことになるわけだ。すなわち、霊魂の生成、分裂、増殖というタマの運動論である。

ところで重胤は「神世の故実」を究明するためには、「此身を神にして暫く霊体」となって、天空高く飛翔《ひしよう》し、「天地造化の御所為」、すなわち天地創造の場面を「側より望み見たらむ心」をもたねばならないと、説いている（『古始太元図説』）。それは「重胤の神話注釈の方法の極限的な姿」、あるいは「独断的な神話注釈」ともされる〔前田、前出〕。

けれども『日本書紀』の受容、注釈の歴史を見てきたわれわれは、重胤の「独断的な神話注釈」とされるなかに、垂加神道の山崎闇斎が説いたこと、すなわち自分の心を高めて、古代びとの神聖なる心に近づけ、共鳴させることができれば、神代巻の真実が理解できる（138頁、参照）、という発想との繋がりが見えてくるだろう。それればかりではない。わが身を「神」に近づけ、天地創成の現場を知覚する……という重胤の立ち位置は、中世伊勢神宮の祠官たちの、天地開闢まえの「混沌」に身を置こうとする境位＝「神人は混沌の始を守りて……」にも共振することが見えてくるだろう（69頁、参照）。

それにしても、ペリー艦隊の来航以降、混乱と騒擾が続く江戸下町の借家で、ひたすら神学的な注釈を書き続けていた重胤の姿は、感動的でさえある。だが、彼の『日本書紀伝』の執筆は、文久三年（一八六三）八月の凶刃によって中断されてしまった。そして重胤の死から四年後、慶応《けいおう》三年（一八六七）、大政奉還、王政復古の大号令が発せられ、維新変革による「近代日本」が始まっていくのである。

次章では、いよいよ『日本書紀』受容、研究の近現代史を見ていこう。

（＊1）南学は、朱子の剖注《わりちゅう》に依拠した学問を形成した朱子学の一派で「海南学派《かいなんがくは》」とも。

（＊2）『やまとかがみ』は、結局完成することはできず、草稿の大半は火中に投じたという〔西岡和彦・一九九九〕。ここにも闇斎の試行錯誤の跡がうかがえよう。

（＊3）ただし地方の大社からは反発が起きている。たとえば出雲大社は、千家《せんげ》・北島《きたじま》の両国造家が吉田の支配を受けることにたいして反発し、肥後国阿蘇社《ひごのくにあそ》神主、尾張国熱田社の神主なども吉田を通さずに朝廷に官位叙任を申し出ていた。結果的に常陸国鹿島社《かしま》、下総国香取社《しもうさかとり》、信濃国《しなの》諏訪社《すわ》、紀伊国日前社《ひのくま》などの神主、大宮司の官位は吉田家の「支配下」には置かれなかった〔高埜利彦・二〇〇三〕。

（＊4）「おかげ参り」のピークは、寛永一五年（一六三八）・慶安三年（一六五〇）・寛文一年（一六六一）・宝永二年（一七〇五）・享保三年（一七一八）・明和八年（一七七一）・文政一三年（一八三〇）が記録に残されている。また参詣のピークは、伊勢神宮の二〇年に一度の「式年遷宮祭」とも連動しているようだ。幕末、慶応三年（一八六七）に起きた「ええじゃないか」の民衆運動も、「おかげ参り」と無縁ではない。天から「伊勢皇太神宮」のお札が降下してきたのは、室町時代、光物となって各地に飛来した「飛び神明」のバリエーションとも考えられる。

（＊5）京都の書肆《しょし》で『先代旧事本紀』と一緒に『古事記』を購入している（「宝暦二年以後購求謄写書籍　附書目」全集20）。このとき彼が購入した『古事記』は、寛永二一年（一六四四）に、京都寺町誓願寺《せいがんじ》下の書林・前川茂兵衛が刊行したもの。一般に『寛永版古事記』と呼ぶ。ちなみに現在残されている宣長所持の寛永版の『古事記』には無数の書き込み、付《ふ》箋《せん》がついている（本居宣長記念館・二〇〇一）。

（＊6）越後《えちご》に生まれた武内式部は、享保一三年（一七二八）頃に上京。垂加派の神道者・松岡雄淵《まつおかゆうえん》から垂加神道を学び、さらに玉木《たまき》正英《まさひで》から橘家《きつけ》神道を修めた。その才覚を徳大寺《とくだいじ》公城《きんむら》に認められ、武内式部の「神道」は、やがて公家たちのあいだにも広がり、とくに桃園天皇の若い近習たちが、武内が説く「尊王論」「王政復古論」に感化されていく。さらに門人となった徳大寺公城ら若い公家たちは武術の稽古まで始めたという。宝暦八年（一七五八）、それを察知した近衛《このえ》家、一条家の関白・摂家たちが近習たちの処分を断行し、また竹内式部は宮廷内から排斥され、さらに京都所司代によって取り調べが行われた結果、京都の地から追放されることになった。これが

「宝暦事件」のあらましである〔藤田覚・二〇一二〕。

（＊7）近世文学研究家の日野龍夫《ひのたつお》によると、「物のあはれを知る」という用語は『源氏物語』自身のなかには出てこない。その言葉が頻繁《ひんぱん》に使われるのは、宣長が生きた近世の都市社会に広がった歌舞伎、浄瑠璃《じょうるり》、戯作《げさく》本などの当世の世俗文化の世界であった。たとえば『平家女護島』『芦屋道満大内鑑《あしやどうまんおおうちかがみ》』『ひらかな盛衰記《せいすいき》』などといった時代物の浄瑠璃に「武士は物のあはれを知るといふは……」といった調子でしばしば出てくる常套《じょうとう》句という〔日野・一九八四〕。

（＊8）宣長が『玉くしげ』を献上した翌年、幕府老中・松平定信《まつだいらさだのぶ》が将軍徳川家斉《いえなり》に奉った「将軍家御心得一五カ条」にも、「徳川将軍は国土と人民を天皇から預かって統治する」という、宣長の意見と類似するような「大政委任論」が述べられている。表現もそっくりな部分もあるが、宣長の言説が幕府老中に影響を与えたかどうかは、具体的には不明という〔藤田覚・二〇一二〕。宣長の『玉くしげ』が、一八世紀後半の政治思想として、かなり普遍的なものであったことを教えてくれるだろう。

第五章　『日本書紀』の近・現代史

王政復古、神武《じんむ》創業、天壌無窮《てんじょうむきゅう》の神勅、万世一系、八紘一宇《はっこういちう》……。維新変革を経て生まれた近代国家のスローガンは、『日本書紀』にもとづくものが多い。近代の天皇制国家が、国民支配のためのイデオロギーとして、『記』『紀』神話を利用（悪用）した、という言い方もされる。『日本書紀』は天皇制国家の聖典とされた、というわけだ。

一方、「文明開化」のスローガンもあるように、明治以降、西欧からもたらされた新しい学問である、歴史学、国文学、宗教学、神話学、人類学、民俗学、神道学、考古学などによって、『日本書紀』は、近代学問の研究対象とされた。そこに生み出された学問的な成果は、同時代の国家や社会の動向を反映し、あるいは対立しながら、現代の『日本書紀』、あるいは『古事記』にたいする認識の基盤を作ったともいえよう。とりわけ戦後においては、マルクス主義、構造主義、テクスト分析など、最新の学知、思想が『日本書紀』にたいする、新しい「読み」を提示し、そこから始まる学問的な議論は今も続いている。

激動する近・現代史のなかで、『日本書紀』はどのように読まれたのだろうか。第五章では、明治・大正・昭和・平成の時代のただなかに分けいりながら、『日本書紀』の読み替えを通して創造される、近代日本の「神話」と「歴史」を見ていこう。そこで作られるのは、現在のわれわれにも繋《つな》がる「日本」という自己認識の物語だ。

1. 維新変革のなかの『日本書紀』

大嘗祭の起源は天孫降臨神話？

慶応三年（一八六七）一〇月の大政奉還から一二月の王政復古の大号令、そして慶応四年（明治一年〔一八六八〕）一月の鳥羽《とば》・伏見《ふしみ》の戦いに始まる「戊辰《ぼしん》の内乱」は、会津、奥羽《おうう》地方の激烈な戦闘をへて、明治二年（一八六九）五月、函館五稜郭《はこだてごりようかく》を本営とした榎本武揚《えのもとたけあき》、土方歳三《ひじかたとしぞう》ら旧幕府軍の降伏で終息した（土方歳三は戦死）。そしてそれを受けるように、江戸時代の幕藩体制の基礎を作った「領主制」が解体される。薩長土肥《さつちようどひ》の藩主たちによる版籍奉還《はんせきほうかん》が上奏《じようそう》された。自らが支配してきた土地を天皇に「返還」することを願い出て、それが全国に広がったのである。諸藩に分断されていた地域は、ここで天皇を中心とした「日本」として再編・統合されていく。それを制度的に確立するのが、明治四年（一八七一）七月の「廃藩置県《はいはんちけん》」の詔書である。

その同じ年の一一月、新都・東京で、明治天皇の即位大嘗祭《そくいだいじようさい》が挙行された。天皇なる存在が諸藩を超えた、あらたな日本の統治者たりうることを証明する儀礼でもある。このとき、即位大嘗祭が、『日本書紀』に由来することが主張された。すなわち皇祖神アマテラスが、地上へ降臨するホノニニギにたいして、聖なる稲を授けたという『日本書紀』の神話が大嘗祭の由来とされたのである。大嘗祭を執行する天皇は、この神話を儀礼的に再演するというわけだ。

そこで『日本書紀』を見てみると、たしかに天孫降臨神話には「吾が高天原《たかまのはら》に御《きこ》しめす斎庭《ゆにわ》の穂を以て、亦吾が児に御《まか》せまつるべし」（神代下、一書〔第二〕、新編日本古典文学全集、139頁）と、アマテラスが高天原で作った神聖な稲穂を、降臨する御子に授けるシーンがある。しかしそれが天皇即位の大嘗祭の由来である、という記述は一言もない。そう、大嘗祭の起源を『日本書紀』に結びつけるのは、後世に行われた「神話」の解釈、読み替えであったのだ。

その解釈は、いつから始まるのか。近世思想史家の前田勉《まえだつとむ》氏によれば、大嘗祭と天孫降臨神話とを結びつけるのは、近世国学、宣長《のりなが》や篤胤《あつたね》、重胤《しげたね》からであったとされる（＊1）〔前田・一九九二〕。だが、明治四年（一八七一）の大嘗祭は、近世国学の理念のままのものではない。そこには、近代における『日本書紀』のあらたな解釈が見られるのだ。なによりも、『日本書紀』を大嘗祭の由来に結びつける解釈が、「国家」の公式見解として提示されたのである。それは次のような一文である。

大嘗会《だいじようえ》ノ儀ハ、天孫瓊々杵《てんそんにに》尊《ぎのみこと》降臨ノ時、天祖天照大御神詔シテ豊葦原瑞穂国《とよあしはらみずほのくに》ハ吾御子ノ所《しら》レ知国《さんくに》ト封ジ玉ヒ、乃斎庭《ゆにわ》ノ穂ヲ授ケ玉ヒシヨリ、天祖日向高千穂宮ニ天降マシ々々、始テ其稲種ヲ播《まき》テ新穀ヲ聞食《きこしめ》ス。是レ大嘗・新嘗ノ起源也。
（明治四年「神祇《じんぎ》省告諭」日本近代思想大系、13頁）

天孫ホノニニギが地上に降臨するとき、「天祖」アマテラスが、豊葦原の瑞穂の国はわが御子が統治する国であると任せて、天上の神聖な田で育った稲穂を授けた。それよりホノニニギが日向の高千穂に天降《あまくだ》ったのち、その稲種を播《ま》いて、収穫した新穀を召し上がった。これが大嘗祭・新嘗祭《にいなめさい》の起源である。まさに、読み替えられ、再創造された『日本書紀』神話であろう。

そして実際に行われる大嘗祭の中心的な神事は、この読み替えられた『日本書紀』神話を再演することにあった。すなわち皇居内に建てられた悠紀殿《ゆきでん》・主基殿《すきでん》と呼ばれる神殿に、アマテラスを筆頭とした神々を迎え、天皇自身が悠紀国・主基国から献上された神聖な稲で作った新穀を神々にお供えし、また天皇自身も食する、という儀礼である。「神饌親供《しんせんしんく》共食《きょうしょく》の儀」と呼ばれるものだ（第一章、26頁、参照）。大嘗祭を執行することで、皇祖神アマテラスから聖なる稲穂を継承し、代々天皇位を継いできた、万世一系の君主であることが証明されるわけだ。

さらに明治四年（一八七一）の大嘗祭は、京都の内裏で執行するという「伝統」を破り、新都・東京で挙行された。いうまでもなく明治二年（一八六九）三月、明治天皇が東京に奠都《てんと》したことが大きい（公式には「遷都」としなかった。「奠都」は一時的に都をある地に定める意味）。しかし、それはたんに執行場所の変化だけではない。朝廷が所在した京都から東京に変わったことは、それまでの朝廷と幕府の相互補完によって維持されてきた近世的な国家秩序の解体を意味したのである〔高木博志・一九九七〕。

なお明治天皇は、明治二年（一八六九）三月に、歴代天皇のなかで初めて伊勢《いせ》神宮に参拝した。自らがアマテラスの子孫として、万世一系の血筋を継承することを宣言する行為といえよう〔ジョン・ブリーン・二〇一一〕。アマテラスの血統を強調する近代天皇制が創造されたのである。明治四年の大嘗祭は、その延長にあったといえるだろう。

だが明治の大嘗祭は、それだけで終わらない。さらに神祇省の「告諭」の続きを見てみると——、

夫《それ》穀ハ天上斎庭《ゆにわ》ノ貴種ニシテ天祖ノ授与シ玉フ所、生霊億兆《せいれいおくちよう》ノ命ヲ保ツ所ノモノナリ。天皇斯《この》生民ヲ鞠育《きくいく》シ玉ヒ、以テ其恩頼ヲ天祖ニ報ジ、其天職ヲ奉ジ玉フコト斯ノ如シ。然則此大嘗会ニ於テヤ、天下万民謹ンデ、其御趣旨ヲ奉戴シ、当日人民悉《ことごと》ク廃務休業、各地方其産土神《うぶすながみ》ヲ参拝シ、戸々和楽シテ天祖ノ徳沢ヲ仰ギ、隆盛ノ洪福ヲ祝セズンバアルベカラザル也。（前出）

アマテラスがホノニニギに授けた「天上斎庭ノ貴種」である米穀は、「生霊億兆」＝人民たちの命を保つものであり、天皇はその人民たちを慈しむ君主である。したがって「天下万民」も、大嘗祭の当日は生業を休み、自らの地域の「産土神」の社に参拝し、「天祖」の徳を仰ぎ、国家の隆盛なることを祝福しなければならない――。

ここで『日本書紀』の天孫降臨神話は、アマテラスから授けられた神聖な稲穂が、人民の命を保つ米穀の起源であるというように、アマテラスの子孫の天皇が統治する国家の一員である「日本国民」の起源神話へと、拡大解釈されていく。天皇即位とともに、それを国民が祝賀する大嘗祭というように、あらたな「神話」が、『日本書紀』にもとづいて作り出されたのだ。それは令和の大嘗祭にまで継承される。

では、こうした近代的な大嘗祭の由来を記す「告諭」の文案は、そもそも誰が書いたのだろうか。またそれを発令した「神祇省」とは、どういう役所なのか。

「祭政一致の古儀」と神祇官復興――矢野玄道

一般に王政復古や神武創業という言説、イデオロギーを作り出したのは、宣長、篤胤を継承する国学者たちとされている。そして維新変革において彼らが推し進めたのは、古代の祭政一致を実現するための「神祇官《じんぎかん》」の復興であった。

もともと神祇官は古代律令《りつりょう》国家に発するものだが、室町時代には機能せず、江戸時代には、吉田家、白川《しらかわ》家が「神祇官代」を名乗っていた。だが、それはあくまでも両家の私的な組織、「私家の神道」と認識されていたのである〔羽賀祥二・一九九四〕。これにたいして明治維新の「祭政一致の古儀」の理念にあわせて、国家機関としての神祇官復興が主張された。これを受けて、明治二年（一八六九）、神祇官が復活したのである〔阪本是丸・一九九三〕。

こうした神祇官復興をリードしたのが、幕末の神祇事務局に結集した平田銕胤《かねたね》や古参の弟子である矢野玄道《はるみち》たち「平田派」と呼ばれるグループである。まずは玄道のプロフィールを見てみよう。

矢野玄道（一八二三〜八七）は、伊予大須《いよおおず》藩（現在の愛媛県大洲《おおず》市）出身。幼少より学問を好み、弘化《こうか》二年（一八四五）上京し、伴信友《ばんのぶとも》について考証学を学んだ。翌年、江戸へ下り平田家に入門。それ以降、篤胤の跡を継いだ銕胤の信任を得て、篤胤の未完の著作である『古史伝』を補足・加筆している。嘉永《かえい》四年（一八五一）再度上京し、その後、明治二年に至るまで京都を拠点に活動している。文久《ぶんきゅう》二年（一八六二）には、神祇伯《はく》（神祇官代の長官）を務める白川家の学師、慶応三年（一八六七）には、吉田家学頭にも就任している〔越智通敏・一九七一〕。

彼は尊攘《そんじょう》派の活動家というよりも「学者」「理論家」であったが、慶応一年（一八六五）

閏《うるう》五月二二日には、新撰《しんせん》組に捕縛されている（ただし四日後には放免）。『幕罪略』という著作が、探索網にひっかかったようだ〔宮地正人・二〇〇四〕。京都には平田派国学者のネットワークが作られ、染物屋などの商家、町衆が情報センター的な役割をしていたという。ちなみに祇園のお茶屋である「万亭《まんてい》」（一力《いちりき》）の主人、杉浦治郎右衛門《すぎうらじろうえもん》（九代・為充《ためみつ》）は、平田派の国学者であった〔宗政五十緒・二〇〇二〕。

慶応三年（一八六七）一二月の「王政復古」の直後、矢野玄道は維新の建言として『献芹詹語《けんきんせんご》』を執筆している。「復古派の唯一の政権構想であり、政治綱領」とされる文書だ〔芳賀登・一九七二〕。そのなかで玄道は、神祇官を太政官《だいじょうかん》の被官（下位機関）とすることを否定し、「万端祭政一致の原に御復遊ばされ候て」と神祇官の復興を掲げ、それをリードしたのである。

矢野は、天神地祇をはじめ、天地日月星辰《せいしん》など、ありとあらゆる万物を「御鎔化鋳造《ごようかちゅうぞう》」遊ばされた天御中主大神《あめのみなかぬしのおおかみ》及び皇産霊大神《かみむすびのおおかみ》から皇霊・功臣の霊などを祀《まつ》る中央神殿の創設を提起したのである。さらに「幽冥《ゆうめい》ノ大主宰トマス出雲《いずも》大神」に「一殿」を建てて祀るべし、と提言していくのである（『献芹詹語』日本思想大系、549〜560頁）。矢野の神祇官構想とは、近世の宣長、篤胤らが読み替えた『日本書紀』の神々を、国家機関としての神祇官が祀るべき存在へと位置づけることにあったといえよう。これこそが彼の考察した「祭政一致の古儀」であったわけだ。なお、ここに幽冥主宰神の「出雲大神」の祭祀《さいし》が加わることは、明治一〇年代前半の「祭神論争」へと発展する〔後述〕。

こうして明治二年（一八六九）に、太政官《だいじょうかん》の上位機関として「神祇官」が復興され、矢野玄道たち平田派の主張は実現された。けれども、それは即座に頓挫する。明治四年（一八七一）、大嘗祭が挙行された年、廃藩置県などの一連の官制改革として、神祇官は「神祇省」へと降格、太政官の下部機関組織に再編・統合され、翌年には神祇省そのものも廃止されてしまうのである。

大嘗祭の執行についても、矢野玄道たち平田派グループは、東京での挙行に最後まで抵抗・反対していたのだが、それは退けられてしまう。大嘗祭は新都・東京で行われたのだ。

それだけではない。明治四年には、矢野たちの運命を暗転させる事件が起きた。その年、一月九日、木戸孝允《きどたかよし》とならぶ長州閥の代表者、参議の広沢真臣《ひろさわさねおみ》が何者かに暗殺されたのである。ちなみにこの前々年には横井小楠《よこいしょうなん》、大村益次郎《おおむらますじろう》の暗殺事件も起きている。それは中央官僚政府にたいする士族、復古派たちの「アモルフ〔無定形体〕な反撥《はんぱつ》」の表れであったが〔井上勲・二〇〇四〕、なんとこの暗殺事件の首謀者として、矢野玄道たち平田派に嫌疑がかけられたのだ。一般に「国事犯事件」と呼ばれる。

こうして同年三月には、矢野玄道を筆頭に権田直助《ごんだなおすけ》、角田忠行《つのだただゆき》ら平田派の面々は拘留、諸藩への「お預け」に処された〔阪本是丸・一九九三〕。彼らは政府の中枢から放逐されたのだ。ちなみにこうした中央政界からの平田派一掃が、地方レベルにも波及したことは、島崎藤村の『夜明け前』が描き出しところだ(*2)〔宮地正人・二〇一五〕。

以上のような動向を見ると、神祇省の「告諭」の文案は、矢野の執筆ではなかったことは明らかだ。矢野はあくまでも大嘗祭の東京執行には反対していたのである。

では、「告諭」の文案を書いた神祇省のメンバーとは誰か。そこに浮き上がってくるのが、平田派と対抗した、「津和野《つわの》派」と呼ばれるグループである。

「開国進取」の国学者――大国隆正

石見国《いわみのくに》津和野――。現在の広島、山口に隣接する〔島根県鹿足《かのあし》郡〕地域で、代々亀井《かめい》氏が藩主を務めた、四万石程度の小藩である。地理的に長州の隣であることから、幕末の長州征伐にも中立的な立場をとり、さらに藩士たちのなかには長州の尊攘派と繋がる者も少なくなかった。そのために、明治の新政府の高官に出世するものも多かった。ここに後に「津和野派」と呼ばれる国学者グループが形成されたのだ。

その要《かなめ》となる人物が、大国隆正《おおくにたかまさ》〔一七九二～一八七一〕である。津和野藩の江戸藩邸で生まれた彼は、文化四年〔一八〇七〕、一五歳で平田篤胤に入門。また昌平坂《しょうへいざか》学問所で古《こ》賀精里《がせいり》に儒学を学び、あるいは村田春門《むらたはるかど》に音韻学も学んだ。そんな彼のその後の思想形成に大きな意味をもつのが、文政一年〔一八一八〕、長崎に遊学して蘭学に接したことだ。それは同時に、国際情勢がいかに緊迫しているかを肌で感じることにもなった。隆正が平田門人になった年以降は、異国船の来航が日増しに拡大していく時代である。

ところが文政一一年（一八二八）に、思うところがあり脱藩してしまう。その後は浪人の国学者として活動を開始するが、天保《てんぽう》一二年（一八四一）には、京都に家塾「報本学《ほうほんがく》舎《しゃ》」を開き、播磨《はりま》、姫路《ひめじ》、福山《ふくやま》などに出講するほどに、その評価は高まっていた。

こうした国学者としての隆正の才覚を評価した津和野藩主の亀井茲監《これみ》は、嘉永四年（一八五一）、脱藩の罪を許し、藩校「養老館」で多くの藩士の育成にあたらせた。こうして嘉永六年（一八五三）のペリー来航以降、幕末の激動の時代には、多くの著作活動で尊攘派志士たちの理論的な支柱を担い、津和野藩は小藩ながら、尊攘派の神祇グループの中核をなしていくのである〔阪本是丸・一九九三〕。ちなみに、第四章に登場した鈴木重胤も当初、隆正に師事していたが、後に離反している〔谷省吾・一九六八〕。

さて大国隆正の学問的出発点は、平田篤胤の学問を継承するもので、その意味では矢野玄道とも近いところにいた。しかし維新変革の過程で、両者は決裂し、平田派vs.大国派（津和野派）として激しい党派闘争を演じることになるのだ。

では、隆正の国学が、平田派とは異なっているところはどこなのか。彼の『日本書紀』の解釈を通して見てみよう。天地開闢《かいびゃく》神話をどう解釈するかは、古代の日本紀講《にほんぎこう》に始まり、中世の伊勢神道、吉田神道、さらに近世の宣長、篤胤、重胤らへと展開してきたが、では、大国隆正はどんなふうに解釈しているのか。大国の主著のひとつ『馭戎問答《ぎょうじゅうもんどう》』には、こうある。

わが古伝にいはく、天地之初、生シ二一物一、如二浮脂一といへり。これは経星も緯星も衛星もなにもなかりし太初に、まづ一点あぶらだまのごときものいできそめたりとの伝へなり。よくおもひて見たまへ。世の中にありとあるものにそのはじめあぶらのごとくにあらぬものはあらず……。

（『馭戎問答』下、全集1、117頁）

天地開闢以前の状態を経星《けいせい》・緯星《いせい》・衛星《えいせい》もまだない状態と説くように、西洋天文学の知識をもって神話は解釈されていく。そうした解釈は、「神代に地球の水をつかさどり給ふスサノヲノ命、日球の主宰　天照大神……」（前出、136頁）とか、「日球の精霊はイザナギノミコトとあらはれ、地球の精霊はイザナミノミコトとあらはれ……」（前出、123頁）など、あちこちに見ることができる。

さらに「浮きし脂の如し」の記述からは、動物の種、草木の種、金石のたね、さらに人身は、すべて最初は「あぶらのごとくにあらぬものはあらず」と、これも西洋窮理学《きゅうりがく》、生物学の知識をもって、神話が解釈されていくのである。その基盤となったのは、長崎遊学のとき以来、数多くの外来書物、洋学書に出会ったことが大きい。そしてその洋学の新知識は、みな「神道」に根源をもつという認識に至るのだ〔ジョン・ブリーン・二〇一一〕。

もっともそうした解釈の方法や認識は、すでに平田篤胤や鈴木重胤などにも見られるもので、別に隆正独自なものではない。だが大国隆正の『日本書紀』解釈の方法は、単純な攘夷論、開国論を超えるような立場と繋がっていたようだ。政治思想史家の丸山眞男によれば、大国隆正は佐久間象山《しようざん》、吉田松陰《しよういん》とともに、「最も熱烈な『攘夷』論者にして同時に積極的な開国論者」でもあったという〔丸山眞男・一九五二〕。宗教性を追求する平田派にたいして、「政治神学的純化」が見られるともいえよう〔桂島宣弘・一九九二〕。

こうした大国隆正の思想を受け継ぎ、さらに政治的なリアリストへと変貌《へんぼう》したのが、福《ふく》羽《ば》美静《よししず》であった。

尊攘志士から国家官僚へ――福羽美静

福羽美静（一八三一～一九〇七）は津和野藩士の子として生まれ、藩校・養老館での修学のかたわら、江戸や京都で諸国の「志士」たちと交わり、学識見聞を深めていく。老中安藤信正《のぶまさ》襲撃事件（坂下門外の変）以降、京都の政治状況が沸騰してくる文久二年（一八六二）、藩主に願い出て京都に赴き、長州尊攘派と交流し、また学習院に出仕した。とくにこの年、美静は、古川躬行《ふるかわみゆき》ら六〇余名と京都の平安霊山《りようぜん》で、「安政《あんせい》の大獄」（一八五八～五九）以来、「国事に殉じた者たち」を「弔祭」する祭祀を挙行している〔阪本健一・一九八三〕。このときの招魂の祭祀が、後の靖国《やすくに》神社に繋がっていくのである。

翌文久三年（一八六三）、鈴木重胤が平田門下によって暗殺された年、美静は、朝廷の御警衛人数御用掛、国事掛などに任じられ、三条実美《さねとみ》をはじめ朝廷の公家たちに知遇を得て、また真木《まき》和泉守《いずみのかみ》、益田弾正《ますだだんじょう》などの志士たちと行動をともにしていた。しかし八月一八日の公武合体派のクーデターで三条たちが長州へ逃走し、翌元治《げんじ》一年（一八六四）六月の新撰組による池田屋襲撃事件、七月の長州尊攘派の武力蜂起《ほうき》とその敗北（禁門の変）、さらに「朝敵」となった長州征討の命令が下るという反動期には、幕府から危険人物としてマークされる。そんななか、藩主の命令で帰藩し、それ以降は津和野と長州、大宰府《だざいふ》を往復し、情報収集、連絡役を務めている。また帰藩後は、慶応三年（一八六七）、藩内の寺社改正、葬祭改正を立案し、それを推し進めている（阪本健一・一九八三）。まさしく幕末志士の典型的人物ともいえよう。

　維新後は、明治一年（一八六八）、亀井茲監の推挙で神祇事務局権判事《ごんのはんじ》となり、以後、神祇大輔《たいふ》、教部大輔となり、その後は宮内省出仕、侍講《じこう》、さらに元老院議官、国憲取調委員、貴族院議員を歴任している。尊攘志士から国家官僚への道を歩んだといえるだろう。とくに重要なのは、神祇官、教部省《きょうぶしょう》において、明治初年の神祇行政をリードしたことだ。津和野派のメンバーは、守旧派の牙城《がじょう》たる平田派にたいして、「開国進取」の国学者として、維新の官僚政府と一体となりえたのである（橋川文三・二〇〇一）。

　こうして大国隆正の直系としての福羽美静は、維新政府の神祇部問の要職につくことになるのだが、その裏では、平田派との激しい党派闘争が繰り広げられていた。明治四年〔一八七一〕の国事犯事件による平田派の一掃、東京での大嘗祭挙行の一連の背景には、津和野派の亀井、福羽たちの策動があったことは間違いないだろう。神祇省の「告諭」の文案は、福羽によって執筆されたものだったのだ。

『日本書紀』の天孫降臨神話は読み替えられ、天皇即位とともに、その儀礼に参加する「日本国民」を創造する神話へと変貌する。それは東京で行われた大嘗祭へと反映していくのである。

明治四年、大嘗祭の現場へ

明治四年（一八七一）一一月一七日、近代国家最初の即位大嘗祭が、東京の「皇居」内に設置された悠紀殿《ゆきでん》・主基殿《すきでん》で挙行された。江戸時代にはできなかった「古式」の儀礼を復興したというが、実際のところは、明治になって新しく追加されたことも少なくない。そのなかで、もっとも新しい儀式は、「庭積机代物《にわづみのつくえしろもの》」と呼ばれるものだ。

もう一度、確認すると、大嘗祭の中心的な神事は、アマテラスをはじめとした天神地祇《てんじんちぎ》に、悠紀国《ゆきのくに》・主基国《すきのくに》の両国から献上された「斎米《ときまい》」（神饌供物）を天皇自身がお供えし、天皇も共食することにあった。神饌親供共食《しんせんしんくく》の儀と呼ばれるものだ。

さらに明治四年のときには、稲だけではなく、地域の名物の栗、白柿、絹類が献上され、悠紀殿・主基殿の庭上に特別に設置された机に並べられたのだ。これが「庭積机代物」である。明治大嘗祭で初めて設置された。そしてその後の近代大嘗祭における「全国的奉賛を集約する象徴的献上物」になったという〔武田秀章・一九九六〕。天皇即位の儀礼・祭祀は、たんに天皇や国家官僚たちのみで行われるのでなく、臣民＝国民の奉仕によって成り立つということが実現されたのだ。

令和大嘗宮

なお「庭積机代物」に地域の特産物を並べた甲《か》斐国《いのくに》は、慶応四年（明治一年・一八六八）の戊辰《ぼしん》戦争の激戦地であった〔武田、前出〕。旧新撰組の近藤勇《こんどういさみ》、土方歳三《ひじかたとしぞう》らが甲府《こうふ》城の攻略をめざして組織した甲陽鎮撫隊《こうようちんぶたい》と、東山道先鋒総督府《とうさんどうせんぽうそうとくふ》参謀の板垣退助《いたがきたいすけ》らとが激突した戦場であった。同様に主基国に選ばれた安房《あわ》も激戦地のひとつであった。大嘗祭執行が内戦で傷ついた地域の住民を慰撫《いぶ》し、それによって彼らが新しい明治天皇の儀礼に「主体的」に参加することで、近代の「国民」へと成長・統合されていく構造を作り出したものと理解できる〔武田、前出〕。

神祇省「告諭」に記された、近代国家を統治する君主の神話とともに、それに統治される「日本国民」を創造する神話。新都・東京で挙行された大嘗祭は、まさしくその神話を「実現」させたものといえるだろう。こうしたあらたな神話創造、儀礼実修を遂行したものこそ、明治国家を運営する維新官僚と結びついた、福羽美静であった。それを象徴する場面を次に紹介しておこう。

大嘗祭の中心的儀礼の当日。天皇は廻立殿《かいりゅうでん》で潔斎《けっさい》したあと、神饌供物を神々に捧《ささ》げる悠紀殿へと渡御《とぎょ》する。そのとき天皇の前後に「百官」が付き従う。そのメンバーは、参議西《さい》郷隆盛《ごうたかもり》、同大隈重信《おおくましげのぶ》、同板垣退助、文部卿大木喬任《おおきたかとう》、左院副議長江藤新平《えとうしんぺい》、外務大輔寺島《てらしま》宗則《むねのり》、大蔵大輔井上馨《いのうえかおる》、兵部大輔山県有朋《やまがたありとも》、司法大輔宍戸璣《ししどたまき》（『明治天皇紀』第二、587頁）といった、維新変革を担った人びとだ。そして彼ら政府高官たちの先頭に立ったのは、神祇大輔福羽美静その人であった。

明治一三年、出雲派vs.伊勢派――千家尊福

東京都千代田区富士見《ふじみ》に鎮座する「東京大神宮」は、最近、「縁結び」のパワースポットとして、女性たちに人気が高い神社だ。けれども、この神社こそ、明治一三年（一八八〇）から翌年にわたって、当時の神道界を二分した、大論争の舞台でもあった。

現在、JR総武線の飯田橋《いいだばし》駅近くにある東京大神宮は、もともと東京日比谷《ひびや》にあった

「神道事務局」の神殿を遷座したもの。神道事務局とは、明治八年（一八七五）の教部省《きょうぶしょう》の機関である大教院《だいきょういん》の解散にともない(＊3)、そこに結集した神官や神道家たちが、あらたな活動拠点を構築するために創設したものだ。その基本方針は、皇祖神アマテラスを祀る伊勢神宮を、名実ともに全国の神社の頂点に置くことで、神道・神祇秩序を回復させることにあった。神道事務局の神殿に祀られる神は、アマテラスを筆頭にアメノミナカヌシ・タカミムスヒ・カムムスヒの「造化《ぞうか》三神《さんしん》」と定められた。

千家尊福像

ところが、それに異論を唱える人物がいた。神代から続く出雲大社の最高神官・第八〇代の出雲国造《こくそう》、千家《せんげ》尊福《たかとみ》（一八四五〜一九一八）である。彼は、アマテラス、造化三神とともに、出雲大社の祭神であり、幽冥界《ゆうめいかい》の主宰神たるオホクニヌシも祀るべきと主張したのである。アマテラス以下の神々は顕界《けんかい》を治める神なので、冥界を主宰するオホクニヌシが祀られないのは不完全である、というのが尊福の論理であった。「死後救済」の宗教性を主張したのである。彼が平田派に属するかどうかは議論もあるが、その主張が、神祇官の管轄する宮中神殿にアマテラスとともに、「幽冥ノ大主宰トマス出雲大神」（『献《けん》芹詹語《きんせんご》』）を祀る方針を出した平田派リーダーの矢野玄道の思想を継承していることはたしかである。

　こうした千家尊福の主張にたいして、伊勢神宮の大宮司・田中頼庸《たなかよりつね》（一八三六～九七）が真っ向から反対した。神殿は伊勢神宮の遥拝《ようはい》所なのだからアマテラスが中心であり、出雲大社のオホクニヌシをあえて祀る必要はないという意見だ。ちなみに頼庸は薩摩藩出身。幕末の動乱期の文久二年（一八六二）には、薩摩藩の使者として萩《はぎ》城下に来訪し長州藩の尊攘派リーダー久坂玄瑞《くさかげんずい》との連絡を担当していた〔宮地正人・二〇一二〕。幕末からの尊攘派活動家であった。

　かくして神道事務局神殿の祭神をめぐる論争は、たんなる事務局の施設を超えた対立へと発展し、当時の神道界を田中頼庸ら「伊勢派」と千家尊福ら「出雲派」とに二分した、大論争へと広がっていくことになる。世にいう「祭神論争」である。

　やがて「祭神論争」は、「顕幽分任」「死後救済」をめぐる神学論争からは離れていく。(*4) 田中頼庸たち伊勢派は、尊福たち出雲派の動きを、当時台頭しつつある民権運動と結びつけて批判しはじめたのである。オホクニヌシは「民権派の神」というわけだ。すなわち尊福の主張は、天皇の霊魂でさえオホクニヌシの賞罰を受けると説く不遜《ふそん》なもので、天皇を中心とした「国体」に反すると煽《あお》ったのだ。そのため、尊福を暗殺せんとする騒ぎも起きたという〔原武史・一九九六〕。

自由民権の運動は、明治七年〔一八七四〕頃から始まるが、そのピークとなるのは明治一一年〔一八七八〕、「立志社」を設立した板垣退助、片岡健吉《かたおかけんきち》の「国会開設建白書」が大量に印刷され、全国に流布し、明治一二年〔一八七九〕、国会開設、憲法制定を要求する人びとの運動が、東日本の県議、豪農を中心とした結社をも巻き込み、全国規模に拡大したあたりとされる〔牧原憲夫・二〇〇六〕。

千家尊福たち出雲派の動きは、こうした全国的に広がった民権派と連動するものと認識されたわけだ。なぜなら出雲派の神オホクニヌシは、皇祖神アマテラスをも凌駕《りようが》する神とされ、アマテラスを始祖とする天皇が統治する国体を破壊する、危険思想とされたのである。

国会開設をめざす民権派の主張とは、政府に租税を支払うものは国政に参加する権利をもつという発想が根底にある〔たとえば板垣による「民撰議院設立建白書」など〕。そこには必然的に国家のなかの「個人」という存在が浮上してくる。そして政治参加をする個人が、政府の政策決定を選ぶ「自由」があるように、その個人がいかなる「信仰」をもつかは自由である。すなわち民権論とは、「信教自由論」と一体となっているのだ。実際、キリスト教徒のなかには自由民権運動に携わるものも少なくない〔新井勝紘・二〇〇四〕。つまり尊福ら出雲派の主張を「民権論」と結びつける論法には、神道なるものが、キリスト教や仏教などと同じく「信教の自由」の対象に貶《おとし》められるという批判が込められているのだ。

こうして神道界を二分した「祭神論争」は、明治一四年（一八八一）二月、東京で開催された「神道大会議」における天皇の裁定（勅裁《ちょくさい》）によって、ひとまず決着する。神殿の祭神は、皇祖神を中心に宮中三殿（賢所《かしこどころ》・歴代皇霊《れきだいこうれい》・天神地祇《てんじんちぎ》）と定められた。これは出雲派・伊勢派どちらか一方の勝ち負けではなく、両派の「痛み分け」ともされる（藤田大誠・二〇〇七）。しかし「幽冥界」の主宰神オホクニヌシが「天神地祇」の一部に解消され、独立して祀られなかったのはたしかだ。平田篤胤に発する「顕幽分任」や「死後救済」の神話は、国家体制にもとづく神祇秩序からは排除されたのである。

この後、神社祭祀、参拝を基本とする神道は「非宗教」として認識され、国家に統合される「国民」の規範、道徳へと変容していく。いわゆる「国家神道」の成立である（赤澤史朗・一九八五）。

帝国憲法・議会開設・教育勅語

明治二二年（一八八九）二月一一日、大日本帝国憲法が公布される。そして翌年一一月、第一回議会が召集された。ここに日本は、近代的な立憲国家としてスタートしたのである。

だが憲法発布を祝う祝賀会は、大きな人形や舞台面を乗せた山車《だし》、仮装した芸者たちが練り歩くお祭り騒ぎになった。憲法発布のことを「絹布《けんぷ》の法被《はっぴ》（職人たちが用いる、しるしばんてん）」と誤解している民衆もいたという〔小風秀雅・二〇〇四〕。

一方、憲法を制定した国家の側を見てみると、明治天皇は祭服のまま、総理大臣以下、国家官僚を率いて皇祖神アマテラスを祀る宮中賢所に渡御《とぎょ》し、皇祖神と皇霊をまえに、憲法を制定したという告文《こうもん》を奏した。すなわち「皇朕《すめらわ》レ謹ミ畏ミ、皇祖／皇宗ノ神霊ニ誥《つ》ケ白《もう》サク皇朕レ天壌無窮《てんじょうむきゅう》ノ宏謨《こうぼ》ニ循ヒ……」（「皇室典範及憲法制定ニ付テノ御告文」『増補・皇室事典』）と始まり、臣民たちを率先して、憲法を遵守していくことを、アマテラスや天皇代々の祖霊たちに誓うという内容であった。立憲国家の成立は、神々のまえに宣言されたのだ〔ジョン・ブリーン・二〇一一〕。

それればかりではない。憲法発布の「二月一一日」とは、『日本書紀』に記された初代神武天皇の即位した日で、近代において「紀元節《きげんせつ》」と定められた日であった。そこには「明治天皇を神話的神武天皇に、立憲政体の確立を神武の建国創業に重ねあわせる狙い」があったことは明らかであろう〔ブリーン、前出〕。帝国憲法は、「大日本帝国ハ万世一系ノ天皇之ヲ統治ス」（第一章第一条）から始まるのであった。

さらに議会の開設をめぐる『東京新聞』の社説では、主権が天皇にあるのは、天皇がアマテラスの聖なる子孫であること、そこに「我が国体」が「万国」に超越することが説かれていた〔ブリーン、前出〕。国体神話と議会を開設した立憲国家は矛盾なく同一化されてしまうわけだ。

られていく。『日本書紀』が、近代立憲国家の聖典としての地位を獲得していく過程ともいえよう。

それを端的に示すのが、明治二三年(一八九〇)、議会開設のひと月まえに発布された「教育勅語《ちょくご》」である。それは「朕惟《オモ》フニ我カ皇祖皇宗国ヲ肇《ハジ》ムルコト宏遠ニ徳ヲ樹ツルコト深厚ナリ……」(「教育ニ関スル勅語」『増補・皇室事典』)という、建国神話を凝縮する語りから始まり、天皇は皇祖皇宗の遺訓を臣民たちに伝えることを述べていく。これが国民(臣民)の守るべき道徳規範として機能していったことは、周知のところだろう。

ところで、「教育勅語」は、法学上はけっして法的な規範力をもった文書ではなかった。天皇が、国民や特定機関にたいして意思表示する場合は「詔勅《しょうちょく》」と呼ばれる形式をとる。「教育勅語」の「勅語」も天皇のお言葉という意味ではそれに近いのだが、「詔勅」にくらべて、国務にかんする拘束力をもたないものとされた。「教育勅語」を「勅語」としたのは、その中心的起草者であり、時の内閣法制局長官である井上毅《こわし》(一八四三〜九五)であった。井上は、君主は臣民の良心の自由に干渉しないというのが「立憲政体の原則」であるので、「教育勅語」は政治上の命令であってはならない。形式上は君主の「著作公告」として位置づけるべきと考えた。それが「詔勅」ではなく「勅語」とされた理由であった(小股憲明・二〇〇五)。もっともそのために、逆に、「教育勅語」は無制限な超法規的存在となっていくのである。

さて、ここであらためて、近代立憲国家の「君主」と万世一系の神話を体現する「天皇」との関係をどう見るのか、ということを確認しておこう。もちろん、かなりの難問だ。近代教育史研究家の小股憲明《おまたのりあき》氏の研究を参考にすると、以下のように考えられる。

帝国憲法の冒頭には「天皇ハ神聖ニシテ侵スベカラズ」という有名な規定がある。その「神聖」なる君主としての天皇の根拠は、皇祖神アマテラスから委託された天孫ホノニニギの血統を継ぐ神武天皇以来の皇統を継承していることにある。それは『日本書紀』の降臨神話、建国神話をベースにしたものだ。つまり天皇の神聖性は、国体神話にもとづくのである。

しかし問題は、神話的な君主の神聖性・超越性が、帝国憲法に規定された、「大臣責任制」という制度によって担保されていたことにある。それはどういうことか。

「大臣責任制」とは、国家統治の現実的な問題をめぐって天皇に「責任」が及ばないようにするために、すべて国務大臣（総理大臣）が「責任」を負うというシステムである。これによって、天皇は政治的な責任から超越した存在＝「神聖不可侵」であることが保証される。すなわち天皇が神武天皇以来の「万世一系」の系譜に連なる神聖な君主たりうるのは、「大臣責任制」という近代国家のシステムによって担保されていたわけだ。『日本書紀』を読み替えた、万世一系の国体神話にもとづく天皇の神聖性は、「議会」「内閣」「憲法」という立憲国家の制度と相互補完の関係にあったのである〔小股、前出〕。

こうして近代における『日本書紀』は国家の聖典とされる一方、近代社会の成熟が生み出していく、歴史学、国文学、神話学などの学問の分析対象ともなっていく。『日本書紀』を読むことは、国家との協調とともに、緊張・対抗関係をもつという歴史が始まるのだ。

その問題を最初に提示したのが、明治二五年（一八九二）の久米《くめ》邦武《くにたけ》筆禍《ひっか》事件であった。

2．近代学問は『日本書紀』をどう読んだのか

「神道は祭天の古俗」の発禁事件――久米邦武

明治日本が、立憲国家としての道を進み始めた明治二五年（一八九二）、帝国大学教授の久米邦武が教授の職を解かれる（休職）事件がおきた。久米の執筆した「神道は祭天の古俗」という論文が、在野の神道家たちを中心に「不敬」と糾弾され、政治問題化し、内務省によって論文の掲載誌が発禁処分にされたことが原因であった。世にいう「久米邦武筆禍事件」だ。近代初期における学問、とりわけ歴史学にたいする国家の干渉、弾圧として特筆される事件である〔宮地正人・一九八一〕。

いったい、なぜ久米の論文は「不敬」とされたのか。それを探るために、簡単に彼のプ

ロフィールを見ておこう、

久米邦武（一八三九～一九三一）は佐賀藩士の次男として生まれ、藩校弘道館に入学、また江戸の昌平坂学問所で学んだ、エリートだ。さらに維新後、明治四年（一八七一）、岩倉具視《ともみ》を特命全権大使とした欧米使節団のメンバーに抜擢《ばってき》され、岩倉や大久保利通《としみち》、木戸孝允《たかよし》ら政府の首脳部とともに、アメリカ、ヨーロッパ各国を巡回し、帰国後は、『特命全権大使米欧回覧実記《べいおうかいらんじつき》』という視察の報告書をまとめた。その功績によって、久米は政府の歴史編纂《へんさん》担当部局である太政官修史館、帝国大学文化大学教授となり、同時に史誌編纂委員となるのである〔松沢裕作・二〇一二〕。

　こうした経歴から見ると、久米邦武が「神道は祭天の古俗」という論文を書いた背景に、欧米使節団としてアメリカ、ヨーロッパを視察したことがあったのは間違いない。彼が見た欧米社会は、キリスト教という「宗教」と「道徳・倫理」とが一体となって、国民がまとめられている姿であった。そうした視点から、日本の「神道」を見直すと、それはいまだ宗教としては未熟なもの、天を祀り、攘災招福《じょうさいしょうふく》の祓《はら》えをする「古俗」の域を出ない。そして「神道」を「祭天の古俗」から脱して、倫理・道徳と一体となる「宗教」として成熟させることが「国史」に携わるものの任務、と論じたのである。その趣旨そのものは、「ブルジョア合理性の上に立って天皇制国家が組織されうる」〔宮地、前出〕という、立憲国家の枠組みのなかの、基本的には穏当なものだろう。

しかし、その文中に「教典さへ備はらぬ神道の古俗に任せたらば、全国今に蒙昧《もうまい》の野民に止まり、台湾の生蕃《しょうばん》と一般ならんのみ」(「神道は祭天の古俗」日本近代思想大系、465頁)という表現があることや、また『日本書紀』の岩戸神話や、伊勢神宮の祭祀、天皇の即位大嘗祭、三種の神器など皇室の秘儀にかかわるものを、「天に禱《いの》りて福を求むる所にて、往古の祓禊祭天《ふつけいさいてん》の遺俗なり」(同書、447頁)などと、未開社会の習俗の域を脱していないと論じたことが、神道界を刺激したのだ。

こうして明治二五年(一八九二)二月、神道家・渡辺重石丸《いかりまろ》を塾頭とする私塾「道生館《どうしょかん》」の塾生たちが、久米の自宅に押し寄せ、五時間にわたって抗議し、また華族の白川資長《すけなが》らが宮内省へ、道生館の塾生が内務省や文部省に出頭、久米とその論文にたいして然《しか》るべき措置をとることを要求した。その結果、内務省は論文を掲載した『史学会雑誌』二三〜二五号、転載した『史海』八号を治安妨害の廉《かど》で発行停止、文部省は久米を停職(休職)としたのである(宮地、前出)。ちなみに道生館の塾頭の渡辺重石丸(一八三六〜一九一五)は、平田国学と水戸学とを一体化したような学風をもち、政府中枢の神祇関係部署の役職を歴任し、一五年に野にくだり、道生館の塾頭として活動した人物である(上田賢治・一九八六)。

あらためて久米論文を見ると、そこには実証的な歴史学としての分析や、また人類学、神話学などの新しい学問の萌芽が見られるが、結果的に「久米筆禍事件」は、その後の学問、とりわけ歴史学としての『日本書紀』研究の進展を阻害してしまう。以後、『日本書紀』や『古事記』の神話にたいする研究は、歴史学とは違う視点から進められた。「神話学」の登場である。

スサノヲ論争と「日本神話学発生」——樗牛、姉崎、高木

明治三二年（一八九九）という年は、「日本神話学発生の年として記念すべき年紀」（高木敏雄《としお》）という。日本における「神話学」がこの年から始まったというのだ。その火付け役となったのが、同年の『中央公論』（第一四巻第三号）に掲載された、高山林次郎《たかやまりんじろう》（樗牛《ちょぎゅう》）の「古事記神代巻の神話及歴史」という論文であった。

高山はスサノヲをインドのベーダ神話のインドラと同じ「嵐神《らんじん》」と解釈したことで、後に「スサノヲ論争」を呼び起こすことになるのだが、高山自身の問題意識の中心は「出雲民族および天孫民族の故郷は何処なるか」を探ることにあった。そして「日本民族の起源」は、「いわゆる北太平洋の大潮流に乗じて、ミクロネシアよりフィリッピンに至り、さらに日本海流に駕《が》してこの土地に遷徙《せんし》せしものに非ざるか」（論集　日本文化の起源3、98頁）という仮説を提示していくのである。

高山林次郎（樗牛　一八七一〜一九〇二）は、『読売新聞』の懸賞小説に入選した「滝口入道」で一躍有名となり、日本主義、ニーチェ讃美《さんび》、美的生活論への展開など、個人主義的

時代思潮を導いたとされるように、とくに「神話学」を専門としたわけではない。

たとえば「古事記神代巻の神話及歴史」と同年に発表された「植民的国民としての日本人」(『太陽』第五巻第六号)という論考では、「須佐之男命《すさのおのみこと》は何処より来りしか(中略)恐らくは南瀛《なんよう》の煙波を破り、北太平洋の潮流に駕して日本海に入り給ひたるならむ乎……」と解釈し、そこから「日本民族は由来植民的征服的はた航海的民族なり……」という「日本人論」を論じていくのである。高山の主張は、日清戦争(明治二七年〔一八九四〕)以降に高まったナショナリズムの機運を受け、明治三〇年(一八九七)五月に発足した「大日本協会」が中心となって鼓吹《こすい》した「日本主義」と共鳴するものであった(平藤喜久子・二〇一四)。

このように「日本神話学」の先駆けとされる高山樗牛のメインテーマは、当時日本に輸入されてきた「神話学」とは、かかわりのないものだった。ではなぜそれが「神話学」と結びつけられたのか。その点について神話学者の平藤喜久子《ひらふじきくこ》氏は、スサノヲを暴風雨の神と見る高山樗牛の言説のなかに、当時、注目されていたマックス・ミュラーの「自然神話学的解釈」からの影響を過大視して、それを「日本主義」とは切り離して認識し、「神話学のはじまり」と称揚したのだろうという(平藤、前出)。

それを推し進めたのが、宗教学者である姉崎正治《あねさきまさはる》(一八七三〜一九四九)である。姉崎は、高山論文の発表と同じ年の『帝国文学』(第五巻第八、九、一一、一二号)に掲載された「素《す》戔嗚尊《さのおのみこと》の神話伝説」という論考で、スサノヲを嵐神とする高山説を批判していく。その内容は多岐にわたるのだが、要点は、「素尊（スサノヲ）は天上光明神に対しては地下霊、日神に対しては月の霊、海の霊にして、社会的には天つ日《ひ》嗣《つぎ》の君に対して敵国或いは辺陬《へんすう》の首長、正大に対して邪悪、温和に対しては暴威の人格を具《そな》へたりといふに帰するのみ」（論集　日本文化の起源3、128頁）と、「自然神話学的解釈」だけでは不充分であるため、「人事神話」と捉《とら》えねばならないと提言したのである。その見解は、現代の神話研究にも通じるほどの水準の高さをもつ。姉崎の研究には、タイラーやラングなど、最新の人類学派の影響が見られるという（平藤喜久子・二〇〇四）。

姉崎の研究に刺激を受けて、「明治三十二年における文芸界の一現象は神代史の研究なるべし」の一節から始まる論文「素尊嵐神論」（『帝国文学』第五巻第一一、一二号『論集　日本文化の起源3』、131頁）を発表したのが、高木《たかぎ》敏雄《としお》（一八七六〜一九二二）である。高木論文は、「およそ一個の神話が、天然神話なりもしくは人事神話なり」、「その意義の一定せざるもの」（同書、148頁）と、高山樗牛と姉崎正治のスサノヲ解釈の統合を試みようとしている。この後、高木は「日本神話の天地開闢説」（『比較神話学』明治三七年）、「素戔嗚尊神話に現はれたる高天原要素と出雲要素」（『史学雑誌』第一五編第二、三号、大正三年）などの論考を発表、明治三七年（一九〇四）、『比較神話学』を上梓《じょうし》することで、文字どおり近代の「日本神話学」の先駆的研究者となるのである。

一方、姉崎正治は明治三〇年（一八九七）に、「欧米に起こった倫理運動」に刺激を受けて結成された「丁酉《ていゆう》懇話会」(＊5)（明治三三年に「丁酉倫理会」と名乗る）の発足メンバーとなっているように、彼の学問的な主軸は、キリスト教、仏教などを統合するような「新宗教」運動にあった（前川理子・二〇一五）。「神話」の問題も倫理学・宗教学の視点からの関心であった。その点は高木敏雄の「日本神話学」とは、また方向性が異なるものであったといえるだろう。

それにしても、明治二五年（一八九二）の久米筆禍事件によって「わが国神代史の自由討究は殆ど禁止せられしかのごとく……」（高木「素尊嵐神論」、131頁）とされた状況から、高山、姉崎、高木という、新しい学問の芽吹きとともに、『記』『紀』神話の研究が活性化しえたのは、なぜなのだろうか。たとえば高山の論考には「わが邦の国学者は、この書載するところを以て神聖犯すべからずとなし」とするが、それは「吾人の眼より見れば、かくのごとき浅薄なる根拠の上にわが神聖なる国体を説かむとするものこそ、かへつて大いに不敬なり」（「古事記神代巻の神話及歴史」『論集　日本文化の起源3』、94頁）という、挑発的な文章も挟まれている。

けれども明治三二年（一八九九）においては、高山、姉崎、高木の論考を掲載した雑誌が発売禁止になったり、彼らが壮士ふうの神道家たちから糾弾されることもなかったのである。その違いには、『日本書紀』を読むことをめぐる時代の変化があったことは間違いない。

久米筆禍事件の時代は、明治二二年（一八八九）の帝国憲法発布、議会開設などを受けて、国民統合のあらたなイデオロギー統制（『記』『紀』の神典化・祖霊崇拝・功臣崇拝など）が強化された時代であったことも大きい〔宮地正人・一九八一〕。一方、高木敏雄たちの「日本神話学」が始まった明治三〇年代前半は、木下尚江《きのしたなおえ》、河野広中《こうのひろなか》らによる普通選挙期成同盟会の設立、富岡製糸場、日本鉄道など各地での労働争議の勃発《ぼっぱつ》、また社会主義協会の発足などに見られるように、「立憲国家」としての近代日本の社会が、資本主義の進展によって、一定程度の成熟を果たしてきた時代とみることができよう〔松尾尊兊・一九九四〕。

しかし、さらに忘れてならないのは、明治後期から大正期には、神道や国学そのものが、直接的な政治運動や実践から離れ、近代的学問の対象とされていったことだ。「神道学」の成立である。

学問としての「神道学」――田中義能

そこでまず、明治中期以降の神道、神社、宗教の扱い方が変化していく、政治過程を見ておこう。スサノヲ論争のあった翌明治三三年（一九〇〇）、国民の思想統治を管轄する内務省《ないむしょう》内の寺社局が「神社局」と「宗教局」に分離され、神社を基盤として「神道」を仏教・キリスト教・教派神道などの「宗教」と区別した。神社の施設、そこへの参拝行為、さらに祭神などは「非宗教」の対象とされたのだ。これは帝国憲法が規定した「信教の自由」と神社参拝を基盤とした神道は抵触しない、という言説の形成である。すなわち「神社は宗教ではない、ゆえに神社の崇敬は信教の自由の埒外である、だから神社参拝をよしんば強制し、義務づけたとしてもそれは信教の自由を侵害したことにならない」という「詭弁以外の何物でもない論理」の形成である〔阪本是丸・一九九四〕。

これ以降、「神道」は、ふたつの方向にわかれる。ひとつはあくまでも「宗教」としての神道を追求する立場。これは大本《おおもと》教、天理《てんり》教、黒住《くろずみ》教などの教派神道（神道系新宗教）の系譜である。それは海を越えて、「海外布教」という運動をも展開していく(＊6)。

もうひとつは、「学問」としての神道を考究する立場。それを代表するのが田中義能《よしとう》（一八七二～一九四六）である。田中は、東京帝国大学で「哲学」を学び、哲学科在籍時に「国民道徳論」の唱導者たる井上哲次郎《いのうえてつじろう》の思想に影響を受けた。帝大の助教授に就任、帝国大学唯一の「神道講座」を担当した。そして昭和一年（一九二六）に、神道学の名称を標榜《ひょうぼう》した初の研究団体「神道学会」を設立したのである。その機関誌が『神道学雑誌』である。神宮皇学館《じんぐうこうがっかん》長を兼ねる上田万年《かずとし》を会長に、評議員として、加藤玄智《かとうげんち》、宮地直一《みやちなおいち》、井上哲次郎、芳賀矢一《はがやいち》、筧克彦《かけいかつひこ》など、当時の錚々《そうそう》たる学者が顔を揃えている。

『神道学雑誌』の巻頭言で田中は、神道学とは「神道なる事実を対象として、科学的研究を行ふの学である」(『神道学雑誌』創刊号、一九二六年、5頁)と定義する。ここには、明治初期以来の神道家、神社神主、壮士的な国学者とは一線を画して、「神道」が「科学的研究」の対象とされることを宣言したのである。すなわち「神道学」とは、「明治初年の神道国教化政策の失敗とともに国学者たちが没落したあと、その空白を埋めるべく登場した近代的な官学的知識人イデオロギー、ドイツ哲学の影響を受けた国民道徳論」を基本に、地方の神職や市井の知識人ではなく、大学の研究者によって構築されたものといえるだろう(磯前順一・二〇〇三)。

『神道学雑誌』創刊号

そこから導かれる「神道」とは、「由来我が国に出でられたる偉大なる神聖の云為《うんい》行動の事蹟」によって示された「国民の云為行動の規範」と定義され、国家、政治、宗教的生活、道徳の根源として位置づけられた。そして「かくて世界は、天壌無窮《てんじょうむきゅう》の我が皇室を中心とし、恒久の平和を建設し、人生終局の理想を実現するのである」と、結ばれていく(同書、6~8頁)。「皇室」、「世界平和」と個人の「人生終局の理想」とが結びつけられていくところに、大正デモクラシーを経た時代が刻印されていることが見て取れよう。国家の統治理念が個人に「内面化」されていくのである。[＊7]

田中は『神道学雑誌』に『古事記』や『日本書紀』の注釈的研究を連載し、また明治四二年（一九〇九）には、『平田篤胤之哲学』（明治書院、昭和一九年に「改正増補」）という本を刊行するが、そこでは篤胤の「哲学」を、ヨーロッパ、ギリシア哲学と比較しつつ、「その説には幾多の矛盾あり、不完全なる点の存するは、当時の認識の程度の然らしめる所……」（『平田篤胤之哲学』、526頁）と、近代的な立場からの評価を下していくのである。こうした田中たちの「神道学」にたいしては、民俗学・国文学の折口信夫《おりくちしのぶ》は、「西洋式の組織を借りこんで来た神道哲学者流」（「神道に現れた民族論理」新全集3、166頁）と批判していくのだが、折口については、あらためて後に詳しく取り上げることにしよう。

以上のように神道もまた「科学的研究」の対象となっていった。そうした神道学の形成と、神話学が『日本書紀』神話を「科学的研究」として分析していくこととは、時代の動向が絡み合っていたことは間違いないだろう。

では、一方、久米邦武筆禍事件以降の歴史学における『日本書紀』研究は、どう進展したのだろうか。近代歴史学における『記』『紀』研究といえば、この人物のことを忘れるわけにはいかない。そう、津田左右吉《つだそうきち》である。

「神代史」と「国民史」の融合――津田左右吉

昭和一五年（一九四〇）二月、津田左右吉の『神代史の研究』『古事記及日本書紀の研究』ほか四冊の著作が発売禁止になり、三月には、出版法違反の罪名で出版元の岩波茂雄《いわなみしげお》とともに起訴され、一七年（一九四二）五月に、東京刑事地方裁判所の法廷で禁錮三ヶ月（岩波は禁錮二ヶ月）の有罪判決を受けた。明治二五年（一八九二）の久米筆禍事件とともに、近代における歴史学への弾圧としてよく知られている事件である〔上田正昭・一九五七〕。津田が起訴された翌年一二月には、英米軍へ宣戦布告し、アジア・太平洋戦争へと突き進んでいく時代であった。

津田左右吉（一八七三〜一九六一）は、帝国大学を拠点とするアカデミズム史学、すなわち正統的国史学の圏外から、日本史の核心に迫った学者として評価されている。とりわけ津田の学問の道筋を付けたのが、東洋史家の白鳥庫吉《しらとりくらきち》（一八六五〜一九四二）であった〔家永三郎・一九五七〕。東洋史の視点が津田の古代史学を形成したのである。

ところで昭和一五年に発売禁止、出版法違反で起訴された著作である『神代史の研究』『古事記及日本書紀の研究』は、大正一三年（一九二四）に刊行されたものだ。刊行当時は、学界の内外から高い評価を受けた研究で、もちろん発売禁止になったり、起訴されたりすることなど、まったくなかった。その研究は、『日本書紀』『古事記』の描く神話世界を「神代史」と名付けて、歴史的に対象化するものとして評価された。津田の研究の背景には「大正デモクラシー期の批判的精神の高揚」があったことは間違いないだろう〔家永、前出〕。そこから大正期に開花したデモクラシーが昭和の戦争期に押しつぶされたこと、あるいは、大正デモクラシーの軟弱さが昭和戦争期のファシズムに抗する力がなかった、という議論が繰り広げられることになる。

こうした説明の仕方は、大正デモクラシー期から昭和ファシズム期への流れとして一見するとわかりやすいのだが、しかし、本当にそうした論じ方で済ましていいのだろうか。じつは津田左右吉の「神代史」の研究は、さらに複雑な問題を孕んでいるのだ。

あらためて大正二年刊行の『神代史の新しい研究』（大正一三年版の原形。『津田左右吉全集』別巻二）の要点をまとめると、『記』『紀』神話の目的は、「皇室」の由来を明らかにしていくことにあり、そこには「民衆の思想」「民衆の精神生活」は、ほとんどかかわりはなかった。したがって、『記』『紀』とは、イザナキ・イザナミの国土創成、日月神の誕生、スサノヲ誕生、高天原行きと日神の岩戸隠れ、オホナムヂの国譲りと天孫降臨という「皇室」の起源に繋がるところが本筋で、それ以外の不要な挿話、歌謡、民間説話などは後から潤色されたものなので、本筋からの「遊離分子」として除去して読む。そうすることで『記』『紀』の神代史の体系が見えてくる、というのである〔増尾伸一郎・二〇一二〕。

こうした津田の研究は、「神代史の精神、即ち其の政治的意義が民衆の思想と殆ど相関せざるもの」として、『記』『紀』神話を、天皇の由来を語る政治的神話と結論づけていくのである。津田の研究手法にたいしては、たとえば正統的な国史学の権威とされる黒板勝《くろいたかつ》美《み》（一八七四～一九四六）からも、「神話伝説といふものが、特に或る時代に或る目的を以て作られたやうに観るのは、民族心理学的若しくは比較神話学の考察を一蹴した様な、余りにも独断に過ぎる」（『更訂・国史の研究』（第2）各説上）という批判を受けるほどだ。たしかにその学問手法には、神話学、民俗学、人類学の成果をほとんど無視している、といわざるをえないだろう。それはまた、あとで取り上げる折口信夫などと比べると、「神話」のイメージがあまりにも「政治的」に限定されすぎているという批判を招くことになるだろう。

けれども津田の神代史の研究の主眼は、『日本書紀』『古事記』をひとつの統一した主題のもとにある、まとまった書物として読むことにあった。民俗学や人類学の方法では、『記』『紀』を統一した、ひとつの世界として見ることができない、という批判だ。その意味では、津田の研究は、『日本書紀』をめぐる近代学問のひとつの成果であることは間違いないだろう。

しかし問題はそれで終わらない。神代史の視点から、津田は『記』『紀』を、「民衆の精神生活」とは縁の薄い「皇室」の政治神話として読み解いた。そのように読み解かれた『日本書紀』『古事記』の世界から、しかし津田は「皇室」が「民族的結合の中心点となり国民的団結の核心となつて」（『神代史の新しい研究』、前出）いるという結論を導き出してくる。「皇室」の起源神話は、「民衆の思想」「民衆の精神史」とは無縁と論じながら、結局は、民衆＝国民は、皇室と親和的に一体化することの起源神話へと融合していくのである。古代史研究者の田中聡氏は、津田の学問的方法によって「皇室と親和し一体化した『国民史』」なるものが主張され、「建国以来いまにいたる皇室と国民との永続的な関係性を端的に表しているのが記紀の建国神話」と位置づけたと指摘している〔田中・二〇二〇〕。津田の「神代史」の問題点を明らかにしたものといえるだろう。

昭和のファシズム期には、皇室の歴史を否定する危険な書物とされた津田左右吉の神代史は、「天皇と国民との一体化」の起源として、『日本書紀』『古事記』を読み替えた、まさに国体神話の系譜のなかにあると位置づけることができるだろう。その意味では、津田の神代史研究は、黒板勝美が「国史は歴代の天皇の御聖徳を証明」し、「国民がいかに天皇の御聖徳によって支配され、皇室に忠実なりしかを明らかに」すること、すなわち「わが国体の尊厳なる所以を教ふる学問」（『更訂・国史の研究』）と主張する、アカデミズム史学の正統派と、じつはそれほどの隔たりはなかったともいえるのだ。ちなみに、敗戦後の津田左右吉が「皇室擁護」の論陣を張ったために、進歩派知識人たちから煙《けむ》たがられたという。

なお津田の学問から影響を受けた、大正デモクラシーの理論的指導者のひとり、吉野《よしの》作《さく》造《ぞう》（一八七八〜一九三三）は、「皇室を吾々民族の宗として之を尊崇し、此の皇室を中心として、国民が精神的に完全に団結して居る……」（「民本主義と国体問題」）という意見を述べている〔河西秀哉・二〇一八〕。大正デモクラシーと「国体論」とがなんら矛盾なく融合する点は、この時代の思想を知るうえで、重要な課題となるだろう。(*8)

同様なことは、比較神話学による『日本書紀』の研究からもうかがえる。次にそれを紹介しよう。

「神話学」と国民ナショナリズム——松村武雄

明治後期に始まった「日本神話学」は、その後、どのように『日本書紀』神話を読んでいったのだろうか。高木敏雄に続く第二世代とされるのが松村武雄《まつむらたけお》（一八八三〜一九六九）である。松村は、戦後に『日本神話の研究』全四巻をまとめ、日本神話学、比較神話学の大家として、その評価は揺るぎないものとされている〔大林太良・一九七三〕。

その松村神話学の出発点となるのが、大正一一年（一九二二）に発表された「比較神話学上より見たる日本神話」（『国学院雑誌』第二八巻第一〜三号）である。そのなかで、ギリシア神話、北欧神話、インド神話などと比較したうえで、「日本の神話」の特質について、次のように述べている。

それは皇室を中心としてすべての神話をその周囲に集中させる心的努力である。日本神話においては、天照大御神がその多神教的集団の主要部たる地位を占められ、常に皇祖神としての行動の意識が暗々裏に活躍しているのである。(中略)日本の神話は現実的政治的で、皇室中心的たるところに、統一的主調上の特色が存している。

(「比較神話学上より見たる日本神話」論集　日本文化の起源3、221頁)

松村によれば、ギリシア神話は「均整の美と智力的光明」、北欧神話は「善の原則と悪の原則との二元的対立」と「陰暗な破滅の観念」、そしてインド神話は「超越的な哲学的冥想」に特徴をもっていた。それらと比較して、日本神話の「統一的主調」として述べたのが、引用した一文である。日本の神話は、「皇室」の始祖神アマテラスが多くの神々の中心にいて、アマテラスの神話を基本にしてまとめられている。すなわち「現実的政治的で、皇室中心的たるところ」に日本神話の特徴がある、と。

あらためて先ほどの津田左右吉の神代史の研究と比べてみると、意外なほど、その結論が類似していることに驚くだろう。つまりこの松村の神話学の見解もまた、大正デモクラシー期のひとつの成果、穏当な研究ということになるだろう。

しかし、こうした松村神話学の『日本書紀』の読み方は、昭和期に入ると、微妙にその論調、文体に変化が生まれる。昭和四年(一九二九)に発表された、その名もズバリ「日本神話」という論文を見てみよう。そこには『日本書紀』が複数の「一書に曰く」という異伝を載せていることについて、こう論じている。

> なるほど『日本書紀』には『一書曰』として、或る神話に関するさまざまの異説が集められてはゐるが、しかしそれ等の多くの異説の存在は、毫《ごう》も全体としての神話群を貫流する建国的精神、宗教的政治を枢軸《すいじく》とする皇室への帰一《きいつ》の欲求を妨げるものではない。
>
> （「日本神話」神道講座4　歴史篇』新装版、46頁）

『日本書紀』は、舎人親王《とねりしんのう》を中心とする編纂グループが正伝と認定した神話以外に、「一書に曰く」とした異伝を多数載せている。現在の研究からは、そこに多様な古代神話のバリアント（異文）を読み解いていくのだが、松村論文は、その「多くの異説の存在」は、『日本書紀』全体が志向している方向性とは矛盾していないと論じる。そして注目すべきは、多数の異説を載せているにもかかわらず、「建国的精神、宗教的政治を枢軸とする皇室への帰一」の要求を妨げていないのが、『日本書紀』の特徴であると結論づけるところだ。大正一一年（一九二二）の論文では「皇室中心的たるところ」という表現が、ここで「皇室への帰一」という表現になっていることには、大正から昭和への時代の変化が背景にある。

松村の論文が発表された昭和四年（一九二九）とは、その前年に昭和天皇の「御大礼」、即位大嘗祭《だいじょうさい》が挙行され、同年には伊勢神宮の二〇年に一度の式年遷宮祭《しきねんせんぐうさい》（正殿を建て替える儀式）が行われた年である。そしてそれらの儀式を契機にして、社会全般に「神道的イデオロギー用語」が広がっていく時代動向が指摘されている（阪本是丸・二〇一六）。

そもそも松村の論文「日本神話」とは、伊勢の式年遷宮祭を記念して神道攷究会《こうきゅうかい》が編纂した『神道講座』（後に単行本化された第四巻「歴史篇」）に掲載されたものだ。その雑誌には星野輝興《てるおき》、小林健三、阪本健一、清原貞雄など、当時、第一線の神道研究者たちが多数論考を寄せていた。昭和前期の「国体論」「祭政一致論」「神皇帰一《じんのうきいっ》論」を提唱した神道学者、神道家たちの言説と、神話学とのそれとがほぼ同一の立場にあることが見えてこよう。美濃部達吉《みのべたつきち》の「天皇機関説」にたいする攻撃から始まる「国体明徴《めいちょう》運動」が繰り広げられ、陸軍皇道派青年将校たちによる「二・二六事件」が勃発した、昭和一一年（一九三六）。その年に刊行された、より一般向けの啓蒙《けいもう》的な講座である『日本精神講座』第八巻掲載の「民譚《みんたん》民俗信仰に現れたる日本精神」では、「皇室とわれ〳〵臣民とは、決して単なる統治者と被統治者との関係にあるものではなくて、大家と小家との関係（中略）日本民族は、常住坐臥《じょうじゅうざが》にかうした有り難い皇室対臣民の関係を念頭に置いて、皇室のご繁栄と国家の隆盛とに日夜懸命の努力をなしてゐる。そこに日本精神の最も誇るべき特徴があるとしなくてはならぬ」といったように、神話学が天皇と国民との一体化を主張する「国民ナショナリズム」（桂島宣弘）形成の先端的な言説を担うことが見てとれるのである。
以上のような松村武雄の研究の軌跡は、一般的には、時流に迎合したものというように批判されるところだろう。あるいは、戦後の『日本神話の研究』全四巻にまとめられた、日本神話学の学問的な成果からすれば、特殊な時代状況下の「時局対応」にすぎない、とみなすこともできる。けれども大正一〇年代の松村神話学の出発点において、「日本の神話は現実的政治的で、皇室中心的たるところ」と論じたように、神話学が「皇室」を中心とした国民国家の統合軸＝「国民ナショナリズム」を形成していく近代学問の担い手であったことを見過ごしてはならないだろう。

とりわけ昭和前期の「ファシズム期」に神話学が果たした功罪については、これまでほとんど不問に付されてきた。しかし近年、神話学者の平藤喜久子氏が、松村武雄のほか、松本信広《まつもとのぶひろ》、三品彰英《みしなしょうえい》、岡正雄《おかまさお》ら比較神話学・民族学者が「日本の植民地支配を銃後《じゅうご》で支える役割」を果たしてきたことをするどく追及しているように、近代日本における『日本書紀』神話の読まれ方の、ひとつの功罪を見てとることができるだろう（＊9）〔平藤・二〇一〇〕。

『国体の本義』・八紘一宇・大東亜戦争

昭和六年（一九三一）の「満州事変」から、昭和一二年（一九三七）の「支那事変」＝日中戦争の勃発、そして昭和一六年（一九四一）の「大東亜戦争」へ――。近年は、「アジア・太平洋戦争」（吉田裕・二〇〇七）と呼ぶ戦時期において、『日本書紀』はどのように読まれたのだろうか。

その時代は、「国家神道」と呼称される、万世一系の天皇を中心とした「神道イデオロギー」や「国体神話」が、国民の精神的、思想的、生活的な自由を拘束し、なおかつ中国、朝鮮半島、ベトナム、インドネシア、シンガポールなどアジア諸国への侵略的な戦争へと駆り立てたと認識されている。日本人戦没者三一〇万以上、アジアにおける戦争犠牲者の数は一九〇〇万以上にのぼるという（吉田、前出）。そうした無謀な戦争遂行と『記』『紀』神話とは、実際にどのようにかかわるのだろうか。

それをもっとも端的に示すのが、昭和一二年（一九三七）に文部省編として刊行された『国体の本義』である。それは「大日本帝国は、万世一系の天皇皇祖の神勅を奉じて永遠にこれを統治し給ふ。これ、我が万古不易の国体である……」（『国体の本義』9頁）と始まる。その「皇祖の神勅」とは『日本書紀』の天孫降臨神話の一節にもとづく。地上に降臨するホノニニギにむけてアマテラスが発した言葉である。

葦原千五《あしはらのちい》百《ほ》秋瑞穂国《あきみづほのくに》は、是、吾が子孫《うみのこ》の王《きみ》たるべき地なり。爾《なむち》皇孫《すめみま》就《ゆ》きて治《し》らせ。行《さき》矣《くませ》。宝祚《あまつひつぎ》の隆《さか》えまさむこと、天壌《あめつち》と無窮《きはまりな》けむ。

（『日本書紀』神代下、一書〔第一〕、新編日本古典文学全集、131頁）

『日本書紀』の文脈では、葦原千五百秋瑞穂国は、我が子孫、すなわち天皇が君主となるべき地である。皇孫よ、行って治めなさい。皇統が栄えることは、天地とともに窮《きわ》まることはないであろう……、という意味になる。それが近代において、天皇統治の永遠性、普遍性の神話的な根拠とされる。「天壌無窮の神勅」へと読み替えられる。そして、

而してこの大義に基づき、一大家族国家として億兆一心聖旨を奉体して、克く忠孝の美徳を発揮する。これ、我が国体の精華とするところである。この国体は、我が国永遠不変の大本であり、国史を貫いて炳《へい》として輝いてゐる。而してそれは、国家の発展と共に彌々鞏《かた》く、天壌と共に窮るところがない。（文部省編『国体の本義』9頁）

といったように、万世一系の天皇皇祖の神勅を奉じた「大日本帝国」の国体が「永遠不変」であることは、「国史」によって示されているという言説が繰り広げられていくのである。

昭和一二年（一九三七）の文部省編『国体の本義』は、天皇主権説、国民道徳論、祭政一致論、天皇親政論などの教説を集約し、それらを統合して「近代天皇制の正統性の源泉を『記紀神話』における天孫降臨の神勅に一元化しようとした公的なテキスト」と、位置

づけることができるだろう〔米谷匡史・一九九五〕。近代天皇制国家のイデオロギーとして、読み替えられた『日本書紀』の姿がここにあるわけだ。もちろんそれは「近代」において突然あらわれたものではなく、近世の垂加《すいか》神道、宣長や篤胤の国学からの系譜を引くものであったことも見落としてはならないだろう〔前田勉・二〇二〇〕。近世以来の『日本書紀』の読み替えの系譜のなかにあったのである。

問題はそれだけではない。『国体の本義』に見られる『日本書紀』神話の読み替え＝「国体神話」の創造は、近代日本の歴史過程、すなわち日露戦後の地方改良運動、明治末の戊申詔書の普及、大正期の民力涵養《かんよう》運動、国民精神作興《さっこう》詔書の教化運動、そして昭和初期の教化総動員などの「官製の国民教化運動」と一体となっていたのである〔大谷栄一・二〇一九〕。昭和一二年（一九三七）七月、北京郊外の盧溝橋《ろこうきょう》での日本軍と中国軍との交戦に端を発する「支那事変」（日中戦争）の勃発以降、戦時総動員体制を組み立てていくための、ひとつの総決算が『国体の本義』であったといえよう。そして『国体の本義』は、近代学問と無縁ではなかった。田中義能の神道学や黒板勝美の国史学がさらに政治的な色合いを濃くしてまとめられたのが、『国体の本義』の言説といえよう。(＊10)

もうひとつ、戦時下における『日本書紀』解釈として欠かせないのが「八紘一宇《はっこういちう》」の用語である。「八紘一宇」は、「大東亜共栄圏」の構想などアジア・太平洋戦争期の日本の領土拡張・侵略戦争を正当化するための神話上の観念と説明されるものだ。

昭和一五年（一九四〇）の第二次近衛内閣が策定した「基本国策要綱」のなかに、「八紘ヲ一宇トスル肇国《ちょうこく》ノ大精神ニ基キ（中略）皇国ヲ核心トシ日満支ノ強固ナル結合ヲ根幹トスル大東亜ノ新秩序」の建設を、「皇国の国是」と定めたのである。「大東亜ノ新秩序」とは、米英国を中心とした近代的世界秩序に対抗する思想、ということになるわけだ。

問題の「八紘一宇」なる語は、『日本書紀』が出典とされる。すなわち神武天皇が、橿《かし》原宮《はらのみや》で即位したときに発した詔の一部――、

六合《りくがふ》を兼ねて都を開き、八紘を掩《おほ》ひて宇《いへ》と為さむこと、亦可《よ》からずや。

（神武天皇即位前紀、新編日本古典文学全集、231頁）

「四方の国々を統合して都を開き、天下を覆って我が家とすることは、とてもよいことではないか」という意味になる。これが昭和一五年（一九四〇）においては、日本・中国・満州を統合した、「一宇」とする意味に拡大解釈されていくのである。

この『日本書紀』にもとづき「八紘一宇」という造語を編み出したのが、田中智学《たなかちがく》（一八六一～一九三九）という人物だ。田中は「日蓮主義《にちれん》」を創唱する「国柱会《こくちゅうかい》」なる団体を創設し、その主張は、近代仏教史研究の大谷栄一《おおたにえいいち》氏によれば、「政治性・社会性の強いナショナリスティック（国家主義的）な近代仏教思想であり、仏教的な政教一致（法国冥合）、

天皇による世界統一、『仏教と日本国体』との結びつき（日本国体学）による政教相関論」といった特徴をもつものだ〔大谷・二〇一九〕。

その思想に影響を受けた人物のなかには、明治三〇年代の「日本神話学」創始にかかわる高山樗牛《ちよぎゆう》、宗教学の姉崎正治、あるいは文学者の宮沢賢治《みやざわけんじ》、さらに右翼系テロリストの井上日召《につしよう》、陸軍の石原莞爾《いしはらかんじ》、二・二六事件の思想的指導者とされる北一輝《きたいつき》などがおり、日本近代史、思想史のなかで特異な光芒《こうぼう》を放つ思想であった〔大谷、前出〕。

しかし昭和一五年（一九四〇）に、「八紘一宇」の用語が国策に取り込まれ、満州事変から日中戦争へと日本の対外侵略が進むなか、その語が智学の造語であることや、その日蓮主義的な意味合いは消し去られ、「肇国《ちようこく》」以来の日本の国是として語られていくのである〔長谷川亮一・二〇〇八〕。

こうした戦争遂行は、一般に軍部の暴走と認識されがちだが、「戦争体制」の構築には、軍のみでは不可能で、事務能力・執行能力のエキスパートたる「革新官僚」の「技術的知能」が不可欠であったことを見落としてはいけない〔橋川文三・二〇〇一、筒井清忠・二〇〇六〕。

同じように、戦時体制の構築は、けっして神がかり的な思想ではなく、近代日本が作りあげてきた学問や新しい宗教思想が活用されることで、はじめて可能であった。『日本書紀』は、そうした過程のなかで、「天壌無窮の神勅」、「八紘一宇」の国体神話へと読み替えられていったのである。

次に大正期に民俗学者の柳田国男《やなぎたくにお》（一八七五〜一九六二）と出会うなかで、独自な学風を作りあげた折口信夫の研究を紹介しよう。折口は『日本書紀』をどのように読んだのか。

「日本紀講義」とまれびと神――折口信夫

折口信夫（一八八七〜一九五三）といえば、民俗学、国文学、芸能史学、神道史学などにまたがる学者であり、また「釈迢空《しやくちようくう》」のペンネームをもつ歌人・詩人としても有名だ。まさしく学者にして詩人＝学匠詩人《ポエタ・ドクトウス》であった。そのために、折口の学問は、文献的な根拠のない、恣意《しい》的な「詩人の妄想」にすぎない、などと悪口を叩《たた》かれることも少なくない。

折口は、敗戦直後の昭和二一年（一九四六）五月から、亡くなる前々年の昭和二六年（一九五一）一二月まで、東京都品川区大井出石《おおいいずるいし》町の自宅において、弟子たちにむけた『日本書紀』の講義を行っている。神代巻から垂仁《すいにん》五年紀までが講義されたが、それを聴講した池田弥三郎《いけだやさぶろう》のノートにもとづいて、『折口信夫全集　ノート編』第八巻、九巻に活字化されている。その講義を通して、折口がどのように『日本書紀』を読んだのか、それは独創的とされる折口の学問とどう繋がっているかを見てみよう。

『日本書紀』神代下にある、山幸彦《やまさちひこ》と海幸彦《うみさちひこ》兄弟の物語は、「失くした釣針」を探す南洋系神話にも共通する、有名な神話である。ヒコホホデミノミコト（山幸彦）は、兄のホノスソリノミコト（海幸彦）から借りた釣針を海中に落としたために、海神《わたつみ》の宮まで探しにいく。そのとき海神の娘トヨタマビメは、訪れてきたヒコホホデミを「有一希客者」と呼んだ。講義のなかで折口は、これを「ひとりのまれびとあり」（全集ノート編8、343頁）と読み下したのである。

「希客者」という語句を「まれびと」と読むことは、古代文学研究者の渡邉卓氏がすでに指摘しているように、平安時代の日本紀講以来、前例がなかったという〔渡邉・二〇二二〕。まさに折口独自な読み方、ということだ。ちなみに現在の新編日本古典文学全集版『日本書紀』では、「一《ひとり》の希《めずら》しき客者《まらひと》有り」と読み下している。

しかし、折口信夫の学問に精通している読者は、すぐに気がつくだろう。そう、折口が『日本書紀』を読むときに使った「まれびと」とは、彼の学問の中心にある「折口名彙《めいい》」のひとつであったのだ。海の彼方《かなた》の常世《とこよ》から時を定めて村を来訪する神を「まれびと」と命名した。折口はこの「まれびと」論を基本にして、文学の発生、芸能史の展開、さらに神社神道への批判を行っていく。「折口学」の基本中の基本用語であったのだ。

こうしたところから、折口の『日本書紀』の読み方は、自分の論が前提にあって、それを『日本書紀』の解釈に当てはめているのではないかと批判されることもある。近代の実証的な学問は、古典の語句の用例を検討するなかから、帰納《きのう》的に考察を進めるのが穏当だ。それとは異なる折口の学問は、文献の恣意的、独断的な解釈にすぎない、と批判されてきたのである。

けれども、これまでの一三〇〇年にわたる『日本書紀』の「読み」の歴史を見てきたわれわれは、折口の手法とは、じつは平安時代の日本紀講以来の「伝統」を踏まえていることを発見することができる。『日本書紀』への注釈を通して、あらたな「神話」を創造していく系譜である。折口が『日本書紀』の「希客者」を「まれびと」と解釈、訓読したとき、それは同時に、「まれびと」をめぐる、新しい神話の創造でもあった、というように。

では折口は、『日本書紀』の「読み」を通して、どのような「神話」を創造していくのか。その「読み」は、二度にわたる沖縄探訪旅行と密接に繫がっていた。

大正一〇年（一九二一）、折口は、師の柳田国男に触発されて、沖縄への民俗探訪旅行に出る。さらに一二年（一九二三）、ふたたび沖縄を旅している。そこで彼は、「蒲葵《クバ》の葉の蓑笠で顔姿を隠し、杖を手にしたまやの神・ともまやの神の二体が、船に乗つて海岸の村に渡り来る……」（「国文学の発生（第三稿）」新全集1、26頁）というような、沖縄の島々に伝わっている来訪神の信仰に出会った。そこから、巡幸する疫神《えきじん》である武塔神《むとうのかみ》の伝承（『備後国風土記《びんごのくにふどき》』逸文）や、蓑笠《みのかさ》を着て「衆神《もろかみたち》」に「宿」を乞《こ》うスサノヲの神話（『日本書紀』神代上・一書（第三））、あるいは新嘗《にいなえ》の夜に訪れる「御祖神《みおやのかみ》」の伝承（『常陸国風土記《ひたちのくにふどき》』）などと結びつけ、それら来訪神たちを「まれびと神」と命名していくのである。

村々を来訪するこうした「まれびと神」は、沖縄・石垣《いしがき》島に伝わる「まゆんがなし」のように、神自らが自身の来歴を語り、村々を祝福する「呪言《じゅごん》」を唱えていく。そのなかに神話、歌、物語などの発生が見出《みいだ》されるのである。

では、遠く異界から来訪する「まれびと神」は、どのような「呪言」を語るのだろうか。

「春の初めに来る神」は、何を語るのか

昭和四年（一九二九）、最初の著書『古代研究〈国文学篇〉』の巻頭を飾る「国文学の発生」に、次のような一文がある。

春の初めに来る神が、自ら其種姓を陳《の》べ、此国土を造り、山川草木を成し、日月闇風を生んで、餓ゑを覚えて始めて食物を化成した（日本紀一書）本縁を語り、更に人間の死の起源から、神に接する資格を得るための禊《ミソ》ぎの由来を説明して、蘇生の方法を教へる。又、農作物は神物であつて、害《そこな》ふ者の罪の贖《あかな》ひ難い事を言うて、祓への事始めを述べ、其に関聯して、鎮魂法の霊験を説いて居る。

（「国文学の発生（第四稿）」新全集1、125頁）

折口学を論ずるときに、よく引用される、有名な文章である。しかし、来訪した「春の初めに来る神」である「まれびと神」が述べていく国土創成、自然の生成、食物の化成、

さらに死の起源から禊の由来、罪の贖い、祓えから鎮魂法の霊験……という詞章は、「日本紀一書」とあるように、『日本書紀』の神代巻の神話にもとづくものであった。同時代の津田左右吉が、『記』『紀』を「天皇神話」へと一義化したことにたいして、折口は、『記』『紀』の神話を「春の初めに来る神」が伝えた呪言へと分解・解体していく。「まれびと神」の呪言として、『記』『紀』神話を読み替えていくのである。

さらに続けて、来訪神が伝える呪言は、「土地家屋の安泰、家長の健康、家族家財の増殖の呪言としての国生みの詞章《ししよう》」「農業に障碍する土地の精霊及び敵人を予め威嚇して置く天つ罪の詞章」「游離魂《ゆうりこん》を身中にとり込めて、甦生《そせい》する鎮魂《タマフリ》の本縁なる天ノ窟戸《イハト》の詞章」など、具体的な呪術の由来へと結びつけられていく。『記』『紀』の国家神話、天皇神話は、人びとの生活に根ざした呪術の起源神話へと再編されていくのである。

こうした折口の手法は、『記』『紀』神話を、全体的、統一的に読むのではなく、断片化して解釈していると批判されるところでもある。津田左右吉との違いはそこにあるだろう。『記』『紀』を民俗的な要素へ分解するのではなく、「天皇神話」としての統一性を明らかにしようとしたのが、津田の神代史研究の方法であった。そこに折口との違いがある。

しかしそれだけではない。折口が行った、『日本書紀』神話を生活に結びつく呪術、呪文へと分解・解体していく手法は、けっして彼の独創ではない。じつは近世の在地社会にもふつうに行われていたものだったのだ。

たとえば天孫降臨の段は「安産の祈り」、国土経営の段は「家の繁栄のための祭りに唱うことば」といったように、『日本書紀』を段毎に呪文・祈禱《きとう》文として読む方法があった〔芳賀登・一九七五〕。その形は、近世前～中期社会に広がった垂加《すいか》派《は》の神道の影響と考えられる。(＊11) さらに中世後期へと遡《さかのぼ》ってみると、応永《おうえい》五年（一三九八）、吉田社で行う「鎮地千秋万歳」の祈禱で『日本書紀』一部、『古語拾遺』などを安置して儀礼が行われた。また応永一〇年（一四〇三）、千度祓《せんどはらい》で『日本書紀』第一、第二の要段を読み進めることが定められた〔久保田収・一九五九〕。卜部《うらべ》氏にとって、『日本書紀』は呪言、呪物でもあったのだ。

このような「まれびと神」が語った呪言とは、近世から中世までの『日本書紀』の読み方の系譜のなかに位置していたことが見えてくるだろう。しかし、それと同時に折口の学問が、近代学問として、大正、昭和期の時代の現実のなかで生まれたことも忘れてはならない。折口学は、たんに過去に遡るだけでは理解できないのである。

近代の「国民」「天皇」を相対化する視点

そこであらためて、折口信夫の『古代研究』が刊行された昭和初期の時代動向を見てみると、先にも触れたように、社会全体に「神道的イデオロギー」が広まっていく時代であった。その時代のなかで折口の学問を見てみると、国家が利用していく「神道的イデオロギー」にたいする、痛烈な批判が見てとれるのである。

昭和天皇の御大典《ごたいてん》（即位礼、大嘗祭《だいじょうさい》）が挙行された昭和三年（一九二八）に発表された「神道に現れた民族論理」という論文のなかで、折口は次のように言う。


私は、神道なる語自身に、仏教神道・陰陽師神道・唱門師《しょうもんじ》神道・修験《しゅげん》神道・神事《しんじ》舞《まい》太夫・諸国鍵取《かぎと》り衆などの影の、こびりついてゐる事は固《もと》より、語原其自身からして、一種の厭うべき姿の、宿命的につき纏うてゐるのを恥《は》づるのである。

（「神道に現れた民族論理」新全集3、144頁）


折口信夫は神社の神職たちを養成する國學院大學の教授である。そんな彼が「神道」という用語には「一種の厭うべき姿」が付きまとうと語るのだ。それはかなり過激な発言だろう。ちなみに本論文は、自身が「神道哲学者流」と批判していた、田中義能主宰の『神道学雑誌』に掲載されている。まさに敵陣に切り込む、という思いであろうか。

それはさておき、ここで注目すべきは、神道に付きまとう「一種の厭うべき姿」とは、中世以来の民間社会に広がった陰陽師《おんみょうじ》たちの神道、修験道の神道、あるいは神事舞を舞う芸能者たち、また地方山村の神社を管理している百姓神主たちとかかわっていたことだ。そして賤視《せんし》される階級としてあった、彼ら民間の宗教者、芸能者たちこそ、来訪する「まれびと神」の成れの果ての姿にほかならない。彼らのことを「ほかひびと」と命名したのである。

初春に訪れる鹿島のことふれ、節季候《せきぞろ》、正月さし、あるいは祇園《ぎおん》の犬神人《いぬじにん》、懸想文《けそうぶみ》売り、あるいは桂女《かつらめ》などの「ほかひびと」たち――。彼らの多くは陰陽師配下、唱門師《しょうもんじ》、修験の法印、神事舞太夫などの中世後期から近世に登場する民間宗教者の一員でもあったのだ。

こうした中世、近世の周縁的な民間宗教者たちへのまなざしは、近代の国家に統合される「日本国民」とは異なる、そこから排除されていく者たちへの共感と畏《おそ》れというアンビバレンスを含んでいた（兵藤裕己・二〇〇〇）。彼らの存在は、近代国家に統制された神社、神職の存在、さらには近代の「神社神道」を相対化する可能性を孕んでいたのである。

「神道に現れた民族論理」を発表した昭和三年（一九二八）は、大嘗祭が挙行された年だ。そしてそのとき折口は、有名な「大嘗祭の本義」という論考を書いていた（発表は昭和五年（一九三〇））。天皇即位の大嘗祭とは、「真床襲衾《まとこおふすま》」に包《くる》まった天皇が、「天皇霊」という霊魂を継承するという、あらたな説を提示するのである。この仮説は近年に至るまで大嘗祭研究の基本認識とされつつも、史料的な根拠のない「虚妄の説」という批判も繰り返されてきた（塩川哲朗・二〇一九）。

けれどもあらためて見れば、「真床襲衾」や「天皇霊」という用語は、すべて『日本書紀』にもとづくものだった。つまり「大嘗祭の本義」もまた、『日本書紀』を読み替えた、新しい天皇神話であったと見ることができるだろう。天皇霊の附着、継承という天皇の神話は、「万世一系」という血統にもとづく国体神話を相対化してしまうのだ〔安藤礼二・二〇〇四、二〇一四〕。

近代の論理とは違う、天皇の神聖性の根拠を徹底的に探求していく折口信夫の学問は、一見すると天皇讃美のイデオロギーに解消されるように見える。けれども、その「古代研究」の方法は、逆に、「天皇」を中心とした国民国家の統合軸や、「日本」という「国民ナショナリズム」と密着する近代学問とは異なる方向性を示しえたのではないだろうか。それを可能としたのは、中世、近世の『日本書紀』を読み替えてきた系譜に連なる、折口の立ち位置にあった。折口の『日本書紀』の読み替えを通して、近代の国民国家を支える神話とは異質な、「非・国民」的な神話創造の可能性を見ることができるのである〔斎藤英喜・二〇一九〕。

折口信夫の墓所（石川県羽咋市一ノ宮町）

戦後、『日本書紀』はどのように読まれたのか

敗戦の年、折口信夫は「神こゝに　敗れたまひぬ」（「神　やぶれたまふ」新全集26）と詠んだ――。そしてその後の戦後日本社会のなかで、『日本書紀』はどのように読まれてきたのか。

「戦後」を象徴するように、マルクス主義歴史学の立場にたつ石母田正《いしもだしょう》（一九一二～八六）による「古代貴族の英雄時代」という論文が発表されたのは、「レッドパージ」が始まる、昭和二三年（一九四八）である。その論文が提示した「英雄時代」をめぐって、歴史学者、国文学者を巻き込んだ論争が起きる。「英雄時代論争」である。

石母田論文は、『古事記』『日本書紀』の神武天皇の記述中に含まれる歌謡を通して、専制的王権以前に「われ」という英雄的個人が共同体の人びとと一体となって、歴史を切り開いていく「古代」を発見した。そして『記』『紀』以前、天皇制国家以前の時代を「英雄時代」と呼んだのだ。その後、日本に「英雄時代」があったか否かをめぐって論争が起きるのだが、石母田の主眼は国体神話、皇国史観の道具とされた『記』『紀』神話を解放することにあった。そこには敗戦を超えて、「新しい時代」を切り開く「革命主体」とは誰か、という実践的な問題意識も含まれていたのである（原秀三郎・一九七二）。

その後、おもに古代史研究者たちによる『記』『紀』研究が進むのだが、とりわけ「神

話」研究として、現在に至るまで大きな影響を与えた研究が、西郷信綱《のぶつな》による『古事記の世界』（一九六七）、『古事記研究』（一九七三）である。西郷もまた、マルクス主義の影響を受けた研究者だが、一九六〇年代前半に、いちはやくフランスの人類学・神話学者のレヴィ＝ストロースが南米のナンビクワラ族の神話を分析した「構造主義」の方法に注目し、それを『古事記』解読に応用する研究を進めた。そこで高天原、葦原中国、黄泉国《よみのくに》という『古事記』の世界を、「中心と周辺」「聖と俗」「秩序と混沌」といった「二元的に対応しあう範疇《はんちゆう》」にあると解読して、日本固有とされる「天皇神話」を、「王権神話」へと普遍化していくのである。とりわけ、『日本書紀』とは異なる『古事記』固有の神話世界を解読する視点は、後の神話研究の基本となる。影響力の大きさは絶大であったのだ。

一方、戦後の高度成長期以降、一九六〇年代後半に激発した全国学園闘争／全共闘運動を担った世代の研究者が登場してくる。沖縄南西諸島の「古歌謡」の世界に注目して、『記』『紀』という書かれた神話以前の「古層」の神話、村の祭祀の場で謡われてきた神話を発掘していく藤井貞和《ふじいさだかず》『古日本文学発生論』（一九七八）、古橋信孝《ふるはしのぶよし》『古代歌謡論』（一九八二）、『神話・物語の文芸史』（一九九二）などの研究成果は、一九七二年の「沖縄返還」という政治的動向ともリンクしつつ、戦後の新しい古代文学、神話研究をリードしていくことになる。それは折口信夫の発生論の戦後的な展開の姿、ともいえるだろう。

そうした発生論的方法にたいして、逆に『古事記』『日本書紀』の書かれた神話テキストの固有性にこだわることで、『記』『紀』のそれぞれの世界観を明らかにしていったのが、神野志隆光《こうのしたかみつ》『古事記の達成』（一九八三）、『古代天皇神話論』（一九九九）である。西郷信綱の研究の批判的な展開、というように見ることもできるだろう。平成の『記』『紀』研究のひとつの基本的な流れを作った研究である。

藤井、古橋に続く世代として、沖縄やアイヌ神話、昔話の世界へと沈潜することで「語り」としての『古事記』研究を進めた三浦佑之《すけゆき》『古代叙事伝承の研究』（一九九二）は、その後『口語訳　古事記』（二〇〇二）によって、古事記ブームを牽引《けんいん》していく。また一九八〇年代の「ポスト・モダニズム」の現代思想と切り結ぶことで、『記』『紀』神話研究の定型を脱構築していく呉哲男《ごてつお》『古代日本文学の制度論的研究』（二〇〇三）が刊行された。

そして本書の方法的な基礎をなした、一九八〇年代の伊藤正義、阿部泰郎、伊藤聡、山本ひろ子、小川豊生らの「中世日本紀」「中世神話」の研究は、古代神話研究とは異なる「神話」の地平を切り開いたのである。

さて、以上のような最新の研究成果を踏まえながら、われわれもまた、『日本書紀』とはいかなる神話なのか、なぜそれが編纂されたのか、という「古代」へと赴くことにしよう。

（＊1）大嘗祭の起源と天孫降臨神話との関連づけは、一四世紀中期の忌部正通《まさみち》『神代巻口訣《じんだいかんくけつ》』にあるのが、古いものとされている。ただし、近年の研究では『神代巻口訣』の成立は、一七世紀の垂加神道と連動して「偽作」されたテキストのようである〔伊藤聡・二〇二〇〕。

（＊2）島崎藤村の歴史小説『夜明け前』は、藤村の父島崎正樹《まさき》をモデルに、木曾馬籠《きそまごめ》地域の、平田派国学者青山半蔵《あおやまはんぞう》を主人公として、民間社会における平田派国学者の「没落」を描いたもの。宮地正人は、小説と「史実」との連関・相違を具体的に掘り起こしている〔宮地・二〇一五〕。

（＊3）大教院とは神祇官廃止後、教部省が「大教宣布運動」を推進するために設置した中央機関である。「神仏合同」で教導職の教育などを担うが、仏教側からの反発、とくに島地黙雷《しまじもくらい》ら真宗僧侶による分離運動が活発化して、明治八年（一八七五）に廃止された。

（＊4）神道事務局の機関紙『開知新聞』紙上では、おもに事務局の「生徒寮」（神官・教導職の養成所。後に「皇典講究所」へと発展し、現在の國學院大學の前身）の学生たちによる、『日本書紀』天孫降臨章の一書〔第二〕の内容が、オホクニヌシの「幽冥主宰・霊魂統治」と解釈できるのか否かという、古典解釈にもとづく「神学」論争が繰り広げられていた〔戸浪裕之・二〇一三〕。

（＊5）なお、大正七年（一九一八）、丁酉倫理会で柳田国男が「神道私見」という講演を行っている。その講演にたいして國學院大學の河野省三《こうのせいぞう》とのあいだの「論争」があったことは、有名である。論争にかんする最新の研究としては、〔黛友明・二〇一九、渡勇輝・二〇二〇、遠藤潤・二〇二〇〕がある。

（＊6）近年の研究では、国家神道の「海外布教」について「帝国史的な視野」で捉える「帝国神道」というタームが打ち出されている〔青野正明・二〇一五〕。また近代神道史研究者の権東祐氏は、「教派神道」のひとつである神理教《しんり》の「朝鮮布教」の問題が、「日本帝国の朝鮮侵略」と同時に「韓国民を救済対象とする世界宗教としての志向性」をもつというきわめて複雑な問題を抱えていることを指摘している〔権・二〇二〇〕。神社神道、教派神道、学問としての神道学の関係が複雑に入り組んでいることがわかるのである。

（＊7）「個人創造」と「皇国日本」との関係については、〔住友陽文・二〇一一〕、が新しい研究として参考になる。また大正期の地方神社神職が、明治期とは異なる姿をもつことに着目した〔畔上直樹・二〇〇九〕は、近代神道史研究のあらたな展開として、参考になる。

（＊8）大正期の「国体論」の形成については、〔西田彰一・二〇二〇〕が参考になる。

（＊9）平藤喜久子氏は、以下のような実例を検証している。松本信広「日本神話について」（昭和九年）は「我が国体の淵源となり、わが国民の信仰の糧となり……」、と論じ「大東亜戦争の民族史的意義」（昭和一七年）は、南北アジアは、民族の要素を兼ね備えた日本人にとって、大東亜戦争の舞台として活躍の場所と論ずる。「日本上代文化と南洋」（昭和一二年）は、南進論のイデオロギーを補完して、「日本の植民地支配を銃後で支える役割」を果たした。三品彰英『朝鮮史概説』（昭和一五年）は朝鮮の付随性、周辺性、多隣性、他律性を強調し、「半島史的」性質を「日本の情」によって乗り越えると論じるなど「植民主義的韓国史観」が窺《うかが》える。また岡正雄は、戦時体制下で民族研究所を設立し、植民地支配を円滑におこなうための植民地の民族の研究を進め、その運営資金は軍部から出た「民族学の戦争協力の代表的存在」と指摘している〔平藤・二〇一〇〕。

（＊10）神道学からの『国体の本義』にかんする解説として、河野省三が執筆した「国体の本義解説叢書」の一冊『我が国体と神道』（文部省教学局編纂・昭和一三年〔一九三八〕）がある。その中には、「デモクラシーの流入に伴う思想界の動揺」、それによる「国民生活の不安」は、「昭和六年秋の満州事変が勃発し、我が国民の意気は冲天の勢ひを以て……」といった論調が繰り広げられている。そうした言説は「神社の奉仕若しくは祭祀は、我が国民の道徳意識を根柢としてゐるもの」、「神社は日本民族の伝統的信念並びに民族性が公共的・信仰的に表現せられたもの」という、神社神道の理念と一体となっていたのである。

（＊11）橘家神道の玉木正英（一六七〇～一七三六）の『玉籤《ぎょくせん》集』では、『日本書紀』神話を「渾沌之伝」「生二国土山川一之伝」「龍雷之伝」「玄櫛之伝」「集魚逼問之伝」「天鈿女命之伝」など、病気直しや蘇生の呪法、悪霊退治の呪法として読み替え、それを「秘伝」というかたちで門人たちに伝えていった。

第六章　天武天皇・舎人親王・太安万侶

――『日本書紀』成立の現場へ

一三〇〇年にわたる『日本書紀』受容、解釈、研究の歴史を見てきたわれわれは、いよいよ『日本書紀』が生まれた、その時代へと向かう。舎人親王《とねりしんのう》によって編纂《へんさん》された『日本書紀』が、元正《げんしょう》天皇に奏上された養老四年（七二〇）五月である。

さらに『日本書紀』が編纂されるまでには、壬申《じんしん》の乱に勝利した天武《てんむ》天皇が、国家の正史編纂を命じたときにまで遡《さかのぼ》る必要がある。その背後には、「正史」に結集される以前の、氏族たちが伝えた、多種多様な歴史書、神話・伝承が広がっていた……。

そして最大の難問。八世紀初期、なぜ『日本書紀』とともに『古事記』が作られたのか。和銅五年（七一二）、『古事記』が太安万侶《おおのやすまろ》によって元明《げんめい》天皇に奏上された、ということは史実なのか。史実ではなければ、なぜそうした「神話」が生まれたのか。そもそも『日本書紀』と『古事記』には、どのような違いがあるのだろうか。

いよいよ第六章では、さまざまな謎につつまれた『日本書紀』成立の現場へと迫ってみたい。

1.『古事記』『日本書紀』、ふたつの神話世界

『記』『紀』成立の経緯と構成

七世紀後半の時代、列島社会を揺るがした内乱が勃発《ぼっぱつ》した。天智《てんじ》天皇の息子、大友皇子《おおとものみこ》と、天智の弟、大海人皇子《おおあまのみこ》とのあいだで、皇位継承をめぐって繰り広げられた「壬申《じんしん》の乱」（六七二）である。大友皇子軍との戦いに勝利した大海人皇子は、飛鳥浄御原宮《あすかきよみはらのみや》で即位する。天武《てんむ》天皇（？～六八六）である。

天武天皇は、中国から輸入した「律令《りつりょう》」の法律を整備し、畿内《きない》の豪族たちを国家の官僚として組織し、あらたな中央集権国家の確立をめざした。そして皇祖神アマテラスを祀《まつ》る伊勢《いせ》神宮を頂点とした神祇《じんぎ》組織を体系化し、寺院・僧尼を統制し鎮護国家のための仏教として位置づけた。また中国ふうの礼法《らいほう》・衣服・結髪法・乗馬法などを大胆に取り入れ、「倭国《わこく》」を、唐帝国を中心とした東アジアの国際秩序の一角を担う「日本」へと成長させていったのである。それはまた従来の「倭の王」から、「日本天皇」という君主号が確立した時代でもある〔米谷匡史・二〇〇二〕。「大嘗祭《だいじょうさい》」が「日本天皇」の即位儀礼として確立したのもこの時代だ。

東アジア世界における国家形成で天武天皇が重視したのは、自らの国家の起源とその歴史を記す修史事業である。天武一〇年（六八一）、天皇が大極殿《だいごくでん》において川島皇子、忍壁《おさかべ》皇子らをはじめとした朝廷の官人たちに命じて、「帝紀《ていき》」（歴代天皇の系譜・事績）と「上古《じょうこ》の諸事《しょじ》」（伝承や説話・来歴）の内容を定めさせ、その記録作業を行わせたのである（『日本書紀』）。一方、天武は「勅語《ちょくご》」して、舎人《とねり》の稗田阿礼《ひえだのあれ》に「帝紀」と「旧辞《きゅうじ》」の正しい内容を誦《よ》み習わせた（『古事記』序）。

こうした正史編纂の事業は、平城京《へいじょうきょう》遷都をはさんで、天武の皇子である舎人親王をリーダーとする国史編纂グループによって『日本書紀』へとまとめられ、養老四年（七二〇）五月、元正《げんしょう》天皇に献上された（『続日本紀』）。そして阿礼が誦み習った「勅語の旧辞」は、太安万侶の手で文字化され、『古事記』と名付けられ、和銅五年（七一二）、天智天皇の皇女である元明天皇に献上されたのである（『古事記』序）。

これが『古事記』、『日本書紀』成立のあらましである。ただし後にあらためて触れるように、『古事記』の「和銅五年」成立は疑問視されている。

次に『記』『紀』の構成を見ておこう。『古事記』は上巻・中巻・下巻の三巻だて。神話＝神代は上巻。中巻は初代天皇の神武《じんむ》から応神《おうじん》天皇まで、下巻は仁徳《にんとく》天皇から七世紀初期の推古《すいこ》天皇までの事績を記している。

一方『日本書紀』は全三〇巻。神話世界は巻第一、第二で、以下、巻第三の神武天皇から七世紀後半の天武天皇の妻・持統《じとう》天皇までの記事を載せている。また『日本書紀』の神代巻は、国家が正伝と認定した「正文」（本文、本書とも）の神話とともに、「一書」と呼ぶ多数の異伝を載せている。これは『古事記』にない特徴だ。『日本書紀』に載った多くの「一書」によって、現代のわれわれは多様な古代神話の世界を知ることができたのである。

以上が『古事記』『日本書紀』の成り立ちの経緯と、その大まかな構成である。だが、ここで次なる問題にぶつかる。なぜ八世紀初頭に、『古事記』と『日本書紀』というふたつの史書が作られたのか。そしてどちらも天武天皇の発意《ほつい》とされるのはなぜか。この問題は、『古事記』の成り立ちをめぐる疑義に発展することになるのだが、そのまえに、このふたつの書物の違いを知るために、まず天地創世の神話から見てみよう。

『古事記』と『日本書紀』は何が違うのか

『記』『紀』の天地創世神話は、これまでの章で見てきたように、中世や近世の神道家たちのあいだで、さまざまに解釈され、神学化されたが、『記』『紀』ではかなりの違いがあった。もう一度、確認してみよう。

『古事記』では、「天地《あめつち》初めて発《あらは》れし時」に「高天原《たかまのはら》」にアメノミナカヌシ、タカミムスヒ、カムムスヒという「独神《ひとりがみ》」たちが出現し、そのまま身を隠したと語られる。稗田阿礼が読み伝えてきた神話では、そもそも天地がどのようにしてできたかは語られていない。「次に」、「次に」と始元の神々が出現する「高天原」というヤマト固有な天上世界から神話はスタートするわけだ。

なぜ「高天原」からなのか。天上の神々が出現する「高天原」にたいして、地上世界を「葦原中国《あしはらのなかつくに》」と呼ぶ。どちらも「原」のイメージが籠められている。そこには葦の葉が生い茂る原野のイメージとともに、後に「豊葦原《とよあしはら》の瑞穂《みずほ》の国」と呼ばれていくように、豊かな水田が広がる稲穂の国というイメージも織り込まれている。まさに古代ヤマトの人びとが思い描く理想的な世界が映し出されているのだ。

これにたいして「天地」の起源から語り起こすのが『日本書紀』である。

舎人親王たち編纂者グループが「正伝」と定めた神話は、「古《いにしへ》に天地《あめつち》未だ剖《わか》れず、陰陽分れず、渾沌《こんとん》にして鶏子《とりのこ》の如く……」（新編日本古典文学全集、19頁）というように、天地が分かれず、陰陽の気も分かれず、すべてが「渾沌」の状態から始まる。そこに「陰陽」の気というエネルギーが発生し、陽の気が上昇して「天」、陰の気が下降して「地」となった。これは古代中国の伝統的な思想である陰陽説にもとづいている。『淮南子《えなんじ》』、『三《さん》五暦紀《ごれきき》』など中国文献からの引き写しも少なくない。さらに彼らが定めた正伝には「高天原」というヤマト固有の天上世界も記されていない。

そのあとに、舎人親王たちは、「故曰《かれいは》く……」と、中国にたいする「日本」の創世神話を追加する。そこには洲や島の浮かび漂う様子が、「游魚《あそぶうお》の水上に浮かべる」かのようだと語り、そして天と地のあいだに「一物《ひとつのもの》」が生まれ、まるで萌《も》え出る葦の芽のように、そのまま神があらわれた。これが「国常立尊《くにのとこたちのみこと》」である（新編日本古典文学全集、19頁）。中世、近世の神道家たちが神学的なイメージを膨らませた、根源の神だ。

しかしこうした「正伝」に定められた神話以外にも、列島社会のなかには、複数の創世神話が伝えられていた。編纂グループは、それを「一書に曰《あるふみ》く《いは》」としてまとめた。最初の国や土は浮いた脂のように漂っていたとか（一書〈第二〉）、海の上に浮かぶ雲の根元が繋《つな》がらず、ふわふわと揺れ動いていたとか（一書〈第五〉）、また高天原にアメノミナカヌシ以下が姿をあらわす『古事記』の神話も「又曰く」として収録した（一書〈第四〉）。

このように古代日本には多種多様な天地の始まりの神話があったにもかかわらず、『日本書紀』は、当時の唐帝国による世界基準（グローバルスタンダード）に合わせた陰陽説にもとづく天地開闢《かいびゃく》神話を「正伝」と認定し、それ以外のものは「一書」として包摂していったのである。「正伝」と「一書」は、相互補完的な関係にあったともいえるだろう〔関根淳・二〇二〇〕。

さらに『記』『紀』神話の違いについて、有名なイザナキ・イザナミ神話から見てみよう。

死ぬイザナミ、死なないイザナミ

天地創世神話に続いて登場するのは、神々の世界で最初に結婚するイザナキ・イザナミの男女神である。二神の結婚は、柱をめぐる結婚の儀式をしたときに、イザナミのほうが最初に「あなにやし、えをとこを（なんて、素敵な殿方よ）」という相手を誉める言葉を発したために、足の立たないヒルコが生まれてしまうアクシデントに見舞われる。そこであらためて、男神のイザナキから先に「あなにやし、えをとめを」と女性を誉め称《たた》える言葉を発してやり直して「みとのまぐはひ」（性行為）をすると、国土、海や風、山、野といった自然などが次々に誕生していく……。これは『古事記』が語るイザナキ・イザナミの国生み神話である。

そして多くの島々、河や海、風、樹木、山、野などの自然を生んだイザナミの女神は、最後に火を生んだときの火傷《やけど》が原因で死んでしまい、黄泉国《よみのくに》へと去ってしまう。このとき、妻を恋しく思うイザナキは、黄泉国まで追いかけていくが、死体を見てはいけないというタブーを犯したために、ふたりのあいだには決定的な訣別《けつべつ》が生じ、そこから人間世界の生と死が始まった、と語られていくのである。

ギリシアのオルフェウス神話と類似することで有名な黄泉国神話であるが、なんと、舎人親王たち編纂者グループは、この神話を『日本書紀』の正伝には入れなかったのだ。つまり『日本書紀』ではイザナミは死なず、したがって黄泉国も登場しないのである。『古事記』に近い黄泉国神話は、すべて「一書に曰く」という、異伝にまわしてしまった。

いったい、なぜ舎人親王たちは、黄泉国神話を排除したのか。古代文学研究者の神野志隆光氏によると、それは『日本書紀』が陰陽説にもとづく神話であることと深い関係があったという。以下、その説明を聞いてみよう。

『日本書紀』ではイザナキ・イザナミは「陽神・陰神」と呼ばれる。陰陽の和合によって大地や自然が生まれたという、陰陽説の展開となっている。したがって陰神＝イザナミから愛情表現した場面も、イザナキが「吾は是男子《これをのこ》なり。理《ことわり》先《ま》づ唱ふべし」（神代上・正文、新編日本古典文学全集、27頁）と、露骨な男尊女卑的な発言をする。だが、男子＝陽神が「先」というのも、陽の気が先に上昇して天を作り、地は遅れた陰の気で作られたという陰陽説の論理にもとづくものであった。したがってイザナキ・イザナミを陰陽の関係に配当したとき、もし陰の神が死んでいなくなると、陰と陽の片方が消えてしまい、その時点で世界は滅んでしまう。それゆえ、陰陽説に従うかぎり、陰神＝イザナミが死ぬという展開はありえず、したがって黄泉国も出てこないというわけだ（神野志隆光・一九九九）。

　けれども『日本書紀』の「一書に曰く」の神話には、イザナミの死、黄泉国のエピソードが出てくる。『古事記』とほぼ同じ展開の「一書」もある。このことは、陰陽論で語られていく正伝の神話、つまり陰神であるイザナミは死なないという神話は、列島社会の多様な氏族たちが伝えた神話と比べると、じつは異端的であったことがわかる。そして舎人親王たち編纂グループは、そうであったにもかかわらず、死なないイザナミ神話を、国家の正伝として選び取ったのである。彼らの意識が、中国の陰陽論にもとづくスタンダードな史書の編纂を第一目的としたことが、ここから見えてくるだろう。

出雲神話をめぐる『記』『紀』の違い

このように『古事記』と『日本書紀』の神話には、そうとうな違いがあることがわかってきた。だがもっとも大きな違いは、「出雲《いずも》神話」の描き方である。『古事記』の神代で四分の一を占めるほど重視される出雲神話を、『日本書紀』ではほぼカットしてしまうのだ。なぜ『日本書紀』は出雲神話をカットしたのか。

まずは『日本書紀』には載せられていない、『古事記』の出雲神話を見てみよう。出雲神話の主人公である「大国主神《おほくにぬしのかみ》」は、複数の名前が伝えられる。「大穴牟遅神《おほあなむぢのかみ》（大いなる土地の貴人）」、「葦原色許男神《あしはらのしこをのかみ》（葦原中国の威力ある男）」、「宇都志国玉神《うつしくにたまのかみ》（この世の国土霊の神）」、「八千矛神《やちほこのかみ》（たくさんの矛を持つ神）」という「又の名」である。これにたいして『日本書紀』正伝では、ただひとつ「大己貴神《おほあなむちのかみ》」としか呼ばれていない。「大国主神」の名前も正伝には選ばれなかったのだ。複数の名前は、例によって、すべて「一書に曰く」にまわされている（「オホモノヌシ」「オホクニタマ」なども追加される。一書（第六））。

『古事記』のなかでオホクニヌシに複数の名前が伝わるのは、日本海側の地方国家の首長たちが祀っていた複数の神々を統合したから、と説明されてきた。オホクニヌシは、最終的には支配権を倭国の天皇の始祖神アマテラスに譲渡する（略奪される）ことになるからだ。したがって、『日本書紀』の正伝が複数の名前を載せないのは、「出雲」が、倭国に服従することが前提になっているからだといえるだろう。また「大国主神」の名称を入れなかったのは、出雲を「大国」の主神とは認定しなかったからとも理解できるだろう。

それだけではない。『古事記』が伝える複数の神の名前は、じつは物語の展開に沿って、名前が変わっていくことをあらわしていた。複数の名前は、オホクニヌシ＝大いなる国の主の神へと成長していく物語を意味していたのである。ということは、『日本書紀』は、こうしたオホクニヌシの成長神話をも一切、カットしたことになる。以下、『日本書紀』がカットした、『古事記』が語るオホクニヌシの成長神話を紹介しておこう。

まず「大穴牟遅神」として登場する彼は、異母兄神たちが因幡《いなば》のヤカミヒメに求婚する旅に袋を担いで従う少年神だ。だが、兄たちが治癒できなかった因幡の白兎の怪我を治したオホアナムヂは、白兎＝兎神からヤカミヒメの夫はあなたですと告げられる。絵本でも有名な「因幡の白兎」は、動物にやさしい神サマの話とされるが、「王」になるものは怪我や病気を治す「巫医《ふい》」（シャーマン的治癒者）でなければならないという、「王」の条件を語るエピソードであった（西郷信綱・一九六七）。シャーマンキングである。

さらに兄たちの虐《いじ》めにあって殺されるオホアナムヂは母神や貝の姫神の力によって蘇生《そせい》し、「麗《うるは》しき壮夫《をとこ》」、りっぱな青年へと変貌《へんぼう》する。まさに少年から青年への死と再生のイニシエーション（通過儀礼）である。そしてオホアナムヂは兄たちの暴力から逃れるために「根《ね》の国」を支配する先祖のスサノヲに救援を求めた。根の国に到着したオホアナムヂは、スサノヲの娘スセリビメと出会い恋に落ちるが、スサノヲによって娘の結婚相手に相応《ふさわ》しい「葦原色許《あしはらのしこ》男神《をのかみ》」であるかどうかの試練を課せられた。オホアナムヂはスセリビメに助けられ、また根の国のネズミの力を得て、スサノヲが課してくる幾多の難題をクリアし、スサノヲの弓矢・琴を奪い取って根の国から脱出する。そしてスサノヲから、地上を支配する王と認められ、「大国主神《おほくにぬしのかみ》」「宇都志《うつし》国玉神《くにたまのかみ》」の名前を授けられた。地下の異界での試練をへて、地上を支配する王へと成長していくイニシエーションの物語である。

出雲の王となったオホクニヌシは、「八《や》千矛神《ちほこのかみ》」を名乗り、高志《こし》の国のヌナカワヒメへの求婚の旅に出る。それはあらたな国土を支配していく戦いの意味も込められていた。そして「国作り」の総仕上げに至ると、海の彼方《かなた》からやってきた小さな神＝スクナビコナや海を照らす神（後の三輪山の神）の助力を得て、国の支配を完成させるのである。そこではタニグク（蛙）やクエビコ（案山子《かかし》）も活躍した。

このように出雲の統治が完成したその直後に、高天原のアマテラスから国の支配権を譲れという声が聞こえてくる……。

出雲を舞台としたオホクニヌシ神話は、地下世界での試練、死と再生の物語、そして多くの女性たちとの恋と冒険といった、ファンタジー小説やロールプレイングゲーム顔負けの物語といっていい。『古事記』の神話世界の真骨頂である。

一方、『日本書紀』正伝では、今紹介した出雲神話は一切、カットされてしまった。因幡の白兎も根の国での試練も語られていない。また『日本書紀』では「大国主神」ではなく、「大己貴神」の名称に終始している。つまり『日本書紀』が描く「大己貴神」は、スサノヲに課せられた試練を経て「大国主神」となるまえの、地方豪族の神にすぎない、という扱い方なのだ。

さらにオホナムヂはスサノヲの嫡子となっている。陰陽説から「悪神」とされるスサノヲの直系として「蠅声《さばえ》なす邪神《あだしかみ》」（正文）、「残賊《ちはやぶ》強暴る横悪《あ》しき神」（一書〔第二〕）と、一方的に悪神の役回りに固定されてしまう。陰陽説の世界観にもとづく善悪二元論のなかに「出雲」は位置づけられていくのである。ここにも『日本書紀』が、陰陽説の神話をスタンダードとする意思によって編纂されていることが見てとれるだろう。

以上のように『古事記』と『日本書紀』とは、まったく違う神話世界を伝えていたのである。その神話世界の違いは、それぞれの文章表現の違いとも繋がっていた。

『日本書紀』は、中国からの渡来人が編纂グループにいたと推測されるように、その文章は、正格の漢文表現（中国古典文）である。また神武天皇以下の天皇紀では、その事蹟《じせき》を編年体で記述する、正史のスタイルとなっている。一方『古事記』のほうは、漢字を使用しながらも、和文体に重きを置くことで、倭国の古い言葉、語りの表現を最大限伝えることが工夫されている。一八世紀の本居宣長《もとおりのりなが》が「古の語言《イニシヘコトバ》」を伝えていると賞賛したところだ（第四章、160頁）。こうした文体の違いも、律令国家の正史をめざす『日本書紀』と、それとは異質な書物とされる『古事記』の違いを際立たせてくれるところだろう。

ふたつの史書成立をどう捉えるのか

以上のように、『古事記』と『日本書紀』のあいだには、相当な違いがあったことが理解できただろう。とても「記紀神話」などとひと括りにはできないのだ。

そこで次の問題。こうした違いをもつ『記』『紀』であるが、その編纂の出発点は、どちらも七世紀後半の天武天皇にあった。なぜひとりの天皇が、これほど違う、ふたつの史書編纂の最初の「仕掛け人」なのだろうか。このことは、後に見るように、本当に『古事記』は『日本書紀』と同時期に成立した書物なのか、という「古事記偽書説」へと展開していくことになる。それは後ほど検証することにして、これまでの研究で、『記』『紀』という性格の異なる史書が作られた理由、その歴史的な背景について、どのように言われているかを見ておこう。

まずは第五章で紹介した、『古事記』の構造的な分析を押し進め、今も大きな影響力をもつ西郷信綱の説を見てみよう。西郷は、昭和四八年（一九七三）刊行の『古事記研究』のなかで、『古事記』と『日本書紀』の違いをめぐって、次のように論じている。

『古事記』とは、豪族中の最大の豪家である天皇（王家）の「宮廷の物語」であり、一方『日本書紀』のほうは、律令制によって官僚が支配する「国家の物語」であったと区別し、そうした性質の異なる史書の編纂が、同じ天武朝に目論《もくろ》まれたのは、「天武朝そのものが孕《はら》む矛盾や二重性」をあらわしている、と見ていくのである。

これは七世紀後半という天武朝の政治史とクロスする。天武朝とは「天皇即国家の時代から天皇を国家組織のなかの首長にいただく律令制への移行」という「過度期」を体現していたのであり、その「過度期」ゆえに、「宮廷の物語（古事記）」と「国家の物語（日本書紀）」という、性質の異なるふたつの史書を作らせることになった、というのである〔西郷・一九七三〕。

ここで西郷論が、天皇と律令国家の歴史的な関係にこだわっていること、つまり「政治史」の文脈から論じていることに目をむけておきたい。『記』『紀』の編纂は、古代の政治過程とは無縁ではありえないからだ。こうした研究にはどのような先行する議論があるのだろうか。

やはり第五章で取り上げた、戦後歴史学をリードしたマルクス主義歴史学者の石母田正《いしもだしょう》の研究を見てみよう。

昭和四六年（一九七一）、石母田は『日本の古代国家』という著書を刊行する。これは「戦後の日本古代史研究における最大の成果」であり、発表後四〇年以上たつ「現在なお日本の古代国家を研究する上で避けて通れない基礎となる著作」とされるものだ〔大津透・二〇一七〕。

そのなかで石母田は天武朝について、次のように論じていく。天武朝に「天皇即国家」「朕即国家」という絶対的な王権権力の確立を見る説があるが、それは違う。天武朝における太政官《だじょうかん》、八省の官僚機関の成立は、「天皇制が国家を包摂したのではなく、逆に国家が天皇制の一部を機構内に編成した」のである。なかなか難しい論述だが、先ほどの西郷論とリンクさせるならば、天武天皇という絶対的な権力者が、自ら作り出した律令制度の官僚機関に組み込まれていくことで「日本天皇」を形成していく、その過度期的な姿を表現しているとみなせるだろう。

さらに石母田の研究を見ていくと、その「過度期」的なあり方が、じつは後の天皇と律令制国家の関係を規定づけたことがわかってくる。律令制国家とは、律令制以前の天皇家の「家産制的な支配様式」を分離することなく、それを拡大していくような一面をもちながら、しかし太政官や神祇《じんぎ》官《かん》、八省などの律令官僚支配に組み込まれていく、二重化された構造をもつのだ。前律令的な「大君」と律令国家の「天皇」とは「対立的モメント」を有しながら、同時に相互に補完するような形で古代国家の支配形態を作り出したというのである[*1]〔石母田正・二〇一七〕。『古事記』と『日本書紀』というふたつの異なる史書が天武天皇の発意によって作られた経緯は、こうした古代国家と天皇との関係の二重性とかかわることが考えられるだろう。律令以前の「家産制的な支配様式」を『古事記』が、官僚支配の形態を『日本書紀』があらわす。そして、両者は相互補完の形で、古代日本の起源と歴史を叙述した、ということである。

「王の二つの身体」と『記』『紀』

一方、八〇年代の「ポストモダン」の現代思想の知見と対話しつつ、古代文学研究を進めている呉哲男氏は、『古事記』『日本書紀』のふたつの史書について、中世政治神学研究のエルンスト・カントーロヴィチ『王の二つの身体』（一九五七）を援用して論じている。カントーロヴィチのいう「王の二つの身体」とは、王がもつ「自然的身体」と「政治的身体」を指す。前者は生理的、生物的な存在として規定されるが、一方、後者は不可視の抽象的身体で、政体の持続性や神秘的威厳を代表する。そしてヨーロッパ中世王権は、王の二つの身体が統一され、王が生きているかぎり分離されない、という神学的思考によって成り立つことが明らかにされるのである〔カントーロヴィチ・一九九二〕。

呉氏は、この研究を踏まえて、日本古代の天皇の特徴を考えていく。導かれるのは、日本古代の天皇は、「王の二つの身体」を統一することができず、「二つの相矛盾する身体を備えていなければならないという宿命」を背負わされていることだ。それは「帝紀（国家の歴史）と先代旧辞（王家の神話）を一本化するのは至難の業」であったという認識に至る。ふたつの史書の成り立ちを、統合されない「王の二つの身体」として捉《とら》えていくわけだ。

そこから、『日本書紀』と『古事記』が作られた背景を、次のように説いていく〔呉哲男・二〇一六〕。

天武はその公的な立場から律令国家の成り立ちを記録（日本書紀）するように命じたが、それが本人の思うように仕上がらないだろうことを察知していたので、一方で天武王朝正当化のための私的な史書の編纂（古事記）を命じたのではないか。

ここで述べられていることからは、天武朝という「過度期」の問題、あるいは「大王」と「天皇」の、対立しつつ相互に補完しあう関係という議論と通じていく問題が見えてくる。律令制の確立過程のなかで、天皇そのものが「二つの身体」に引き裂かれながら、それが相互に補完する関係を維持していくというあり方のなかに、『日本書紀』と『古事記』という、対立するかのような史書を作らざるをえなかった理由を求めていくわけだ。『記』『紀』は、「王の二つの身体」を表象するように、互いに対立しつつ、それが補完しあうようにして成立した、ということだ。

さらに呉氏は、社会学者、東洋史学者のK・A・ウィットフォーゲルの『オリエンタル・デスポティズム』（一九九五）で提示される「亜《あ》周辺」という視点も応用していく。中国帝国を中心にした「周辺」に、朝鮮《コリア》、ベトナムなどの国々が位置する。「周辺」の国々は帝国の権威・権力に直接的に取り込まれていく。それにたいして日本は、「亜周辺」に位置している。それは帝国とのあいだに適度な距離をもつことができた。そこから古代日本では、中国帝国や朝鮮のような「権力と権威が一体化した東洋的な皇帝型専制国家」が作られなかったというのである〈呉、前出〉。すなわち「中国帝国の文明を受容しつつ一方で排除するという『亜周辺』国に特徴的な独特の文明を形成するに至る」というわけだ。『古事記』と『日本書紀』というふたつの史書の成り立ちもまた、東アジア世界における、「亜周辺」国家としての「日本」の特質によるもの、と呉哲男氏は捉えていくのである。

2. 「日本紀講」に埋め込まれた神話

『古事記』序文は「偽作」？

以上、『記』『紀』という、性格の異なるふたつの史書が天武天皇の発意から成立したことの「謎」をめぐって、これまでの研究を見てきた。

こうした議論の前提になっているのは、『古事記』と『日本書紀』とが、八世紀初頭に、ほぼ同時期に成立したという史実である。つまり『古事記』は和銅五年〈七一二〉、元明天皇に奏上され、一方『日本書紀』は養老四年（七二〇）に元正天皇に奏上されたことを、歴史的な事実として認めたうえでの議論である。

しかし『日本書紀』成立のことが、正史の『続日本紀《しょくにほんぎ》』に記述されているのにたいして、『古事記』が和銅五年に成立したことは正史には出てこない。そこで『古事記』和銅五年説は疑わしいこと、さらに『古事記』とは偽書ではないか、という説が、江戸時代からたびたび提示されて議論されてきた。すなわち本居宣長の師・賀茂真淵《かものまぶち》に始まり、俗流神道家・多田義俊《ただよしとし》、近代からは折口信夫《おりくちしのぶ》、中国文学者の藪田嘉一郎《やぶたかいちろう》、古代文学研究者の神田秀夫《かんだひでお》、さらに作家の松本清張《まつもとせいちょう》など、「和銅五年」説にはこれまで何度も疑いの目がむけられてきたのである。

だが昭和五四年（一九七九）に、奈良《なら》市此瀬《このせ》町の茶畑から『古事記』の撰録《せんろく》者である太安万侶の遺骨と墓碑が発見されたことをきっかけにして、安万侶の実在とともに『古事記』和銅五年の安万侶撰録説は、史実として確定された。疑いは晴れた、というわけだ。もっとも発見された墓碑には、安万侶が『古事記』を作ったことは、一言も書かれていなかったのだが……。

こうしたなか、平成一四年（二〇〇二）刊行の『口語訳　古事記』の大ブレイクで、平成の「古事記ブーム」を牽引《けんいん》した三浦佑之氏が、あらたに『古事記』偽書説を提起したのである。三浦説の要点は、『古事記』が『日本書紀』と並ぶような律令国家の時代、「八世紀」的な書物ではなく、それより一時代まえの「七世紀」の古層の語りを伝えていること、そして安万侶が和銅五年に奏上したことを記す『古事記』冒頭の「序文」は、平安時代初頭に太（多《おお》）氏によってでっち上げられた「偽作文書」であった、と見たことにある〔三浦・二〇〇七〕。

そこで次に、三浦氏が『古事記』序文を「偽作文書」とする論拠とした資料を検討してみよう。その資料とは？

「弘仁私記序」に書かれていること

問題の資料は、平安時代初期、弘仁《こうにん》二年（八一一）に書かれたもので、一般に「弘仁私《こうにんし》記序《きじょ》」と呼ばれるものだ。弘仁二年――、そう、第三章で取り上げた、朝廷主宰の『日本書紀』講義、「日本紀講」の第二回が開講された前年である。「弘仁私記序」とは、その講義の博士を務めた「多人長《おおのひとなが》」（刑部少輔従五位下）なる人物が書き記したものであった。そこに以下のような一節があった（便宜的にふたつの段落にわけ、番号を付した）。

（1）夫《そ》れ日本書紀は（中略）一品《いっぽん》舎人《とねり》親王《しんのう》〔浄御原天皇（天武天皇）第五皇子也〕・従《じゅ》四位下《しいげ》勲五等《くんごとう》太朝臣安麻呂《おおのあそんやすまろ》（a）〔王子《みこ》神八井耳命《かみやいみみのみこと》の後也〕等、勅を奉じて撰せらるるなり。

（2）是より先に、浄御原天皇〔気長帯日天皇之皇子《おきながしたらしひのすめらみことのみこ》、近江天皇（天智天皇）同母弟也〕、御宇《あめのしたしら》しし日、舎人《とねり》有り、姓は稗田《ひえだ》、名は阿礼《あれ》、年は廿八（b）〔天鈿女命《あめのうずめのみこと》の後也〕。人となり謹格《きんかく》にして、聞見すること聴慧す。天皇、阿礼に勅して、帝王の本記及び先代の旧事（中略）とを習はしむ。未《いま》だ撰録せしめずして、世運り代遷り、豊国成姫天皇（元明天皇）臨軒《あめのしたしら》しし季（中略）正五位上安麻呂に詔して、阿礼の誦めるところの言を撰せしむ。和銅五年正月廿八〔豊国成姫天皇年号也〕初て彼の書を上る。いはゆる古事記三巻なり。
（「弘仁私記序」国史大系、4～5頁）

（2）「是より先に……」以下の記述は、『古事記』の成り立ちの経緯を語っている。天武天皇が稗田阿礼に勅して「帝王の本記及び先代の旧事」を習わしめ、それが撰録されずに月日がたつが、元明天皇のときに「正五位上安麻呂」に詔《みことのり》が下り、阿礼が誦むところを撰録させた――。そう、これは『古事記』序文に書かれていることとほぼ同文である（名前の表記が一部違う）。

普通に考えると、和銅五年（七一二）に太安万侶が書いた『古事記』の序文がまずあって、その後に弘仁三年（八一二）の「弘仁私記序」がそれにもとづいて書かれた、と理解されるところだろう。そうみなす説が一般的だ。けれども三浦氏は、それを逆転させた。弘仁三年に書かれた「私記」の序文があって、それにもとづいて、多氏が伝えてきたフルコトブミを権威化するために「天武天皇の権威に拠りかかった（『古事記』の）『序』を偽造」した、と見るのである〔三浦、前出〕。

多氏は、なぜそんなことをする必要があったのか。そこには九世紀初頭の時代動向があった。その時代には、忌部《いんべ》氏の『古語拾遺《こごしゅうい》』や物部《もののべ》氏の『先代旧事本紀《せんだいくじほんぎ》』、また卜部《うらべ》氏の『新撰亀相記《しんせんきそうき》』など、祭祀《さいし》に携わった氏族たちのあいだで、自分たちの固有性を主張する「氏文《うじぶみ》」が作られた。

その背景には、「律令国家の成立によって生じた家々の危機意識、天皇家あるいは藤原氏と祭祀氏族たちの間に生じた軋轢《あつれき》」があった。多氏もまた、そうした氏族たちの危機意識を共有する形で、自らの家に伝わったフルコトブミ（古事記）を権威化しようとした。そこで「律令国家の創始者である天武天皇に古事記成立の契機を仮託する」ことで、「はじめて権威を手に入れることができた」というのである〔三浦、前出〕。こうした問題提起は、近代以降に、国家の聖典、国体神話の神典とされた『古事記』の権威を相対化した、ということで、大きな意義をもつといえるだろう。(＊2)

けれども、問題とすべきは、どうもそれだけでは終わりそうもないようだ。

もう一度、先ほどの「弘仁私記序」の（1）のパートを読み直してみてほしい。さりげなく書かれているので見逃してしまうのだが、『古事記』を撰録した「太朝臣安麻呂」は舎人親王とともに『日本書紀』の編纂にも携わったと書かれているのだ。もちろんそのようなことは、正史の『続日本紀』には記録されていない。そこからは、多氏一族が、自分たちの先祖である太安万侶のことを顕彰するために、あえて『日本書紀』編纂にも携わったように偽装したのだろうと、考えられる。

さらに、そのとき忘れてはならないことは、この「弘仁私記序」という文章を書いた多《おおの》人長《ひとなが》とは、弘仁三年（八一二）に開講された日本紀講の博士を務めた人物であったことだ。つまり「弘仁私記序」という文章は、『日本書紀』の講義を務める多人長が、『古事記』『日本書紀』を編纂、撰録した「従四位下勲五等太朝臣安麻呂」の子孫であることを宣言することによって、これ以降の、自らが博士を務める『日本書紀』講義の権威を高めようとした、ということだ（多人長は、安万侶の孫ともされる）。この文章が「日本紀講」という場にむけて発せられていることが、なによりも重要なのである。

ではそうだとしたら、なぜ多人長は、安万侶が『日本書紀』編纂のみならず、『古事記』という本を撰録したことを、わざわざ「日本紀講」の場にむけて主張する必要があるのだろうか。なんとも問題は錯綜《さくそう》して複雑だが、さらに「弘仁私記序」を読み込んでみよう。

多氏の始祖神話が語ること

「弘仁私記序」には、ふたつの始祖神話が埋め込まれている。太安万侶が（a）「王子《みこ》神《かむ》八《や》井耳命《いみみのみこと》の後なり」、稗田阿礼が（b）「天鈿女命《あめのうずめのみこと》の後なり」と注記されているところだ。

これは他の資料にはない記事である。

安万侶の始祖とされる「王子神八井耳命」とは何者なのか。『記』『紀』によると、初代の神武《じんむ》天皇の嫡妃《ちゃくひ》イスケヨリヒメの皇子であった。つまり太安万侶は、神武天皇の皇子の子孫となるわけだ。もっとも古代氏族が天皇家との系譜上の繋がりを主張することは一般的なことなので、問題となるのは、この「神八井耳命」の素性である。『古事記』から見てみよう。

「神八井耳命」（以下、カムヤイミミ）には「神沼河耳命」（以下、カムヌナカハミミ）という同母の弟と、「当芸志美々命」（以下、タギシミミ）という腹違いの兄がいた。異腹の兄タギシミミは、神武の死後、なんと亡き父の妻イスケヨリヒメを自分の妻にしてしまい、次の皇位を狙った。さらに邪魔になったカムヤイミミ・カムヌナカハミミ兄弟の殺害を謀った。だがあわや、というとき、母のイスケヨリヒメが歌を詠んで、ふたりに危機が迫っていることを告げた。

そこでカムヤイミミとカムヌナカハミミは、先手をうってタギシミミを討ち取ろうとするが、兄のカムヤイミミは恐怖で手足が震えてしまい、タギシミミを殺すことができなかった。そんな臆病な兄に代わって、弟のカムヌナカハミミがタギシミミを見事討ち倒したのである。そこでカムヤイミミは、弟に次のように誓った。「私は仇を殺すことができなかったが、あなたはそれができた。自分は兄であるが、『上』にたつのは、あなただ。

弟のあなたが『天の下』を統治するべきだ。私はあなたを助けて、『忌人《いはひひと》』となろう」と――(『古事記』中巻、新編日本古典文学全集、161～163頁)。

ここからわかるように、太安万侶は、この敵を倒せなかった臆病者のカムヤイミミの子孫となる。現代の感覚では不可思議な感じもするが、重要なのは、カムヤイミミが「忌人」となって、天皇に奉仕したというところだ。「忌人」とは、神を祀る者である。『日本書紀』では、同じところを「神祇《あまつかみくにつかみ》を奉典《つかさどりまつ》らむ」(『日本書紀』綏靖天皇即位前紀、新編日本古典文学全集、245頁)と記している。どちらも神々を祭祀する職能者である。つまり太安万侶の多氏は神々の祭祀で天皇に奉仕する「忌人」の系譜にある、ということになるのである。

一方、稗田阿礼の先祖とされる「天鈿女命」については、説明するまでもないだろう。アメノウズメ。そう、岩戸に籠《こも》ったアマテラスを迎え出すために神懸りの舞を舞った女神である。その系譜は宮廷の鎮魂祭、神楽《かぐら》にかかわる猿女君《さるめのきみ》とも繋がる。これは稗田阿礼が「女性シャーマン」の血筋ではないか、という議論も招くことになるところだ。「勅語の旧辞」を語り伝えた稗田阿礼が、神楽の起源となるアメノウズメの子孫、猿女君と同族であったという始祖神話が、埋め込まれていたのである。

なお、多氏の「忌人」という職名も、神楽などの神事芸能とかかわるという説もある(西郷信綱・一九七三)。多氏は、雅楽・神楽の家となり、貞観《じようがん》年間に活動した「多自然麿《じぜまろ》」

なる人物が「舞人」の「根元」をなしたという伝承が楽書（「郢曲相承次第《えいきょくそうしょうしだい》」）にも伝えられている。ちなみに、現代も宮内庁楽部は「多家」が担っている。

さらに神楽という芸能の担い手が、カムヤイミミという敗れた皇子を始祖とするというのも、中世の芸能者の始祖伝承のスタイルと水脈的には通じているだろう。芸能者は「賤《いや》しき者」とされつつ、同時に天皇になれなかった皇子の血筋を引く者という始祖伝承をもっているのである（兵藤裕己・一九八九）。

「忌人」と「博士」の二重性を生きる

以上をまとめると、「弘仁私記序」には、太安万侶について『古事記』とともに『日本書紀』の編纂にかかわったということと、さらに太安万侶（多氏）の神話的な始祖が神武天皇の皇子のカムヤイミミであったことが記されており、それは「忌人」という祭祀職能者の起源に結びつけられていた。このことは、何を語っているのだろうか。

『古事記』を撰録した太安万侶は阿礼が語り伝えた「先代旧辞（王家の神話）」を作った人物とされた。そしてその安万侶は、天皇と繋がりのある「忌人」という職掌にも繋がっていた。そのあり方は律令国家の官僚組織以前の、大王に直属する集団の一員ということになる。天皇の家産組織、すなわち「内廷《ないてい》的組織」の一員といってもよい。それは律令官僚制とは異なる立ち位置を示すものである。それゆえに天皇直属の「舎人《とねり》」（秘書役）であり、また神楽芸能を伝える猿女《さるめ》氏と同族の稗田阿礼と共同して、『古事記』を撰録したのである。

しかし九世紀初頭において、多氏にとっての「太安万侶」の位置づけは、それだけではすまなくなる。多人長が、律令国家を運営する「外廷《がいてい》的組織」である太政官の書記官（外《げ》記局《ききよく》）に所属する儒学者グループとともに、朝廷主宰の『日本書紀』の講義（日本紀講）の博士の役割を担ったからだ。ここでの多氏は、律令官僚制の一員となる。そうした立場の多人長にとって、先祖の太安万侶は『古事記』を撰録しただけではなく、舎人親王とともに『日本書紀』の編纂にも携わっていた、というもうひとつの立場を必要としたのである（なお、「太朝臣安麻呂」が『日本書紀』編纂に携わったことは、鎌倉時代の『釈日本紀』にも引用されている）。

以上のような視点から考えると、多氏が律令国家の創成者である天武天皇に、その権威の源を求めたことの意味も、あらたに見えてくるだろう。天武天皇は律令国家の正史たる『日本書紀』を編纂する契機を作ったとともに、「王家」の内廷的な神話・歴史を叙述する『古事記』を作る仕掛け人でもあったという二重性である。それを三浦佑之氏は「分裂症的な気質」「二重人格的な振舞い」と呼ぶのだが〔三浦・二〇〇七、二〇一九〕、じつは、その二重性こそ、九世紀初頭の「弘仁私記序」が作り上げた天武天皇神話であった、といえるだろう。

もちろん、その神話を作った多人長もまた、自分たちが律令以前の大王直属氏族（忌人）の系譜をもちつつ、律令国家を構成する官僚組織の一員という二重化された存在を強いられていくのである。九世紀初頭の多氏も「分裂症的」「二重人格的」な存在として、平安京遷都以降の、新しい時代を生きていかねばならなかった、ということになるだろう。

そしてその「弘仁私記序」が語る『古事記』成立の神話とは、あくまでも日本紀講という場において生成するものであった。日本紀講の場では、『古事記』は「古語」＝語りの典拠とされてきたからだ（第三章、107頁）。「弘仁私記序」の神話は、日本紀講の場で「古語」の典拠としての『古事記』の権威を作り出す働きをもったのである。

『日本書紀』一三〇〇年、その次の時代へ

さて、本書もいよいよ最後のまとめに入らねばならない。「中世日本紀」という、ひじょうに特異な話題から出発した本書は、『日本書紀』を読むこと、注釈することが、原典を変えてしまう、中世特有な神話を創造する知の運動であったことを見てきた。それは鎌倉時代から南北朝、室町時代という、時代の激動期のなかで、『日本書紀』が読み替えられていく姿を追っていくことでもあった。その神話創造の担い手たちは「日本紀の家」と呼ばれる卜部氏たち、あるいは皇祖神アマテラスを祀る伊勢神宮の神官たちであった。

そこから次にふたつの方向性を辿《たど》ることになった。ひとつは中世の「日本紀の家」の卜

部氏たちが資料のひとつにした、平安時代の「日本紀講」という、朝廷主宰の『日本書紀』の講義の世界である。

もうひとつの流れは、「中世日本紀」の世界から下っていく、江戸時代の儒学、国学者たちによる『日本書紀』の注釈、解釈世界であった。そしてそれは維新変革という時代の転換点を生きつつ、近代日本という時代のなかで、近代国家の神話として読み替えられるとともに、近代学問の対象となっていく『日本書紀』の姿を追うことになった。そしてそれらの研究を踏まえるかたちで、あらためて『日本書紀』成立の現場へと向かったのである。

以上の一三〇〇年の歴史から見えてくるのは、つねに、その時代の最新の知識、信仰、学問によって、『日本書紀』が解釈され、研究されてきた、ということだ。注釈を通して、変貌する『日本書紀』の姿とは、すなわち、その時代の最新の知にもとづいた、新しい「神話」の創造だったのである。それは「歴史の危機的転換期において、必然的に人々の内奥をとらえるような、そういう種類の神話」といえるだろう〔橋川文三・二〇〇一〕。

しかし、それはなぜ「神話」なのか——。

神話とは、今ある現実の始まり、その根拠、意味を語っていく物語である。神話によって、われわれは自分たちの起源を知るのだ。そして時代の現実が変わっていけば、その変化した現実の由来、そこに生きる自分たちの意味づけを、あらたな神話として語っていかねばならない。

そのとき「神話」は、たんに変化した、目のまえの現実を肯定的に意味づけるだけではない。神話がつねに、超越的な想像力を求めるものであるならば、新しい現実に対応した神話は、同時に、その目のまえの現実を超越し、それを変革する想像力や学問の知をもたらしてくれるからだ。

『日本書紀』の一三〇〇年の歴史を辿ってきたわれわれは、次なる時代にむけて、あらたな「神話」を探究する知の旅をはじめよう。

（＊1）古代国家における「天皇」の二重性については、古代天皇の即位大嘗祭が「内廷的祭祀」と「外廷的祭祀」の二重構造を持ち続けるという、神道史研究者の岡田《おかだ》荘司《しょうじ》氏が、天皇祭祀をめぐって、次のように述べていることとも連関してくるようだ。

「令制以前（大化前代）いらいの祭祀氏族である中臣、忌部の両氏が大きくかかわってきた天皇の家産機関を動員した親祭祭祀（内廷的祭祀）は、令制確立の中で律令祭祀（班幣行事を中心とする外廷的祭祀）に包括されていくことになる」（岡田・二〇一九、165頁）

（＊2）たとえば昭和四年（一九二九）に古事記偽書説を唱えた三重県の僧侶・中沢見明は、アジア・太平洋戦争の時代には憲兵隊に呼び出され、また版元は絶版を命じられたという。

それにしても『日本書紀』は運が悪い。ただでさえ「成立一三〇〇年」の話題は、世間的にはパッとしなかったのに、数少ない講演の企画や講座などのイベントも、新型コロナウイルスの猛威によって、ほぼ吹き飛ばされてしまった。まったく間が悪い『日本書紀』だ。

そんななかで、山下久夫《やましたひさお》さんと共編で『日本書紀一三〇〇年史を問う』（思文閣出版）を刊行できたのは幸いであった。ただこの本は、あくまでも専門研究者向けの論文集なので、やはり、もっと広い読者を対象とした、『日本書紀』一三〇〇年の通史本が必要だろう、ということで、本書の執筆となったのである。四月以降の大学の授業は、すべてオンライン、リモート授業となってしまい、まったく初めての経験で大いに戸惑いながら、また外出自粛という、なんだか引き籠《こも》りのような生活が続くなかで、ひたすら執筆に専念するしかなかった。そんななかでの「成果」が本書、ということになる。

けれどもあらためて考えてみると、『日本書紀』が編纂《へんさん》されて一三〇〇年目という年は、二一世紀の世界が初めて経験したコロナ禍の年でもあった、というように記憶されることになるだろう。本書が、この時代を生きた人びとの「記憶」作りの手助けになれば、これに越したことはない。

さて、本書は、『日本書紀』が編纂された八世紀初頭から、二一世紀の現在まで、この書物が、誰に、どのように読まれてきたのか、ということを通史として記述したものだ。だが、本の構成としては、中世から始まり、平安期の古代へ、そして近世、近代、現代へと展開し、最後に、『日本書紀』が成立した八世紀に至る、という変則的な語り方になっている。

なぜ、中世から始まるのか——。すでに本書を読んでいただけた方にはわかってもらえると思う。『日本書紀』がどう読まれてきたか、というのは、けっして受け身的な受容、享受の行為ではなく、『日本書紀』を「読む」ことは、「読み替える」ことであり、その読み替えを通して、時代固有な「神話」を生み出すことであった。そのことをもっともラディカルに実践してきたのが中世という時代であった。だから『日本書紀』一三〇〇年の歴史を見ていく本書は、「中世日本紀」「中世神話」と名付けられた、もっともスポットライトを当てるべき時代の現場からスタートしたわけだ。

そして『日本書紀』を読み替えて、新しい神話を創造する行為が、けっして中世だけに限られたことではなく、じつは近世、近代、現代にまで貫通する、知の実践行為であったこと、そしてその視点から、『日本書紀』成立の八世紀をも読み替えていくことになった。本書が記述する「通史」とは、そんな歴史の読み替えでもあったということになるだろう。

さらに、『日本書紀』の一三〇〇年の歴史を通して、あらためて思い知るのは、それぞれの時代を生きる人びとの神話への渇望ではないだろうか。その神話への思いは、エピグラフに引用した、ドイツ・ロマン派のフリードリヒ・シュレーゲルのいう「精神の最も奥深い深み」からのもの、あるいは第六章で引用した政治思想史家の橋川文三《はしがわぶんそう》が述べた「歴史の危機的転換期」を生きる人びとの「内奥」を捉《とら》えて離さないもの、ということになろう。『日本書紀』一三〇〇年史を記述してきた本書は、まさしく、今われわれが体験している「歴史の危機的転換期」における、あらたな「神話」の探究でもあった、ともいえようか。

本書の構成を平板な通史ではなく、中世から始めるというアイデアは、学芸ノンフィクション部の編集者・堀由紀子さんとの打ち合わせから生まれた。また堀さんには、草稿の段階でいろいろとコメントをしていただき、とりわけ近現代にかんする記述については、貴重な示唆も与えてくださった。角川選書としては『陰陽師たちの日本史』(二〇一四年)に続く、二冊目となったのだが、前著と同じように、本書も堀さんとの共同作業で作られた本だ。ただし例によって、締め切りギリギリという慌しい作業になってしまったことにお詫《わ》びを。また校閲にかんしては、時間的に厳しいなかで、ほんとうに丁寧なチェックをしていただいた。感謝をお伝えします。なお本書で使用した写真は、斎藤陽子の協力を得た。

執筆期間は、なんだか引き籠りのような状況だったが、しかし本になる最後のところでは、多くの人たちとの社会的な繋《つな》がりのなかにあることを実感した。本書を手にとってくださった方たちにも、『日本書紀』一三〇〇年史に流れる「神話」への渇望を通して、あらたな社会や歴史との繋がりを再認識することができれば、と思う。

二〇二〇年九月一日　　晩夏の京都で

斎藤　英喜

参考文献

■原典資料

『日本書紀』新編日本古典文学全集　小学館
『古事記』新編日本古典文学全集　小学館
『風土記』新編日本古典文学全集　小学館
『古語拾遺』岩波文庫
「弘仁私記序」国史大系　吉川弘文館
『紫式部日記』新編日本古典文学全集　小学館
『源氏物語』日本古典文学全集　小学館
『更級日記』新編日本古典文学全集　小学館
『江談抄』新日本古典文学大系　岩波書店
『釈日本紀』神道大系　古典註釈編　神道大系編纂会
『沙石集』日本古典文学大系　岩波書店
『太平記』岩波文庫
『平家物語』日本古典文学全集　小学館
『勘仲記』史料大成　臨川書店
『古今和歌集序聞書三流抄』中世古今集注釈書解題　二　赤尾照文堂
『宝基本記』日本の思想14　神道思想集　筑摩書房
『御鎮座伝記』、『御鎮座本紀』神道大系　論説編　伊勢神道（上）神道大系編纂会
『類聚神祇本源』日本思想大系19　岩波書店
「外宮禰宜目安箱」「外宮禰宜雅任雑掌訴状案」『建武の中興と神宮祠官の勤王』神宮祠官勤王顕彰会
『満済准后日記』続群書類従　補遺一　続群書類従完成会
『外宮子良館旧記』続群書類従　第一輯下　神祇部　続群書類従完成会
『元長修祓記』神道大系　古典註釈編　中臣祓註釈　神道大系編纂会
『宣胤卿記』史料大成　臨川書店
『日本書紀纂疏』神道大系　古典註釈編　日本書紀註釈（中）神道大系編纂会
『神書聞塵』神道大系　古典註釈編　日本書紀註釈（下）神道大系編纂会
「神道大意　兼倶」神道大系　論説編　卜部神道（上）　神道大系編纂会
『垂加翁神説』日本の思想14　神道思想集　筑摩書房
『古史通』日本の思想6　歴史思想集　筑摩書房
『陽復記』日本の思想14　神道思想集　筑摩書房
『中臣祓瑞穂鈔』、『神宮秘伝問答』神道大系　論説編　伊勢神道（下）　神道大系編纂会
『玉勝間』本居宣長全集1　筑摩書房

『古事記伝』本居宣長全集9・11　筑摩書房
『玉くしげ』、『くず花』本居宣長全集8　筑摩書房
『古史成文』新修平田篤胤全集1　名著出版
『古史徴』新修平田篤胤全集5　名著出版
『古史伝』新修平田篤胤全集3　名著出版
『霊能真柱』日本思想大系50　岩波書店
『本教外編』日本の思想14　神道思想集　筑摩書房
『日本書紀伝』鈴木重胤全集1・6　鈴木重胤先生学徳顕揚会
『延喜式祝詞講義』国書刊行会
「神祇省告論」日本近代思想大系　天皇と華族　岩波書店
『献芹詹語』日本思想大系　国学運動の思想　岩波書店
『明治天皇紀』吉川弘文館
『駁戎問答』大国隆正全集1　国書刊行会
「皇室典範及憲法制定ニ付テノ御告文」、「教育ニ関スル勅語」増補・皇室事典　冨山房
「神道は祭天の古俗」日本近代思想大系13　歴史認識　岩波書店
「素戔嗚尊の神話伝説」「素尊嵐神論」「比較神話学上より見たる日本神話」「古事記神代巻の神話及歴史」論集　日本文化の起源3　平凡社
「植民的国民としての日本人」『太陽』第五巻第六号
「日本神話」神道講座4　歴史篇　神道講攷究会編　原書房
「民譚民俗信仰に現れたる日本精神」『日本精神講座8』新潮社
『国体の本義』文部省編

■参考文献

プロローグ

家永三郎「研究・受容の沿革」(『日本書記・上』日本古典文学大系第67、岩波書店、一九六七年)

(第一章)

伊藤聡『神道とはなにか』(中公新書、二〇一二年)
――「蒙古襲来と神国思想」(日本思想史事典編集委員会編『日本思想史事典』丸善出版、二〇二〇年)
伊藤正義「中世日本紀の輪郭」(『文学』一九七二年一〇月号)
井上寛司「中世杵築大社の年中行事と祭礼」(『大社町史研究紀要』第三号、大社町教育委員会、一九八八年)

――『大社町史』上巻〔第三章〕（大社町史編集委員会、一九九一年）
――「『出雲神話』における古代と中世」（『出雲古代史研究』10号、二〇〇〇年）
袁珂『中国神話伝説大事典』（鈴木博訳。大修館書店、一九九九年）
大石良材『日本王権の成立』（塙書房、一九七五年）
岡田莊司『兼倶本・宣賢本日本書紀神代巻抄』解題（続群書類従完成会、一九八四年）
――『平安時代の国家と祭祀』（続群書類従完成会、一九九四年）
――『大嘗祭と古代の祭祀』（吉川弘文館、二〇一九年）
小川剛生「公家社会と太平記」（市沢哲編『太平記を読む』吉川弘文館、二〇〇八年）
海津一朗『神風と悪党の世紀』（講談社現代新書、一九九五年）
――「解説」（黒田俊雄『蒙古襲来』日本の歴史・八、中公文庫、二〇〇四年）
久保田収『中世神道の研究』（神道史学会、一九五九年）
――「釈日本紀について」（『藝林』一九六〇年六月号）
斎藤英喜『アマテラスの深みへ』（新曜社、一九九六）
――『読み替えられた日本神話』（講談社現代新書、二〇〇六年）
――『アマテラス』（学研新書、二〇一一年）
――『荒ぶるスサノヲ、七変化―〈中世神話〉の世界』（吉川弘文館、二〇一二年ａ）
――『陰陽師たちの日本史』（角川選書、二〇一四年ａ）
坂井孝一『承久の乱』（中公新書、二〇一八年）
佐藤弘夫『神国日本』（ちくま新書、二〇〇六年）
鈴木啓之「真福寺本古事記の成立と伝来」（古事記学会編『古事記研究大系2・古事記の研究史』高科書店、一九九九年）
杉山正明「モンゴル時代のアフロ・ユーラシアと日本」（近藤成一編『日本の時代史9　モンゴルの襲来』吉川弘文館、二〇〇三年）
西田長男「卜部神道の成立と一条家の人びと」（『日本神道史研究』第五巻、講談社、一九七九年）
兵藤裕己『太平記』一「解説1『太平記』の成立」（岩波文庫、二〇一四年）
三浦佑之『出雲神話論』（講談社、二〇一九年）

村田真一『宇佐八幡神話言説の研究』(法藏館、二〇一六年)
安江和宣「『釈日本紀』と大嘗祭」(『神道史研究』一九八〇年七月)
――「中世に於ける卜部氏の『日本書紀』研究と大嘗祭」(『皇學館論叢』一四巻一号、一九八一年二月)
山田慶児『朱子の自然学』(岩波書店、一九七八年)
山本ひろ子『変成譜』(春秋社、一九九三年)

(第二章)

阿部泰郎『中世日本の世界像』(名古屋大学出版会、二〇一八年)
伊藤聡『中世天照大神信仰の研究』(法藏館、二〇一一年)
榎原雅治「一揆の時代」(榎原雅治編『日本の時代史11 一揆の時代』吉川弘文館、二〇〇三年)
小川豊生「座談会・十五世紀の文学　第三提起」(『文学』二〇〇八年五・六月号)
――『中世日本の神話・文字・身体』(森話社、二〇一四年)
――「中世神学と日本紀―一三〜一四世紀における至高の神と霊魂の探求―」(山下久夫・斎藤英喜編『日本書紀一三〇〇年史を問う』思文閣出版、二〇二〇年)
斎藤英喜「『古語拾遺』の神話言説」(『椙山女学園大学研究論集』第三九号、一九九九年a)
――「日本紀講から中世日本紀へ」(伊藤聡編『中世神話と神祇・神道世界』竹林舎、二〇一一年)
――『古事記はいかに読まれてきたか』(吉川弘文館、二〇一二年・b)
――「『釈日本紀』、『日本書紀纂疏』から『神書聞塵』へ―中世における〈注釈知〉の系譜をもとめて」(山下久夫・斎藤英喜編『日本書紀一三〇〇年史を問う』思文閣出版、二〇二〇年)
阪本廣太郎監修『建武の中興と神宮祠官の勤王』(神宮祠官勤王顕彰会、一九三五年)
桜井英治『室町人の精神』(講談社、二〇〇一年)
瀬田勝哉「伊勢の神をめぐる病と信仰」(萩原龍夫編『伊勢信仰1』雄山閣、一九八五年)
高橋美由紀『伊勢神道の成立と展開』(大明堂、一九九四年)
『神道思想史研究』(ぺりかん社、二〇一三年)
谷口潤「草薙剣と天皇即位儀礼」(『佛教大学大学院紀

要〔文学研究科篇〕』48号、二〇二〇年）

西垣晴次「南伊勢における南北朝動乱」（『歴史評論』一九五九年八月号）

新田一郎「虚言ヲ仰ラル、神」（『列島の文化史』六号、日本エディタースクール出版部、一九八九年）

――『お伊勢まいり』（岩波新書、一九八三年）

永島福太郎『一条兼良』（吉川弘文館、一九五九年）

中村光「中世に於ける日本書紀の研究」（史学会編『本邦史学史論叢・上巻』冨山房、一九三九年）

中村璋八『日本陰陽道書の研究』（汲古書院、一九八五年）

萩原龍夫『中世祭祀組織の研究〔増補版〕』（吉川弘文館、一九七五年）

「京都の神明社」（萩原龍夫編『伊勢信仰　古代・中世』雄山閣出版、一九八五年）

原克昭『中世日本紀論考』（法藏館、二〇一二年）

星優也「伊勢の日本紀―道祥と春瑜の『日本書紀私見聞をめぐって』（山下久夫・斎藤英喜編『日本書紀一三〇〇年史を問う』思文閣出版、二〇二〇年）

村上紀夫『近世京都寺社の文化史』（法藏館、二〇一九年）

山本ひろ子「至高者たち―中世神学へ向けて」（山折哲雄編『日本の神1』平凡社、一九九五年）

（第三章）

飯沼清子「藤原道長の書籍蒐集」（『風俗』二七巻二号、一九八八年）

大曽根章介「文人藤原為時」（『国文学』一九八二年一〇月号）

神野志隆光『古代天皇神話論』（若草書房、一九九九年）

――『変奏される日本書紀』（東京大学出版会、二〇〇九年）

斎藤英喜「わが念じ申す天照御神―『更級日記』のスピリチュアリティ」（斎藤英喜編『アマテラス神話の変身譜』森話社、一九九六年）

――「摂関期の日本紀享受」（『国文学　解釈と鑑賞』一九九九年三月号b）

――『古事記　不思議な１３００年史』（新人物往来社、二〇一二年c）

関晃「上代に於ける日本書紀講読の研究」（『史学雑誌』五三巻一二号、一九四二年）

津田博幸『生成する古代文学』（森話社、二〇一四年）

谷戸美穂子「『住吉大社神代記』の神話世界」（『古代

文学』37号、一九九八年）
山下久夫「古事記伝を近世以前から照らし出す―『日本紀講』・中世の水脈より」（山下久夫・斎藤英喜編『越境する古事記伝』森話社、二〇一二年）
吉原浩人「院政期の日本紀享受」（『国文学　解釈と鑑賞』一九九九年三月号）
吉森佳奈子「『源氏物語』と日本紀」（『国語国文』一九九八年四月号）

〈第四章〉

石田一良編『日本の思想14　神道思想集〈訳注〉』（筑摩書房、一九七〇年）
池見澄隆「『序』にかえて―冥・顕論の地平」（池見澄隆編『冥顕論』法藏館、二〇一二年）
磯前順一『記紀神話のメタヒストリー』（吉川弘文館、一九九八年）
井上智勝『近世の神社と朝廷権威』（吉川弘文館、二〇〇七年）
植垣茂「近世初期の古事記研究」（『古事記年報』四号、一九五七年）
海老澤有道『南蛮学統の研究』（創文社、一九五八年）
遠藤慶太「神武天皇の末孫として―近世の神武天皇」（清水潔監修『神武天皇論』国書刊行会、二〇二〇年）
遠藤潤『平田国学と近世社会』（ぺりかん社、二〇〇八年）
小倉慈司「『敬神』と『信心』と」（小倉慈司・山口輝臣『天皇の歴史9　天皇と宗教』講談社、二〇一一年）
折口信夫「神道に現れた民族論理」（新編『折口信夫全集』3、中央公論社、一九九五年）
桂島宣弘『自他認識の思想史』（有志舎、二〇〇八年）
加茂正典『日本古代即位儀礼史の研究』（思文閣出版、一九九九年）
桑原武夫「解説　新井白石の先駆性」（日本の思想13『新井白石集』筑摩書房、一九七〇年）
呉哲男『古代日本文学の制度論的研究』（おうふう、二〇〇三年）
子安宣邦「平田篤胤の世界」（相良亨『日本の名著24　平田篤胤』中央公論社、一九七二年）
近藤啓吾「『倭姫命世記』と山崎闇斎」（『神道史研究』三五巻四号、一九八七年）
齋藤公太「『附会』と『考証』のあいだ―垂加神道の『日本書紀』解釈」（山下久夫・斉藤英喜編『日本書

紀一三〇〇年史を問う』思文閣出版、二〇二〇年）
斎藤英喜「近世神話としての『古事記伝』」（佛教大学『文学部論集』第94号、二〇一〇年）
――「宣長・アマテラス・天文学」（佛教大学『歴史学部論集』創刊号、二〇一一年）
――「異貌の『古事記』」（『現代思想』二〇一一年五月臨時増刊号「総特集・古事記」）
――「中世日本紀から『古事記伝』へ」（山下久夫・斎藤英喜編『越境する古事記伝』森話社、二〇一二年）
――『古事記はいかに読まれてきたか』（吉川弘文館、二〇一二年・b）
――「読み替えられた伊勢神宮―出口延佳、本居宣長を中心に」（ジョン・ブリーン編『変容する聖地伊勢』思文閣出版、二〇一六年）
平重道『近世日本思想史研究』（吉川弘文館、一九六九年）
高埜利彦「元禄の社会と文化」、「江戸時代の神社制度」（高埜利彦編『日本の時代史15　元禄の社会と文化』吉川弘文館、二〇〇三年）
田中康二『本居宣長の大東亜戦争』（ぺりかん社・二〇〇九年）
谷省吾『鈴木重胤の研究』（神道史学会、一九六八年）
――『垂加神道の成立と展開』（国書刊行会、二〇〇一年）
田原嗣郎『人物叢書・平田篤胤』（吉川弘文館、一九六三年）
中村孝也「史家としての新井白石」（史学会編『本邦史学史論叢・下巻』冨山房、一九三九年）
西岡和彦「垂加派の日本紀研究」（『国文学　解釈と鑑賞』一九九九年三月号）
芳賀登『近世知識人社会の研究』（教育出版センター、一九八五年）
引野亨輔「平田篤胤と『俗神道家』の間」（『近世近代の地域社会と文化』清文堂、二〇〇四年）
樋口浩造『「江戸」の批判的系譜学』（ぺりかん社、二〇〇九年）
日野龍夫『宣長と秋成』（筑摩書房、一九八四年）
平出鏗二郎「度会延佳及び其神学」（『史学雑誌』一九〇一年五月号～九月号）
深谷克己『近世の国家・社会と天皇』（校倉書房、一九九一年）
藤田覚『江戸時代の天皇』（講談社、二〇一一年）
前田勉『近世神道と国学』（ぺりかん社、二〇〇二年）

益田宗「古史通・訳注」（丸山真男編『日本の思想6　歴史思想集』筑摩書房、一九七二年）
松島栄一「新井白石」（歴史学研究会、日本史研究会編『日本歴史講座』第八巻「日本史学史」東京大学出版会、一九五七年）
松本丘『垂加神道の人々と日本書紀』（弘文堂、二〇〇八年）
御巫清直『先代旧事本紀析疑』（『神道大系・先代旧事本紀』神道大系編纂会、一九八〇年）
三木正太郎『平田篤胤の研究』（神道史学会、一九六九年）
宮地正人『歴史のなかの新選組』（岩波書店、二〇〇四年）
――『幕末維新変革史　上』（岩波書店、二〇一二年）
藪内清「西洋天文学の影響」（日本学士院編『明治前日本天文学史』日本学術振興会、一九六〇年）
山下久夫「『近世神話』からみた『古事記伝』注釈の方法」（鈴木健一編『江戸の「知」』森話社、二〇一〇年）
――「宣長『古事記伝』と重胤『日本書紀伝』―起源神話の創造として―」（山下久夫・斎藤英喜編『日本書紀一三〇〇年史を問う』思文閣出版、二〇二〇年）

（第五章）

青野正明『帝国神道の形成』（岩波書店、二〇一五年）
赤澤史朗『近代日本の思想動員と宗教統制』（校倉書院、一九八五年）
畔上直樹『「村の鎮守」と戦前日本』（有志舎、二〇〇九年）
新井勝紘「自由民権と近代社会」（同編『日本の時代史22　自由民権と近代社会』吉川弘文館、二〇〇四年）
安藤礼二『神々の闘争　折口信夫論』（講談社、二〇〇四年）
――『折口信夫』（講談社、二〇一四年）
家永三郎『日本の近代史学』（日本評論社、一九五七年）
――『津田左右吉の思想史的研究』（岩波書店、一九七二年）
石母田正「古代貴族の英雄時代」（歴史科学協議会編『歴史科学大系　1』校倉書房、一九七二年。原著は一九四八年）

磯前順一『近代日本の宗教言説とその系譜』(岩波書店、二〇〇三年)
伊藤聡「忌部正通『神代巻口訣』と忌部神道」(山下久夫・斎藤英喜編『日本書紀一三〇〇年史を問う』思文閣出版、二〇二〇年)
井上勲「開国と幕末の動乱」(井上勲編『日本の時代史20 開国と幕末の動乱』吉川弘文館、二〇〇四年)
上田賢治「渡辺重石丸」(『神道人名辞典』神社新報社、一九八六年)
上田正昭「津田史学の本質と課題」(歴史学研究会、日本史研究会編『日本歴史講座』第八巻「日本史学史」東京大学出版会、一九五七年)
遠藤潤「近代神道研究をめぐる諸相」(『日本宗教史6 日本宗教史研究の軌跡』吉川弘文館、二〇二〇年)
大谷栄一『日蓮主義とはなんだったのか』(講談社、二〇一九年)
大林太良「松村神話学の展開―ことにその日本神話研究について」(『文学』一九七一年一一月号)
越智通敏『矢野玄道の本教学』(錦正社、一九七一年)
小股憲明『近代日本の国民像と天皇像』(大阪公立大学共同出版会、二〇〇五年)
折口信夫「日本紀1」(『折口信夫全集 ノート編』8・9、中央公論社、一九七一年)
――「国文学の発生」(新編『折口信夫全集』1、中央公論社、一九九五年)
――「大嘗祭の本義」、「神道に現れた民族論理」(新編『折口信夫全集』3、中央公論社、一九九五年)
桂島宣弘『幕末民衆思想の研究』(文理閣、一九九二年)
河西秀哉『近代天皇制から象徴天皇制へ』(吉田書店、二〇一八年)
黒板勝美『国史の研究〔第2〕更訂』(岩波書店、一九四八年)
権東祐「教派神道の『日本書紀』解釈と朝鮮布教―佐野経彦の『建白書』を中心に」(山下久夫・斎藤英喜編『日本書紀一三〇〇年史を問う』思文閣出版、二〇二〇年)
神野志隆光『古事記の達成』(東京大学出版会、一九八三年)
――『古代天皇神話論』(若草書房、一九九九年)
小風秀雅「アジアの帝国国家」(同編『日本の時代史23 アジアの帝国国家』吉川弘文館、二〇〇四年)
西郷信綱『古事記の世界』(岩波新書、一九六七年)

――『古事記研究』（未來社、一九七三年）
斎藤英喜『異貌の古事記』（青土社、二〇一四年）
――「折口信夫の深みへ」（『現代思想』臨時増刊号「総特集・折口信夫」二〇一四年五月）
――「折口信夫、異貌の神道へ――『現行諸神道の史的価値』を起点に」（前田雅之・青山英正・上原麻有子編『幕末明治―移行期の思想と文化』勉誠出版、二〇一六年）
――「神道・大嘗祭・折口信夫―〈神道〉はいかに可能か」（『現代思想』臨時増刊号「総特集・神道を考える」二〇一七年二月）
――「〈神道史〉のなかの折口信夫」（佛教大学『歴史学部論集』第七号、二〇一七年三月）
――「折口信夫の可能性へ―たゝり・アマテラス・既存者をめぐって」（愛知県立大学『説林』第六五号、二〇一七年三月）
――「近代神道・神話学・折口信夫―『神話』概念の変革のために」（植朗子・南郷晃子・清川祥恵編『「神話」を近現代に問う』勉誠出版、二〇一八年）
――『折口信夫　神性を拡張する復活の喜び』（ミネルヴァ書房、二〇一九年）
――「読み替えられた『日本書紀』の系譜と折口信夫」（山下久夫・斎藤英喜編『日本書紀一三〇〇年史を問う』思文閣出版、二〇二〇年）
阪本健一『明治神道史の研究』（国書刊行会、一九八三年）
阪本是丸『明治維新と国学者』（大明堂、一九九三年）
――『国家神道形成過程の研究』（岩波書店、一九九四年）
――「昭和前期の『神道と社会』に関する素描―神道的イデオロギー用語を軸にして」（國學院大學研究開発推進センター編『昭和前期の神道と社会』弘文堂、二〇一六年）
塩川哲朗「『真床襲衾』をめぐる折口信夫大嘗祭論とその受容に関する諸問題」（『國學院大學　校史・学術資産研究』第一一号、二〇一九年）
ジョン・ブリーン『儀礼と権力　天皇の明治維新』（平凡社、二〇一一年）
住友陽文『皇国日本のデモクラシー』（有志舎、二〇一一年）
高木博志『近代天皇制の文化史的研究』（校倉書房、一九九七年）
武田秀章『維新期天皇祭祀の研究』（大明堂、一九九六年）

田中聡「近代歴史学のなかの『日本書紀』—建国神話を中心として—」（山下久夫・斎藤英喜編『日本書紀一三〇〇年史を問う』思文閣出版、二〇二〇年）
田中義能『平田篤胤之哲学』（明治書院、一九四四年）
——「巻頭言」（『神道学雑誌』創刊号、一九二六年）
津城寛文『折口信夫の鎮魂論』（春秋社、一九九〇年）
津田左右吉「神代史の新しい研究」（『津田左右吉全集』別巻1、岩波書店、一九八九年）
筒井清忠『二・二六事件とその時代』（ちくま学芸文庫、二〇〇六年）
戸浪裕之『明治初期の教化と神道』（弘文堂、二〇一三年）
西田彰一『躍動する「国体」 筧克彦の思想と活動』（ミネルヴァ書房、二〇二〇年）
羽賀祥二『明治維新と宗教』（筑摩書房、一九九四年）
芳賀登「幕末変革期における国学者の運動と論理」（日本思想大系『国学運動の思想』岩波書店、一九七一年）
——『変革期における国学』（三一書房、一九七五年）
橋川文三『ナショナリズム—その神話と論理』（『橋川文三著作集』9、筑摩書房、二〇〇一年。原著は一九六八年）
——『近代日本政治思想の諸相』（未來社、一九六八年）
長谷川亮一『「皇国史観」という問題』（白澤社、二〇〇八年）
原武史『〈出雲〉という思想』（公人社、一九九六年）
原秀三郎「日本における科学的原始・古代史研究の成立と展開」（歴史科学協議会編『歴史科学大系 1』校倉書房、一九七二年）
兵藤裕己『〈声〉の国民国家・日本』（日本放送出版協会、二〇〇〇年）
平藤喜久子『神話学と日本の神々』（弘文堂、二〇〇四年）
——「植民地帝国日本の神話学」（竹沢尚一郎編『宗教とファシズム』水声社、二〇一〇年）
——「神話学の『発生』をめぐって」（井田太郎・藤巻和宏編『近代学問の起源と編成』勉誠出版、二〇一四年）
藤井貞和『古日本文学発生論』（思潮社、一九七八年）
藤田大誠『近代国学の研究』（弘文堂、二〇〇七年）
古橋信孝『古代歌謡論』（冬樹社、一九八二年）

――『神話・物語の文芸史』（ぺりかん社、一九九二年）
前川理子『近代日本の宗教論と国家』（東京大学出版会、二〇一五年）
前田勉「近世大嘗祭観の展開」（源了圓・玉懸博之編『国家と宗教』思文閣出版、一九九二年）
――「近世日本における『天壌無窮の神勅』観」（山下久夫・斎藤英喜編『日本書紀一三〇〇年史を問う』思文閣出版、二〇二〇年）
牧原憲夫『民権と憲法』（岩波新書、二〇〇六年）
増尾伸一郎「黎明期の記紀神話研究をめぐる動向」（新川登亀男・早川万年編『史料としての「日本書紀」』勉誠出版、二〇一一年）
松尾尊兊『大正デモクラシー』（岩波書店、一九九四年）
松沢裕作『重野安繹と久米邦武―「正史」を夢みた歴史家』（山川出版社、二〇一二年）
松本信広「解説」（松本信広編『論集　日本文化の起源3』、民族学I、平凡社、一九七一年）
丸山眞男『日本政治思想史研究』（東京大学出版会、一九五二年）
黛友明「『神道私見』の戦略」（柳田国男研究会編『柳田国男以後・民俗学の再生に向けて』梟社、二〇一九年）
三浦佑之『古代叙事伝承の研究』（勉誠社、一九九二年）
――『口語訳　古事記』（文藝春秋、二〇〇二年）
宮地正人『天皇制の政治史的研究』（校倉書房、一九八一年）
――『歴史のなかの新選組』（岩波書店、二〇〇四年）
――『歴史のなかの「夜明け前」―平田国学の幕末維新』（吉川弘文館、二〇一五年）
宗政五十緒「井上流と祇園町」（『五世井上八千代襲名披露　京舞』祇園甲部歌舞会、二〇〇一年）
吉田裕『アジア・太平洋戦争』（岩波新書、二〇〇七年）
米谷匡史「解題・文部省編『国体の本義』」（神野志隆光編『別冊國文學　古事記日本書紀必携』學燈社、一九九五年）
渡邉卓『『日本書紀』受容史研究』（笠間書院、二〇一二年）
渡勇輝「近代神道史のなかの「神道私見論争」―国民的『神道』論の出現」（『日本思想史研究』52号、二

三浦佑之『古事記のひみつ』（吉川弘文館、二〇〇七年）
——『古事記を読みなおす』（ちくま新書、二〇一〇年）
米谷匡史「古代東アジア世界と天皇神話」（米谷、ほか『日本の歴史8　古代天皇制を考える』講談社、二〇〇一年）

■事典・辞典

『本居宣長事典』東京堂出版、二〇〇一年
『神道事典』弘文堂、一九九四年
『神道人名辞典』神社新報社、一九八六年
『岩波　日本史辞典』岩波書店、一九九九年
『歴代天皇・年号事典』吉川弘文館、二〇〇三年
『皇室事典』角川学芸出版、二〇〇九年

〇二〇年）

〈第六章〉

石母田正『日本の古代国家』（岩波文庫、二〇一七年）
エルンスト・カントーロヴィチ『王の二つの身体』（小林公訳。平凡社、一九九二年）
大津透「解説」（石母田正『日本の古代国家』岩波文庫、二〇一七年）
K・A・ウィットフォーゲル『オリエンタル・デスポティズム』（湯浅赳男訳。新評論、一九九一年）
呉哲男『古代文学における思想的課題』（森話社、二〇一六年）
西郷信綱『古事記の世界』（岩波新書、一九六七年）
——『古事記研究』（未來社、一九七三年）
斎藤英喜「勅語・誦習・撰録と『古事記』」（『日本の文学』第一集、有精堂出版、一九八七）
——『古事記　成長する神々』（ビイングネットプレス、二〇一〇年）
関根淳「成立前後の日本書紀」（山下久夫・斎藤英喜編『日本書紀一三〇〇年史を問う』思文閣出版、二〇二〇年）
兵藤裕己『王権と物語』（青弓社、一九八九年）

斎藤英喜（さいとう・ひでき）

1955年東京都生まれ。佛教大学歴史学部教授。日本大学芸術学部卒業、法政大学文学部日本文学科卒業。日本大学大学院文学研究科博士課程満期退学。専門は神話・伝承学。『古事記 不思議な1300年史』（新人物往来社）で古事記出版大賞稗田阿礼賞、『古事記はいかに読まれてきたか〈神話〉の変貌』（吉川弘文館）で古代歴史文化みえ賞を受賞。ほかの著書に『陰陽師たちの日本史』（角川選書）、『増補 いざなぎ流 祭文と儀礼』（法蔵館文庫）など多数。

角川選書 642

読《よ》み替《か》えられた日本書紀《にほんしよき》

令和2年10月30日　初版発行

著　者　斎藤英喜《さいとうひでき》

発行者　青柳昌行

発　行　株式会社 KADOKAWA
東京都千代田区富士見 2-13-3　〒 102-8177
電話 0570-002-301（ナビダイヤル）

装　丁　片岡忠彦　　帯デザイン　Zapp!

印刷所　横山印刷株式会社　　製本所　本間製本株式会社

●お問い合わせ
https://www.kadokawa.co.jp/（「お問い合わせ」へお進みください）
※内容によっては、お答えできない場合があります。
※サポートは日本国内のみとさせていただきます。
※Japanese text only

定価はカバーに表示してあります。

ISBN978-4-04-703701-4 C0321

この書物を愛する人たちに

詩人科学者寺田寅彦は、銀座通りに林立する高層建築をたとえて「銀座アルプス」と呼んだ。
戦後日本の経済力は、どの都市にも「銀座アルプス」を造成した。
アルプスのなかに書店を求めて、立ち寄ると、高山植物が美しく花ひらくように、
書物が飾られている。

印刷技術の発達もあって、書物は美しく化粧され、通りすがりの人々の眼をひきつけている。
しかし、流行を追っての刊行物は、どれも類型的で、個性がない。
歴史という時間の厚みのなかで、流動する時代のすがたや、不易な生命をみつめてきた先輩たちの発言がある。
また静かに明日を語ろうとする現代人の科白がある。これらも、
銀座アルプスのお花畑のなかでは、雑草のようにまぎれ、人知れず開花するしかないのだろうか。
マス・セールの呼び声で、多量に売り出される書物群のなかにあって、
選ばれた時代の英知の書は、ささやかな「座」を占めることは不可能なのだろうか。
マス・セールの時勢に逆行する少数な刊行物であっても、この書物は耳を傾ける人々には、
飽くことなく語りつづけてくれるだろう。私はそういう書物をつぎつぎと発刊したい。
真に書物を愛する読者や、書店の人々の手で、こうした書物はどのように成育し、開花することだろうか。
私のひそかな祈りである。「一粒の麦もし死なずば」という言葉のように、
こうした書物を、銀座アルプスのお花畑のなかで、一雑草であらしめたくない。

一九六八年九月一日

角川源義